DU POSTLIMINIUM

ET DE L'ABSENCE

DU

POSTLIMINIUM

EN DROIT ROMAIN

ET DES

EFFETS DE L'ABSENCE

SUR LES BIENS

EN DROIT FRANÇAIS

PAR

GASTON BEHENNE

DOCTEUR EN DROIT

AVOCAT A LA COUR D'APPEL

PARIS

F. PICHON, LIBRAIRE-ÉDITEUR

14, RUE CUJAS, 14

1873

INTRODUCTION

La loi, pleine de prévoyance et de sagesse, semble suivre pas à pas chaque individu dans la vie, pour le protéger et le défendre, aussitôt que son impuissance peut l'exposer à quelque danger. A ceux que l'âge ou le défaut de raison met dans l'impossibilité de conduire leur personne ou d'administrer leurs biens, elle donne un tuteur; elle donne un conseil judiciaire au prodigue, qu'elle prémunit ainsi contre les erreurs et les entraînements qui peuvent le précipiter dans la ruine et dans la misère. C'est le même sentiment de bienveillante protection qui la porte à prendre en main la cause de l'absent, à défendre ses biens délaissés contre l'indifférence qui les néglige et l'avidité qui les convoite; s'efforçant par de sages dispositions de concilier les exigences du présent avec la possibilité du retour de l'absent ; et tout en respectant sa liberté, son droit de négligence, s'attachant à sauvegarder ses intérêts compromis et ceux des tiers en rapport d'affaires avec lui.

Chez tous les peuples sans doute et dans tous les temps, le législateur a dû venir ainsi, à des degrés et par des modes divers, au secours du faible et de l'incapable. Outre l'intérêt des parties, il y a là l'intérêt général de la société qui est en jeu. En ce qui concerne plus spécialement l'absence, n'est-il pas contraire à l'intérêt social que l'état et la capacité des personnes soient longtemps incertains; que des biens restent longtemps abandonnés et sans maître, et que le cours régulier et normal de leur transmission soit indéfiniment interrompu?

Chose remarquable! le droit romain était presque muet sur ce sujet. Ce peuple, dont la vaste prévoyance des lois a fait l'admiration générale, ne semblait pas admettre qu'un citoyen romain désertât sa patrie et abandonnât, même momentanément, les avantages qu'elle lui procurait. Aussi n'avait-il pas formulé de règle législative pour obvier aux inconvénients d'une situation qu'il ne jugeait pas devoir se présenter. Le commerce, cette source si considérable de déplacements, n'était pas en grand honneur à Rome. La politique romaine, écrivait Montesquieu, fut de se séparer de toutes les nations qui n'avaient pas été assujetties : la crainte de leur porter l'art de vaincre, fit négliger l'art de s'enrichir (*Esprit des lois*, liv. XXI, ch. 15). Les Romains firent même des lois pour empêcher tout commerce avec les barbares. Des guerres seules, mais des guerres continuelles, purent entraîner les citoyens en dehors de leur pays; mais alors, les motifs de leur absence étant généralement connus, des lois n'avaient pas été jugées nécessaires pour en régler les effets. Ceux que le sort de la guerre faisait tomber aux mains de l'ennemi, en demeuraient esclaves, et leurs biens, ordinairement administrés jusqu'à leur retour par leurs parents ou leurs amis, ne demandaient pas une surveillance spéciale de la part du législateur. Si le prisonnier mourait captif, il était censé mort du moment où sa captivité avait commencé; s'il revenait dans sa patrie, il était censé ne l'avoir jamais quittée, et cès deux fictions, dont l'application était assez fréquente, avaient paru suffire, pour régler les successions et les autres droits échus au prisonnier pendant son absence (Duranton, II, p. 292). La rareté des causes de déplacement rendait ainsi les absences excessivement rares. On ne s'étonnera donc pas si, chez un peuple que n'attiraient pas au dehors les spéculations d'un commerce cosmopolite, le goût des voyages ou l'amour des découvertes, nous ne trouvons pas de système complet contenant les règles qui doivent régir les intérêts divers mis en jeu par l'état d'absence. Il a dû arriver pourtant que des Romains, fatigués de Rome et de ses plaisirs et désireux d'émotions nouvelles, ou bien attirés par les richesses des pays conquis par leurs armes victorieuses, ou bien encore fuyant des inimitiés puissantes, ou pour toute autre cause, soient allés chercher chez des peuples voisins un asile plus ou moins prolongé; et pour celles de ces personnes, dont l'absence se continuait et allait même jusqu'à faire douter de leur existence, il est certain que la législation romaine était bien imparfaite. Mais ce n'est pas à dire pour cela, comme on l'a fait, qu'il n'existât aucune disposition précise protectrice de leurs intérêts. Outre le titre, consacré aux citoyens faits prisonniers de guerre, dont les principes peuvent parfois s'appliquer aux autres cas d'absence, le Digeste nous fournit quelques règles éparses où, le plus souvent, il faut le reconnaître, l'absence, telle que nous l'entendons dans le droit français actuel, c'est-à-dire l'absence impliquant l'incertitude de l'existence de la personne disparue, est confondue par les jurisconsultes avec la non-présence.

C'est ainsi que le Digeste consacre le droit pour le fils de famille de se marier sans le consentement de son père, s'il s'est écoulé plus de trois ans depuis sa disparition (lois 10 et 11, Dig. XXIII, 2); le droit pour la femme, restée sans nouvelles de son mari faisant partie d'une armée en campagne, de se remarier après un certain temps (lois 6, Dig. XXIV, 2; loi 7, Code, V, 17). Justinien modifia ce point dans les novelles 22, Code, XIV et 117, Code, XI. Les lois 6, § ult. Dig. XXVI, 5; 3, Code, VIII, 51; 6, § ult. Dig. XLII, 4, d'autres encore, nous montrent qu'un curateur était nommé à l'absent, toutes les fois que la gestion de ses affaires l'exigeait. Enfin, nous voyons, liv. IV, tit. 4, un certain nombre de dispositions, où le préteur vient au secours de personnes qui, retenues loin du siége de leurs affaires, n'ont pu veiller à leurs intérêts, et restitue également ceux qui n'ont pu, par suite de la disparition de leur débiteur, agir en temps utile contre lui.

La lacune, on le voit, ne laissait pas que d'être considérable. Elle se faisait sentir notamment sous le rapport de l'ouverture des droits subordonnés au décès de l'absent, ou de l'exercice des droits subordonnés à sa vie. Au premier cas, on devait sans doute attendre la preuve du décès de l'absent (loi 4, Code, VIII, 51) ou l'expiration du délai de cent ans écoulés depuis sa naissance; au second, la preuve de son existence était sans doute aussi nécessaire d'après la règle générale.

L'élaboration d'une théorie complète sur l'absence

fut lente à se former, et dans les premiers temps de notre histoire nous ne rencontrons pas de monument qui témoigne d'efforts tentés en ce sens. C'est qu'aussi l'absence ne constitue pas un état habituel et normal dans la vie de l'homme, dont elle n'est qu'un accident plus ou moins passager.

Mais bientôt, les absences se multiplièrent; sous l'influence de l'idée chrétienne, l'intelligence humaine s'est réveillée; l'homme se trouve à l'étroit dans les limites de sa patrie; il en franchit les horizons et va porter au loin la civilisation, la science et la foi. Le goût des arts se répand; l'industrie se développe; le commerce prend un grand et rapide essor. Alors naissent les entreprises lointaines, téméraires, hasardeuses. Les progrès de la marine, la découverte de nouveaux continents, de longues guerres avec leurs alternatives de gloires et de revers; les luttes de religion, cette source de tant de maux pour la France et de si funestes divisions : toutes ces causes, multipliant les cas d'absence, attirent l'attention du jurisconsulte, sur tant d'intérêts qui vont se trouver en souffrance; et bientôt la doctrine formule certaines règles, qui, timides et hésitantes au début, s'affermissent, progressent, se développent, à côté d'une pratique que l'expérience et de laborieux efforts épurent chaque jour.

Ce n'est pourtant qu'au dix-huitième siècle qu'une théorie sur cette matière s'organise véritablement. Les auteurs de ce temps nous ont fourni de féconds et précieux matériaux; ils ont ainsi puissamment aidé dans leur travail les rédacteurs du Code Napoléon; ceux-ci y ajoutèrent d'indispensables détails; ils les coordonnèrent dans une théorie savante, et la législation française se trouva enfin enrichie d'un corps de Droit assez complet sur cette grave et difficile matière.

Le titre des absents fut présenté au Conseil d'État pour la première fois dans la séance du 16 fructidor an IX (3 sept. 1801); il fut définitivement adopté par le C. L. dans la séance du 24 ventôse an XI (15 mars 1803) et la promulgation en eut lieu le 4 germinal suivant (25 mars). Il est devenu au Code le titre IV du liv. Ier.

Sans doute le législateur moderne n'a pas adopté toutes les règles du droit ancien; il les a même souvent modifiées; il y en a qu'il a rendues fixes d'incertaines qu'elles étaient; d'autres fois, il a déduit les conséquences d'idées générales qui avaient été émises; d'autres fois encore il a innové; cela se remarque surtout dans la procédure à suivre pour arriver à faire déclarer l'absence par jugement du tribunal, et relativement au droit d'option, laissé à l'époux commun en biens, de faire dissoudre la communauté et de donner ainsi ouverture à l'envoi provisoire et à l'exercice provisoire de tous les droits subordonnés à la condition du décès de l'absent; ou bien d'empêcher cet envoi provisoire et prendre ou conserver, par préférence, l'administration des biens de l'absent, en se prononçant pour la continuation de la communauté. Mais le principal mérite des rédacteurs du Code Napoléon est, comme nous le verrons, d'avoir divisé le temps de l'absence en trois périodes, dont les limites sont très-bien arrêtées: cette division jette une grande clarté dans cette matière; elle classe parfaitement les droits et les devoirs, et présente à la société les garanties de conservation et d'une bonne administration des biens.

Nous nous proposons dans ce travail d'étudier, non point toutes les dispositions du Code Napoléon relatives à l'absence, mais seulement celles relatives aux biens possédés par l'absent lors de sa disparition, et aux droits éventuels qui peuvent lui compéter : c'est l'explication des art. 120, 123 à 138 et 140 du Code Napoléon. Pour être ainsi resserré dans des limites plus étroites, notre sujet n'en est pas moins hérissé de nombreuses difficultés ; car il est peu de matières dans notre droit qui présentent plus de controverses et de solutions douteuses.

Mais auparavant nous étudierons, dans le droit romain, la situation juridique du citoyen, que les hasards des batailles faisaient tomber aux mains de l'ennemi ; nous examinerons les effets du *jus postliminii* et de la fiction *Legis Corneliæ*. C'était là, ainsi que nous l'avons dit déjà, presque la seule cause d'absence, dont se soit préoccupé le législateur romain, et pour laquelle il ait édicté toute une série de dispositions contenues dans le titre 15, au Digeste, liv. XLIX.

Puis nous rappellerons les principes de l'ancien droit français et de notre ancienne jurisprudence. Un coup d'œil, même rapide, jeté sur ce qui fut, ne saurait être que fort profitable pour l'intelligence de ce qui est aujourd'hui.

Enfin, nous terminerons par un appendice où sera brièvement exposée la législation relative à l'absence des militaires disparus dans les guerres.

L'étude d'un pareil sujet présente de l'intérêt, si l'on considère combien nous dominent aujourd'hui le besoin d'agitation et de vie nouvelle, l'amour des découvertes, les spéculations du commerce, la soif de l'or qui nous entraîne et nous répand dans toutes les parties du globe. Chaque jour le mouvement des populations grandit; chaque jour s'accroît le nombre des absences, alors surtout, comme on l'a dit ingénieusement, que la création de moyens de transports plus rapides, rapprochant les distances, invite à les franchir, et semble ainsi ajouter au péril des voyages tout ce qu'elle ôte à leur longueur.

Il n'est pas jusqu'aux derniers événements dont a été bouleversé notre pays, qui ne donnent de l'actualité à notre travail. Combien, dans cette effroyable guerre civile, ont disparu de malheureux égarés, combien de criminels, dont la mort longtemps ignorée va laisser leurs familles et leurs biens dans un état regrettable d'incertitude et d'abandon! Combien dans cette longue et désastreuse guerre franco-allemande ont aussi disparu de vaillants soldats, de braves citoyens, tombés sans doute, humbles victimes du devoir, en opposant leur poitrine au flot envahisseur, ou bien, morts là-bas, captifs sur la terre étrangère, tués par la défaite, les privations et d'indignes traitements! La liste en doit être longue... car, ce que n'avaient pas fait les guerres d'Afrique, de Crimée, du Mexique et d'Italie, la guerre de 1870-71 l'a fait : elle a obligé le législateur à remettre en vigueur la loi du 13 janvier 1817, qu'avaient jadis rendue nécessaire vingt-trois ans de guerres continuelles, mais qu'on pouvait espérer voir à jamais enfouie dans l'arsenal de nos lois abrogées.

DROIT ROMAIN

DE CAPTIVIS ET POSTLIMINIO REVERSIS ET REDEMPTIS AB HOSTIBUS

(Dig., lib. XLIX, tit. 15)

PRÉAMBULE

Trois éléments constituaient à Rome, l'état, *status* ou *caput*, du citoyen : la liberté, la cité, la famille. La liberté, c'est, nous disent les Instituts, la faculté naturelle de faire tout ce que l'on veut, sauf les obstacles résultant de la force et du droit. On lui oppose l'esclavage, institution du droit des gens, en vertu de laquelle un homme est soumis à la domination d'autrui et ne peut faire que ce qui plaît à son maître (Inst., liv. I, tit. 1, § 1) . La cité comprend d'abord les droits politiques : le *jus suffragii* ou droit de participer aux comices, et le *jus honorum* ou droit d'aspirer aux diverses magistratures ; dans la sphère du droit privé, elle emporte pour tous ceux qui jouissent de la *civitas romana* pleine application du *jus civile* : c'est ainsi qu'elle confère le *connubium* ou droit de contracter un mariage produisant la puissance paternelle, et le *commercium* ou droit de figurer dans la solennité appelée mancipation, par suite le droit de tester. L'opposé du *civis*, citoyen, c'est le *peregrinus*, *hostis*, *barbarus*. Au point de vue du droit privé, ces trois noms désignent une seule et même chose : ce sont des étrangers, n'ayant aucune participation au droit civil. Le titre de citoyen avait jadis une valeur inappréciable, et la République en fut toujours avare. Réservé d'abord aux seuls habitants de Rome et de son territoire, il est bientôt accordé à quelques villes alliées du Latium, puis à l'Italie entière : ce fut là la conclusion de la guerre sociale, une guerre qui faillit perdre Rome (Cicéron, *Pro Balbo*, 8). Sous l'empire, des concessions en furent faites, plus ou moins larges, à certaines provinces, jusqu'à ce que, dans un esprit fiscal, Antonin Caracalla déclara tous les sujets de l'empire citoyens romains (loi 17, Dig. I, 5). Alors on ne distingue plus guère des citoyens que les peuples réellement étrangers, que l'on nomme barbares. Ceux-ci jouissent du droit des gens ; ceux-là du droit civil ; quant aux droits politiques, ils ont perdu toute leur importance et sont devenus presque nuls. La famille enfin, M. Ortolan nous la définit une aggrégation particulière dans l'ordre politique, dans l'ordre religieux et dans l'ordre privé (*Général. du Droit rom.*, 40). Dans l'ordre politique, l'histoire nous montre les familles patriciennes à côté des familles plébéiennes ; souvent elles sont attachées l'une à l'autre par une relation de clientèle ; dans l'ordre religieux, c'est le culte des mêmes dieux, la participation aux mêmes sacrifices ; enfin, dans l'ordre privé, c'est dans la famille que se concentrent la propriété, les effets des obligations, le droit d'hérédité, de succession... Avec le temps, ces caractères primitifs se modifièrent.

Voilà donc les trois éléments dont la réunion sur une même tête constituait la qualité de citoyen romain, ce qu'on appelait *status, caput*, la personne de droit civil.

Par suite de divers événements, ces caractères constitutifs du *status* pouvaient se trouver altérer. Il pouvait se faire qu'on perdît la liberté, la cité ou la famille : dans les deux premiers cas, l'état de droit civil romain était détruit, *status amittitur;* dans le troisième, il existait bien encore, mais se trouvait modifié, puisqu'on sortait de la famille pour entrer dans une nouvelle famille, ou pour en commencer soi-même une autre, *status mutatur*. Quoi qu'il en soit, dans chacune de ces hypothèses, on encourait ce qu'on appelait la *capitis deminutio*.

Sans vouloir entrer dans les longs détails de la controverse qui s'est élevée sur le sens et la portée de cette expression, *capitis deminutio*, nous disons, avec le jurisconsulte Paul, qu'aux trois éléments différents du *status* correspondaient trois espèces de *capitis deminutio* : la grande, la moyenne, la petite (loi 11, Dig. IV, 5). Un citoyen romain venait-il à perdre la liberté, il subissait la *maxima capitis deminutio*, et avec la liberté, il perdait la cité, la famille. S'il perdait le droit de cité, il perdait encore le droit de famille, mais il conservait la liberté; dans ce cas, il subissait la *media capitis deminutio*. Enfin la *maxima capitis deminutio* était encourue par ceux qui, demeurant libres et citoyens, sortaient simplement de la famille.

Au nombre des événements qui, privant un citoyen de sa liberté, le soumettaient à la *maxima capitis deminutio*, figurait la captivité. Il semble que Rome fit à ses enfants l'obligation de vaincre ou de mourir; puisque, si le soldat romain n'avait trouvé la mort sur le champ de bataille, et que, trompé dans son courage, il fût tombé au pouvoir des ennemis, elle le frappait avec une sévérité implacable dans ce qu'il avait de plus cher et de plus précieux : dans ses affections et dans ses biens. C'est ainsi que le mariage du captif était dissous, qu'il perdait ses droits de puissance paternelle (Inst., liv. I, tit. 12, § 5), de tutelle (tit. 20, § 2), la possession et la propriété de ses biens (Inst., liv. III, tit. 10, § 1 sq.); son testament était annulé (Inst., liv. II, tit. 12, § 5); il ne pouvait plus recevoir par succession, legs ou fidéicommis..... ; en un mot, la loi romaine anéantissait de la façon la plus complète la personnalité juridique du captif; d'homme elle le faisait descendre au rang de chose. Une telle institution devait être féconde en succès et assurer chaque jour à Rome de nouvelles conquêtes ; car que ne devait-on pas attendre de soldats qui ne se battaient pas seulement pour leur pays, mais encore pour leurs biens, leurs droits, leur liberté?

Cependant une fiction avait été introduite qui modérait ce que cette législation avait d'excessif et de dur. Toutes les conséquences subsistaient bien, si le captif mourait chez l'ennemi, à part ce que nous pourrons dire du testament; mais si, trompant leur surveillance, le captif s'enfuyait, ou si, renvoyé par eux ou échangé, ou racheté, de quelque manière que ce fût enfin, le prisonnier quittait ses fers et remettait les pieds sur le sol de la patrie, toutes ces déchéances disparaissaient à l'instant : il recouvrait ces droits que la captivité lui avait fait perdre ; il rentrait en un mot dans son ancien état, et on peut dire qu'en général tout le temps passé chez l'ennemi était comme rétroactivement effacé. Cette fiction qui rendait ainsi au captif la plénitude de ses droits, est ce qu'on appelait le *Postliminium*.

CHAPITRE PREMIER

DE POSTLIMINIO

On a donné de ce mot diverses étymologies. Justinien le fait dériver de *limen* et de *post* : « Car, de même que le seuil des maisons forme comme une frontière, ainsi les anciens ont appelé seuil la frontière de l'empire ; de là on a dit *limes* (seuil) pour dire frontière, limite, et de là *Postliminium*, parce que le captif passe, pour revenir, le même seuil qu'il avait passé pour se perdre » (Inst., liv. I., tit. 12, § 5). D'après Heineccius, il faudrait voir là une coutume superstitieuse que Plutarque rapporte des anciens Romains. Lorsqu'un citoyen, fait prisonnier par l'ennemi, passait pour mort, s'il revenait près des siens, il eût été de mauvais présage qu'il rentrât dans sa maison par la porte : il y pénétrait par le toit et la cour située sur les derrières de la maison, *per tegulas et impluvium post limen* (Pothier, *Pand. Just.*, tit. *de captivis*, 1).

Quoi qu'il en soit, l'état du citoyen romain prisonnier de guerre, est en suspens tant qu'il est dans les fers, *omnia jura civitatis in personam ejus in suspenso retinentur, non abrumpuntur* (loi 32, § 1, Dig. XXVIII, 5). S'il revient de captivité, la condition suspensive, à laquelle est subordonnée sa réintégration dans ses anciens droits, étant accomplie, il recouvre, à de légères exceptions près, en vertu du *Postliminium*, son état antérieur, pour le passé comme pour l'avenir, *cætera quæ in jure sunt, posteaquam postliminio redit, pro eo habentur ac si nunquam iste hostium potitus fuisset* (loi 12, § 6, Dig. XLIX, 15); s'il meurt en captivité, on devait dire, d'après la rigueur des principes qu'il était mort esclave après avoir perdu tous ses droits; mais une loi *Cornelia testamentaria* décida que, par rapport à son testament, il serait considéré comme mort du jour où il avait été pris, c'est-à-dire dans l'intégrité de ses droits; et plus tard, cette disposition fut généralisée. Alors la situation du captif fut nettement tracée : par l'effet du *Postliminium*, son retour dans sa patrie le rétablissait dans ses anciens droits; il était censé n'avoir jamais quitté sa patrie: *retro creditur qui ab hostibus advenit in civitate fuisse* (*eod. tit.*, loi 16); et s'il mourait chez l'ennemi, la fiction de la loi *Cornelia* généralisée le faisait considérer comme mort *integro statu* du jour de sa captivité, *in omnibus partibus juris, is qui reversus non est, ab hostibus quasi tunc decessisse videtur cum captus est* (*eod. tit.*, loi 18).

Le droit de *Postliminium* était de deux sortes : *duæ species postliminii sunt, ut aut nos revertamur, aut aliquid recipiamus* (*eod. tit.*, loi 14); l'un qui s'applique aux personnes libres, l'autre à certaines choses tombées aux mains de l'ennemi, et qui, recouvrées, devaient retourner à leur ancien maître. Nous verrons que, par un effet bizarre de l'organisation de la famille à Rome, le fils de famille réunissait dans sa personne ce double caractère : car son retour dans sa patrie le replaçait sous la puissance de son père, en même temps qu'il lui faisait recouvrer tous ses droits de cité et de famille. Les commentateurs appelaient le premier *Postliminium actif*, le second *Postliminium passif:* nous allons les étudier successivement. Mais auparavant nous rechercherons les conditions du droit de *Postliminium*, c'est-à-dire :

§ 1er Entre qui;

§ 2 Et dans quel temps, il y avait lieu aux droits de captivité et de retour.

SECTION I. — Conditions du postliminium

§ 1er. *Entre quels peuples il a lieu.*

Pour que l'esclavage légal résulte du fait de la captivité, deux conditions sont nécessaires :

1° Il faut que le captif ait été pris dans une guerre de nation à nation;

2° Et de plus que cette guerre ait été régulièrement déclarée par les féciaux aux ennemis, ou par ceux-ci aux Romains. Tite-Live nous a conservé un de ces modes de déclaration de guerre, que nous reproduisons ici comme un exemple curieux du formalisme que les Romains apportaient en toutes choses. « Après diverses sommations au peuple agresseur, non suivies de satisfactions, quand la guerre était décidée, le fécial portait aux frontières du peuple ennemi un javelot armé de son fer ou un bâton durci au feu ou ensanglanté, et, en présence de trois hommes au moins, il prononçait ces paroles :

« Le peuple..... (il le nommait), et les citoyens.....
» ont agi contre le peuple romain, fils de Quirinus,
» et failli envers lui; le peuple romain, fils de Quirinus, a décidé, consenti, approuvé la guerre contre.....; en conséquence, moi et le peuple romain,
» nous déclarons la guerre au peuple..... et aux citoyens et je la commence. » A ces mots, il lançait
» son javelot sur leur territoire. » (Tite-Live, I, 32.)

Ainsi, ne deviennent esclaves que les prisonniers faits par les ennemis, *hostes quos veteres perduelles appellabant*, et quand la guerre est *justum*, c'est-à-dire publiquement déclarée (loi 234, Dig. L, 16).

Les citoyens pris par les pirates et les voleurs demeurent libres, et n'ont point besoin d'invoquer le *Postliminium* pour recouvrer une situation juridique qu'ils n'ont jamais perdue (loi 19, § 2, loi 24, Dig. XLIX, 15; loi 13, *princ.*, XXVIII, 13). Il en est de même des prisonniers faits dans les guerres intestines; quoique dans les dissensions civiles, dit Ulpien, la lutte qui s'engage entre les partis différents porte souvent atteinte à la République, ils ne conspirent cependant pas sa ruine; ceux qui embrassent l'un ou l'autre parti ne représentent pas ces ennemis entre lesquels ont été établis les droits de captivité et de retour (*eod. tit.*, loi 21, § 1). Ainsi, la ville de Palmyre s'étant révoltée contre l'autorité romaine, des troupes avaient été envoyées pour la soumettre, et des rebelles avaient été pris et vendus. Le parent d'un de ces rebelles s'en plaignit aux empereurs Dioclétien et Maxime, qui, dans un rescrit, lui répondirent que le président de la province veillerait à ce que son parent fût rendu à son ingénuité (loi 4, Code VII, 14).

Il est des peuples, qui ne sont ni les amis, ni les hôtes, ni les alliés des Romains ; ce ne sont pas des ennemis, *hostes*, et pourtant les prisonniers qu'un de ces peuples fera sur l'autre seront esclaves ; les choses qu'il prendra sur l'autre deviendront sa propriété, et il y aura lieu au *Postliminium* ; entre eux, le droit du plus fort l'emporte, et il en est ainsi même en temps de paix (*cod. tit.*, loi 5, § 2).

Que décider touchant les peuples fédérés et libres ? Mais auparavant, que faut-il entendre par peuple libre ? Proculus, au liv. VIII de ses Épîtres, nous le dit : Un peuple libre est celui qui n'est soumis à la puissance d'aucun autre peuple, ou qui a fait avec un autre peuple un traité d'alliance, soit d'égal à égal, soit même qu'on ait stipulé dans ce traité qu'il défendrait avec zèle la majesté de l'autre peuple ; car l'addition de cette clause a pour but de démontrer la supériorité de celui-ci, et non pas de faire entendre que celui-là n'est pas libre. Le jurisconsulte ajoute : Ne considérons-nous pas comme libres nos clients, bien que nous les surpassions en autorité, en dignité et en puissance ? De même, nous devons estimer libres ceux qui se font un devoir de défendre avec affection notre majesté (*eod. tit.*, loi 7, § 1). (Ici, au lieu des expressions du texte *neque viri boni nobis præsunt* qui ne nous donnent pas un sens satisfaisant, nous adoptons la leçon que nous ont transmise Cujas et Pothier : *neque viribus nobis pares sunt.*) Eh bien ! entre les peuples fédérés et libres et les Romains, y a-t-il lieu au *Postliminium* ?

Cicéron, dans son traité de l'Orateur, nous montre qu'anciennement la question était controversée : *Si quis apud nos servisset ex populo fœderato seseque liberasset ac postea domum revenisset, quæsitum est apud majores nostros num is ad suos postliminio rediisset ?* (*De Oratore*, lib. XL.) En effet, nous voyons dans Festus (V° *Postliminium*) que le jurisconsulte Ælius Gallus la résolvait affirmativement, et le jurisconsulte Paul dit de même, au *princ.* de la loi 19 à notre titre : C'est par les coutumes et les lois qu'a été introduit le droit de *Postliminium* entre nous, les peuples libres et les rois. Pourtant Proculus est d'un avis contraire, et dans la loi 7, *eod. tit.*, il s'exprime ainsi : *Non dubito quin fœderati et liberi nobis externi sint*, Je ne doute pas que les peuples fédérés et libres ne soient des étrangers à notre égard et que cependant il n'y ait pas lieu entre eux et nous au droit de retour. Et il ajoute : Qu'est-il besoin de ce droit, puisque chez nous ils conservent leur liberté et le domaine ou la propriété de leurs biens et que chez eux nous jouissons des mêmes avantages? Observons sur ce texte que certains interprètes lisent au *principium* de notre loi *externi non sint* au lieu de *externi sint;* mais Cujas s'élève contre cette correction : il explique (*Obs.* 11, 23) le sens étendu du mot *externi* et prouve que l'on appelait étrangers, vis-à-vis des Romains, tous ceux qui n'avaient pas été admis à jouir des droits de cité, quoiqu'ils fussent fédérés ou amis du peuple romain.

Comment concilier les opinions divergentes que nous avons rapportées sur la question qui nous occupe? Pothier ne voit là que l'ancienne controverse, mentionnée par Cicéron, qui s'est ravivée à l'époque classique, et il nous apprend que l'avis de Proculus avait prévalu. Mais Cujas résout la contradiction en distinguant, d'après Tite-Live, les divers traités qui unissent Rome aux étrangers et auxquels s'appliquent tantôt la doctrine de Proculus, et tantôt la doctrine de Paul et d'Ælius Gallus : de sorte que, s'adaptant à des hypothèses différentes, ces opinions, en apparence contradictoires, se trouvent concorder entre elles. Tite-Live place en effet ce discours dans la bouche des ambassadeurs d'Antiochus : Il y a trois espèces d'alliances que font entre eux les rois et les villes, et qu'ils contractent par des traités d'amitié et d'union ; l'une a lieu lorsque des conditions sont imposées aux peuples qui ont été vaincus et soumis par la force des armes ; l'autre, lorsque des nations d'égales forces se sont liées d'amitié par un traité aussi égal ; la troisième est celle qu'ont formée entre eux des peuples qui n'ont jamais été ennemis et qui se réunissent pour poser les bases d'un pacte social (Tite-Live, 34, 57). Proculus, dans notre loi 7, ne ferait allusion qu'aux deux premières espèces d'alliance; c'est de ces peuples fédérés et libres qu'il écrit : *Non inter nos atque eos postliminium est;* tandis que Ælius Gallus et Paul auraient eu en vue la troisième. Mais cette explication ne nous satisfait pas ; nous avouons, du reste, n'en pas saisir bien nettement l'esprit, et nous préférons celle donnée par Pothier, dont le seul défaut, peut-être, est de résoudre trop facilement la question.

§ 2. *Dans quel temps.*

Pomponius le dit, au *princ.* de la loi 5 de notre titre : *Postliminii jus competit aut in bello aut in pace.*

In bello. Les citoyens romains, faits prisonniers dans une guerre, peuvent l'invoquer, mais seulement pendant la durée de cette guerre. Pomponius est formel : *Si eodem bello is reversus fuerit, postliminium habet.* Pourtant, Tryphoninus semble admettre que les prisonniers le pourront également pendant la paix, *de quibus nihil in pactis erat comprehensum*, si aucun traité n'est intervenu à leur égard (loi 12, *princ.* Dig. XLIX, 15). Mais une correction faite au texte par Pierre Faber, approuvée par Cujas et Pothier, concilie ces opinions divergentes en apparence : au lieu de *de quibus nihil in pactis.....*, il faut lire : *de quibus id in pactis erat comprehensum ;* de telle sorte que, loin de se contredire, nous voyons Pomponius et Tryphoninus d'accord sur ce principe : qu'un prisonnier ne peut invoquer le *Postliminium* que pendant la guerre où il a été pris, et jamais pendant la paix, à moins que cet avantage lui ait été accordé par les traités..... Servius en donne le motif : on l'a ainsi décidé, parce que les Romains ont voulu que les citoyens eussent l'espoir du retour plutôt dans la vertu militaire que dans la paix. Cette correction, qui supprime la contradiction des textes, nous semble justifiée par la raison mise en avant par Servius et par le reste de la loi ; elle est encore confirmée par un argument d'analogie que nous offre le § 1er de la loi 19, *cod. tit.*, où nous lisons que, pendant une trêve, il n'y a pas lieu au *Postliminium.* Qu'est-ce, en effet, qu'une trêve? *Induciæ sunt*, dit Paul, *cum in breve et in præsens tempus convenit, ne invicem se lacessant.* Varron la définit : *Belli feriæ, pax castrensis paucorum dierum ;* ce sont les vacances de la guerre, c'est une paix de quelques jours entre deux camps ennemis (Aulu-Gelle, liv. Ier, ch. 15); dès lors il nous semble que la même idée a dû conduire à deux décisions identiques. Remarquons cependant, d'après Pothier, que Bynkershoeck rejette cette rectification du texte et conserve la leçon : *nihil in pactis.....*; mais il rapporte le § *quod ideo* à ce qui a été dit au commencement de la loi, que régulièrement le droit de retour n'avait lieu que pendant la guerre; et le § *in pace* à ce qui fait l'objet de la dernière proposition du *principium*.

In pace. Nous avons vu déjà que le *Postliminium* existait, même en temps de paix, avec les peuples qui ne sont ni les amis, ni les hôtes, ni les alliés du peuple romain; la suite du *principium* de la loi 12, à notre titre, nous indique qu'il en était de même, à moins de clause contraire insérée dans un traité, à l'égard de ceux qu'une déclaration subite de guerre surprenait chez un peuple étranger et que celui-ci faisait prisonniers. *Verum in pace qui pervenerunt ad alteros* (suivant certains auteurs, *ad exteros*), *si bellum subito exarsisset, eorum servi efficiuntur, apud quos jam hostes suo facto deprehenduntur : quibus jus postliminii est tam in bello quam in pace.* Ce texte a aussi été modifié; généralement on lit : *suo fato*, au lieu de *suo facto*; cela veut dire que ceux qui, étant allés chez des peuples amis, se sont trouvés pris chez eux, lorsque la guerre a éclaté, ne sont censés ni prisonniers ni vaincus, mais seulement être tombés en servitude *par un effet de leur mauvaise destinée*, et sans qu'il y ait de leur faute. Mais Pothier nous apprend de nouveau que Bynkershoeck conserve encore ici la leçon vulgaire et traduit : chez des peuples qui se trouvent ennemis des Romains sans déclaration préalable de guerre, mais effectivement *et par leur fait* en retenant des citoyens romains de force (Pothier, *Pand. Just.*, *de capt.*, *n*° 6). Nous rappelons enfin que le *Postliminium* s'appliquait, après la paix, à tous les citoyens captifs, dès que cet avantage leur avait été concédé par les traités.

Nous savons maintenant entre qui et dans quels temps existent les droits de captivité et de retour; demandons-nous à quelles personnes et à quelles choses ils s'appliquent, et quels en sont les effets.

SECTION II. — A QUELLES PERSONNES IL S'APPLIQUE.

Le *Postliminium* s'applique aux prisonniers de guerre qui ont échappé à l'ennemi, de quelque manière qu'ils l'aient fait, que ce soit par la force ou la ruse, par leur fait ou le fait d'autrui, même par un affranchissement régulièrement émané de leur propriétaire (loi 26, loi 5, § 3, Dig. XLIX, 15).

Il leur est acquis, dès l'instant qu'ils ont mis le pied sur le sol de la patrie, dès qu'ils ont passé la frontière. Il en est de même, s'ils sont entrés dans une ville alliée ou amie, s'ils sont arrivés chez un roi aussi allié ou ami; car, selon le jurisconsulte Paul, c'est là qu'ils commencent à être en sûreté, sous la foi des traités ou du droit des gens (*eod. tit.*, loi 19, § 3). D'autre part, la loi 5, § 1, s'exprime ainsi : Le captif recouvre tous ses droits dès qu'il a atteint notre camp ou quelque peuple de nos amis; de même qu'il reste citoyen romain jusqu'à ce qu'il ait été conduit dans les retranchements ennemis.

Mais il ne suffit pas d'être de retour, pour jouir du *Postliminium*, il faut être revenu avec la ferme intention de ne pas retourner chez l'ennemi. Il ne suffit pas, dit Florentinus, qu'un homme ait physiquement effectué son retour, si sa pensée le reporte ailleurs (*eod. tit.*, loi 26). Pomponius cite à l'appui de cette idée deux exemples : Régulus, pris par les Carthaginois dans la première guerre punique, avait été envoyé à Rome pour proposer un échange de prisonniers ; il avait juré de retourner à Carthage et de reprendre ses fers, s'il ne réussissait pas dans sa mission. L'histoire rapporte qu'il dissuada lui-même le Sénat romain de consentir à cet échange. Il retourna donc à Carthage, où l'attendaient de cruels supplices et une mort douloureuse. Et l'on décida qu'il n'avait pas joui du *Postliminium*, parce qu'il n'avait pas eu la volonté de rester à Rome. L'autre exemple est relatif à un certain interprète Ménandre. C'est un ennemi, que le sort des batailles avait réduit en esclavage ; les Romains l'affranchirent et l'envoyèrent dans sa patrie. Alors une loi fut rendue déclarant qu'il resterait citoyen romain. Mais on critiqua avec raison l'opportunité et l'utilité de cette loi ; car de deux choses l'une : ou bien Ménandre avait l'intention de retourner vers les siens, ou bien l'intention de revenir à Rome ; or, dans le premier cas, il cessait d'être, et dans le deuxième, il restait, sans qu'il fût besoin d'une loi pour cela, citoyen romain (*eod. tit.*, loi 5, § 3).

Mais si le *Postliminium* était la conséquence ordinaire de la libération matérielle et du retour du captif, il n'en était pas la conséquence obligatoire. Par exception, il était refusé :

1° Aux captifs qui s'étaient rendus à discrétion. Une seule chose est à rechercher, disent les empereurs Gratien, Valentinien et Théodose : les prisonniers se sont-ils volontairement livrés aux ennemis ou y ont-ils été forcés? S'ils ont été pris malgré eux, qu'ils se hâtent de rentrer dans leurs foyers : ils y recouvreront, en vertu du droit postliminien, les fonds, les esclaves et les autres biens qu'ils y possédaient avant leur captivité, et ils n'ont à craindre à cet égard ni empêchement ni retard (loi 19, Code, VIII, 51).

2° A ceux que les Romains eux-mêmes ont livrés aux ennemis et qui de retour ne sont pas reçus par leurs concitoyens. La loi 17 du titre *de legationibus* (Dig. L, 7) nous apprend que c'était porter atteinte au droit des gens que de frapper les ambassadeurs ennemis, *quia sancti habentur legati* : et celui qui s'était rendu coupable de cette offense devait être, selon Quintus Mucius, livré à la nation insultée dans la personne de ses envoyés. Cet homme ainsi *deditus*, quoique non reçu par les ennemis, restait-il citoyen romain? Les avis étaient partagés; mais Publius Mucius répondait : Non; car l'individu que le peuple avait ainsi livré était, semblable à ceux à qui on avait interdit l'eau et le feu, chassé de la cité. Un certain Hostilius Mancinus avait été ainsi livré aux habitants de Numance et ceux-ci ne l'avaient pas reçu : il fallut qu'une loi fût rendue pour le réintégrer dans ses droits de cité. Modestin, après avoir rappelé un dissentiment sur ce sujet entre Publius et Scœvola, déclare qu'il est conséquent aux principes, *consequens est*, que l'homme ainsi *deditus nec a nobis receptus civitatem non adipiscatur*; il ne recouvrera ses droits que quand une loi l'aura réhabilité. Il paraît que jadis, *antiquitus*, il en était autrement.

3° Le *Postliminium* était aussi refusé à ceux qu'une clause expresse d'un traité abandonnait à l'ennemi (loi 12, *princ.*, Dig. XLIX, 15).

4° A ceux qui, admis par traité à rentrer dans leur patrie, avaient une fois préféré rester chez l'ennemi : *non est eis postea postliminium.* C'est vainement qu'ils reviendraient dans la suite ; ils ne jouiraient plus du *Postliminium* (*eod. tit.*, loi 20, *princ.*).

5° Aux transfuges. Le transfuge n'est pas seulement celui qui, dans un dessein pervers et dans l'intention de trahir sa patrie, l'a abandonnée (*eod. tit.*, loi 19, § 4); celui qui fuit pendant la guerre, mais encore celui qui fuit pendant la trêve, ou se retire chez des nations avec lesquelles Rome n'a aucune relation d'amitié, et conspire avec elles contre sa patrie (*eod. tit.*, § 8). Non-seulement les transfuges sont privés du *Postliminium*, mais aussi de la *restitutio in integrum* (loi 14, Dig. IV, 16). Paul les met au nombre des ennemis, *in hostium numero habentur*; et s'ils ont le malheur d'être repris par le droit de la guerre , on les brûlera vifs ou on les pendra (lois 8 , § 2, 38, § 1, Dig. XLVIII, 19). *Sed hoc in libero transfuga juris est*, ajoute Paul ; mais cette disposition de droit n'est applicable qu'au transfuge libre, homme ou femme. Nous verrons en effet que l'esclave transfuge à son retour rentre sous la puissance de son maître, comme il y serait rentré s'il avait été pris fortuitement. Il semble bien qu'il eût dû en être de même du fils de famille : car il est la propriété, la chose du *paterfamiliâs* tout aussi bien que l'esclave ; et s'il a lui-même des droits à recouvrer, son père était aussi intéressé à le faire rentrer sous sa puissance ; mais le fils était perdu pour son père comme pour sa patrie, parce que, chez les Romains, l'observation de la discipline militaire l'emportait sur la tendresse paternelle, *quia disciplina castrorum antiquior fuit parentibus romanis, quam charitas liberorum*(loi 19, § 17, Dig. XLIX, 12).

En dehors de ces cinq hypothèses, le *Postliminium* actif s'appliquait donc à tout prisonnier de guerre, rentré dans sa patrie avec la volonté d'y rester : qu'il fût homme ou femme, père ou fils de famille, ingénu ou affranchi.

SECTION III. — A QUELLES CHOSES S'APPLIQUE LE POSTLIMINIUM ?

Le *Postliminium* s'appliquera sans difficulté aux choses, meubles ou immeubles, prises par l'ennemi, devenues sa propriété, et recouvrées sur lui. Les textes passent en revue un certain nombre de ces choses. Ainsi la loi 20, § 1er, à notre titre, y soumet les propriétés territoriales ; Marcellus (lois 2 et 3) l'étend aux navires de grandes dimensions, de transport et de guerre; mais non aux bateaux de pêche ou de plaisance. De même, on recouvre par le *Postliminium* un cheval ou une cavale habitués au frein, car ils ont pu s'échapper sans la faute du cavalier. Mais on ne recouvre ainsi ni ses vêtements ni ses armes, car il est honteux pour un soldat de se laisser dépouiller ; et perdre ses armes, c'est plus qu'une honte, c'est un crime punissable de mort. *Miles qui in bello arma amisit vel alienavit capite punitur ; humane militiam mutat* (loi 3, § 3, Dig. XLIX, 16).

Le soldat de retour de captivité recouvrait-il sa solde arriérée et les gratifications, *donativa*, qu'il était d'usage de distribuer à l'armée, en considération soit d'une victoire remportée soit de l'adoption de quelqu'un à l'empire ou de l'avénement d'un prince, et qui avaient été faites en son absence ? L'empereur Antonin répondit par un rescrit à un soldat qui émettait cette réclamation : *Non jure desideras* (L. 17, Code, XII, 36).

Mais, à côté des choses proprement dites, il y avait certaines personnes physiques que le caractère absolu et despotique de la puissance accordée au *paterfamiliâs* assimilait à certains égards aux choses et rendait susceptibles du *Postliminium passif*. Il y a ainsi les esclaves qui, quoique pouvant être sujets d'un droit ou parties dans un acte, sont mis au rang de choses par Justinien (Inst., liv. II, tit. 2, § 1), et les fils de famille. Le fils de famille, dans l'ordre public, est complétement indépendant de son père, mais dans l'ordre privé, les textes nous le présentent soumis, comme une chose, à un véritable droit de propriété, qui cependant n'exclut pas sa personnalité. Nous avons remarqué que, contrairement au fils de famille, l'esclave même transfuge, rentre sous la domination de son ancien maître, *ne contrarium jus non tam ipsi injuriosum sit, qui servus semper permanet, quam domino damnosum constituatur* (loi 19, § 5, Dig. XLIX, 15). Le père de famille recouvrait encore par le *Postliminium* la femme qu'il avait *in manu* ou l'homme libre qu'il possédait *in mancipio*.

C'est à ces quatre classes que fait allusion le jurisconsulte Paul, au § 10 de notre loi 19 : Il y a lieu au droit de retour pour tous les individus, quel que soit leur sexe ou leur condition, sans distinguer s'ils sont libres ou esclaves ; car on recouvre par ce droit non-seulement ceux qui peuvent combattre, mais encore tous les hommes, parce que de leur nature ils sont tels qu'ils peuvent servir par leurs actions ou leurs conseils ou de toute autre manière. Pareillement, les empereurs Dioclétien et Maximien disent : De même que l'on rétablit dans leur état primitif, et en vertu du droit postliminien, les personnes libres qui ont été prises par l'ennemi et qui sont revenues dans la cité, de même, et par une semblable raison, l'esclave qui se trouve dans un pareil cas, retombe dans le domaine de son ancien maître. Ainsi donc, si la femme dont vous parlez était l'esclave de votre père et qu'elle n'ait pas été affranchie, votre père ou son successeur reprend, du jour qu'elle est revenue, le domaine ou la puissance qu'il avait sur elle et dont elle était sortie par la captivité (loi 10, Code, VIII, 51).

Peu importe d'ailleurs de quelle façon la chose soit retombée au pouvoir de son ancien maître : qu'il l'ait reprise ou que les ennemis l'aient rendue ; qu'il l'ait rachetée ou qu'un autre l'ait rachetée pour lui, sauf dans ce cas une légère distinction que nous verrons ; ou que cette chose soit telle par sa nature qu'elle ait pu s'échapper des mains de l'ennemi ; dans tous ces cas, *simul atque ad nos redeundi causa profugit ab hostibus et intra fines imperii nostri esse cœpit postliminio rediisse existimandum est.* Mais Paul signale une différence entre le retour de l'esclave et celui des autres choses. Sans doute celles-ci sont considérées comme revenues dès qu'elles ont passé la frontière, mais l'esclave, fût-il rentré dans Rome, du moment qu'il ne sert ni son maître ni une autre personne, *nondum rediisse existimandum est* (loi 30, Dig. XLIX, 15).

SECTION IV. — Effets du postliminium

Nous étudierons successivement les effets du *Postliminium actif* et les effets du *Postliminium passif*.

1° *Effets du Postliminium actif.*

Le prisonnier de guerre de retour recouvre la presque plénitude de ses droits, pour le passé comme pour l'avenir ; il est censé, comme nous l'avons dit déjà, n'avoir jamais quitté la patrie où il revient. *Retro creditur qui ab hostibus advenit in civitate fuisse* (*eod. tit.*, loi 16).

Pendant que dure sa captivité, ses droits sont donc en suspens : mais il y a des distinctions à faire et on peut à cet égard formuler les deux propositions suivantes :

En principe : 1° tout ce qui, pour le captif, consiste dans la jouissance d'un droit, *quæ in jure consistunt*, est en suspens et lui sera acquis s'il revient ; 2° tout ce qui consiste dans l'exercice d'un droit ou en un fait, lui est retiré ou est perdu pour lui.

Nous allons passer en revue les diverses matières du droit, et nous verrons que les décisions des jurisconsultes et des empereurs romains sur les effets du *Postliminium* sont, à de rares exceptions près, l'application de ces deux règles.

§ 1er. *Mariage.*

Le captif ne pourra évidemment se marier, contracter de justes noces, sur la terre étrangère : on le reconnaît sans difficulté ; tout ce qui consiste dans l'exercice d'un droit ne lui est-il pas retiré ? Mais où les textes sont obscurs et contradictoires, c'est sur la question de validité du mariage, dans les liens duquel était engagé le citoyen romain, avant d'être fait prisonnier de guerre : ce mariage était-il dissous, ou, au contraire, subsistait-il encore, et le mari de retour recouvrait-il, par l'effet du *Postliminium*, son épouse restée dans la cité?

Certains textes disent positivement : « Oui, la captivité dissout le mariage »; mais à côté il en est d'autres qui semblent bien admettre le contraire. Nous allons mettre ces textes en regard les uns des autres et, après les avoir expliqués, chercher à les concilier.

Tryphoninus est très-précis à la loi première (Dig. XXIV, 2) : *Dirimitur matrimonium divortio, morte, captivitate vel alia contingente servitute utrius eorum ;* et cette décision se combine parfaitement avec ce que le même jurisconsulte écrit ailleurs : C'est vainement que l'épouse du captif serait restée dans la maison conjugale, vainement qu'elle aurait manifesté de la façon la plus certaine l'intention de rester épouse : le mariage n'existe plus (loi 12, § 4, Dig. XLIX, 15). Un demi-siècle auparavant, Pomponius avait dit : Le mari ne peut pas, par le *Postliminium*, recouvrer sa femme, comme le père recouvre son fils : car le mariage est dissous par la captivité, et il ne sera réintégré que par un nouveau consentement des époux (*eod. tit.*, loi 14, § 1er). Plus tard Paul rappelait la même solution en employant presque les mêmes termes : *non ut a patre filius, ita uxor a marito jure postliminii recuperari potest* (*eod. tit.*, loi 8, *princ.*). Ailleurs Pomponius suppose qu'une fille mariée et dotée par son père est tombée en captivité et y est morte ; et il est d'avis *perinde omnia observanda ac si nupta decessisset : ut, etiamsi in potestate non fuerit patris, dos ab eo profecta reverti ad eum debeat.* Il faut se rappeler que la dot profectice devait toujours revenir au père ou à l'aïeul qui l'avait constituée, en cas que la femme vînt à mourir pendant le mariage, tandis que si le mariage était dissous du vivant de la femme, soit par le divorce, soit autrement, la dot revenait à la femme ou à ses héritiers : de sorte que, dans l'espèce proposée par Pomponius, s'il faut, pour assurer le retour de la dot au père constituant, invoquer le bénéfice de la loi Cornélia et supposer que la jeune fille est morte étant encore mariée, c'est donc que le mariage n'existait plus, c'est donc que la captivité l'avait dissous ? (Loi 10, *princ.*, Dig. XXIV, 3.) L'affirmative invoque encore en sa faveur les lois 56 (Dig. XXIV, 3) et 45, § 6 (Digeste, XXIII, 2). La première suppose qu'un tiers a stipulé du mari la restitution de la dot pour le cas où son mariage avec Titia serait dissous : Paul décide que si Titia vient à être prise par les ennemis, *stipulatio committetur*, tout comme si elle était déportée ou devenait esclave ; et pourquoi ? c'est que la captivité compte parmi les causes de dissolution du mariage. Dans la deuxième de ces lois, Ulpien se demande si, au cas où le patron serait fait prisonnier, l'affranchie qu'il a épousée pourrait, comme s'il était mort, convoler à de nouvelles noces ; et il rapporte que Julien décidait la négative : *Putat enim Julianus durare ejus libertæ matrimonium etiam in captivitate propter patroni reverentiam.* Il faut remarquer le motif que Julien donne de sa décision : à cause de la vénération que l'affranchie doit à son patron ; d'où c'est une mesure exceptionnelle, et dans tous les cas où ces liens de patronage n'existeront pas, où le *patroni reverentia* n'aura pas sa raison d'être, le mariage sera dissous, et l'époux resté *in civitate* pourra *ad alias nuptias migrare.*

Ainsi, voilà des décisions de jurisconsultes desquelles il semble bien résulter, soit directement, soit par voie de conséquence, qu'à Rome la captivité dissolvait le mariage : et c'est là l'opinion que nous adopterons, d'accord en cela avec la plus grande partie des auteurs; mais nous devons examiner d'autres textes que nous fournit le Digeste, textes qui ne se concilient guère avec les premiers, qui paraissent même conduire à une solution différente.

C'est d'abord, au titre *de divortiis*, la loi 6, attribuée à Julien, où nous lisons : Les femmes des captifs peuvent être considérées comme tenant le rang d'épouses, par cela seul qu'elles ne peuvent convoler à d'autres noces *temere*, c'est-à-dire sans encourir certaines peines. On peut dire qu'en principe, tant qu'elles ont la certitude que leur mari est vivant et prisonnier, les femmes ne peuvent se remarier, à moins qu'elles ne préfèrent invoquer quelque cause de divorce. Mais si la loi n'établit pas avec certitude sa vie ou sa mort, elles auront la faculté de se remarier, toutefois après que cinq ans se seront écoulés depuis le jour de sa captivité : alors le mariage sera considéré comme dissous *bona gratia*, par consentement mutuel, et les droits des époux resteront entiers. La décision serait la même, si c'était le mari qui fût resté dans la cité et la femme qui fût tombée au pouvoir des ennemis (loi 6, Dig. XXIV, 2). C'est aussi la fin de la loi 8, à notre titre, qui paraît contredire son début. Après avoir admis que le mari ne pourra pas, par le droit de retour, recouvrer sa femme, Paul ajoute : *Sed tunc cum et voluerit mulier et adhuc alii post constitutum tempus nupta non est : quod si voluerit, nulla causa probabili interveniente, pœnis dissidii tenebitur;* c'est-à-dire : cela ne pourra avoir lieu que lorsque la femme le voudra, et seulement dans le cas où, après le temps fixé, elle ne sera pas encore mariée à un autre; que si elle veut se marier à un autre, et s'il ne survient pas de cause plausible, elle sera passible des peines du divorce arrivé par sa faute. Observons sur ce texte que certains auteurs l'ont légèrement modifié et qu'ils lisent : *quod si noluerit*, au lieu de *quod si voluerit;* alors on traduit : si la femme ne veut point que le mariage soit rétabli par le retour du mari, elle sera passible des peines du divorce. Cette correction a sans doute l'avantage de moins contrarier l'explication de la loi, mais comme elle présente absolument le même sens, nous n'en comprenons guère l'utilité.

Quoi qu'il en soit, on remarque facilement que ces deux textes sont en contradiction évidente avec l'idée que la captivité dissolvait le mariage. Aussi a-t-on cherché à les concilier avec cette opinion et l'explication qu'on en a donnée suppose qu'on se trouve ici en présence de deux interpolations de Tribonien. Ce qui le prouverait : c'est l'incorrection du langage, ce sont certaines tournures plus familières à Justinien qu'aux jurisconsultes ; ce sont ces expressions de la loi 8, *causa probabilis*, *pœnis dissidii teneri*, qui révèlent une langue latine dégénérée. Nous sommes d'autant moins porté à attribuer à Paul la paternité de la deuxième partie de cette loi, que d'ailleurs elle contredit la décision que Paul nous donne lui-même dans les premières lignes, et qu'il nous avait donnée déjà dans la loi 56 (Dig. XXIV, 3). Qu'est-ce aussi que ce *constitutum tempus*, que ce *quinquennium*, ce délai de cinq ans, pendant lequel la femme ne peut se remarier, si ce n'est la reproduction de la même idée exposée par Justinien dans la Novelle XXII et presque dans les mêmes termes qu'à la loi 6? Peut-être Tribonien se trouvant en présence de la décision par laquelle Julien maintenait le mariage de l'affranchie avec son patron captif *propter patroni reverentiam* l'aura-t-il généralisée. Quoi qu'il en soit, on aurait sans raison attribué à Julien cette loi 6 et il faut la restituer à Tribonien.

A défaut de ces deux textes, on argumente encore des lois 9 et 25, à notre titre, et de la loi 1re, Code (VIII, 51), pour soutenir que la captivité se dissout par le mariage. La première notamment de ces lois décide que le fils que nous avons eu pendant notre captivité jouit, s'il est revenu en vertu du *Postliminium*, des droits de fils ; et la loi 25, rappelant un rescrit des empereurs Sévère et Antonin, dispose que si une femme, qui a été prise par les ennemis avec son mari, a eu de lui un fils en pays étranger, et qu'ils soient tous revenus dans leurs foyers, les parents et les enfants sont tous légitimes, et le fils est sous la puissance de son père comme étant revenu en vertu du *Postliminium*. Si la captivité dissolvait le mariage, peut-on dire, comment l'enfant né de deux captifs pourrait-il être qualifié de *justus* et tomber *in potestate patris?* C'est là un argument sérieux qui peut embarrasser. Nous ne pouvons l'expliquer qu'en disant que, si la captivité dissout le mariage, c'est que le mariage exige pour sa validité que la cohabitation physique soit actuellement possible entre les époux, ou, si elle ne l'est pas, que la femme soit tenue à la disposition du mari. Les époux étant séparés l'un de l'autre par la captivité, il se produit là un fait ineffaçable qui s'oppose invinciblement à l'application du *Postliminium*; tandis que, quand ils tombent ensemble au pouvoir des ennemis, l'union physique est demeurée possible, et le *Postliminium* opère sans qu'il soit nécessaire de réputer non avenu un fait accompli. La solution donnée par les empereurs Sévère et Antonin, se justifierait ainsi, en dehors de notre système, et sans l'ébranler le moins du monde.

Tel était donc, à l'époque classique, l'état de la législation romaine quant au mariage; il était dissous, à une exception près, par la captivité et l'époux resté libre pouvait, sans être astreint à aucun délai convoler à de nouveaux liens. Mais l'esprit du, christianisme devait pénétrer bientôt cette institution et la modifier dans un sens conforme au principe éminemment chrétien de l'indissolubilité du mariage. Constantin est le premier empereur qui ait songé à protéger les droits de l'époux absent, en exigeant que l'époux présent attendît pour se remarier un délai de quatre ans et remplît une certaine formalité. Ainsi, la femme qui, pendant quatre ans, n'a pu avoir d'indice sur l'existence de son mari parti pour l'armée, et qui songe à se remarier, doit d'abord signifier ses intentions au général de son mari ; et comme ce délai et cette précaution montrent suffisamment qu'elle a convolé à un deuxième mariage *non temere, nec clanculo, sed publice*, elle ne sera pas exposée à perdre la dot ni à être condamnée à mort, comme si sciemment elle avait violé le lit conjugal (loi 7, Code, V, 17). Justinien critiqua bientôt cette disposition qui ne lui parut pas le résultat d'une délibération mûre. Nous avons vu plus haut qu'il avait commencé par exiger que le conjoint du captif sur le sort duquel on était incertain, attendît cinq ans avant de se remarier (Nov. XXII, chap. 7). Plus tard, rappelant la constitution de Constantin, il reproche à cet empereur de n'avoir pas assez remarqué « que le chagrin que le mari ressent de la privation de sa femme lorsqu'il est occupé aux travaux de la guerre n'est pas moins grand que lorsqu'il est captif chez les ennemis » ; aussi ne veut-il pas que dans ce cas la femme se marie aussi promptement, mais qu'elle attende dix ans. Après quoi, elle écrira à son mari ou lui fera parler par quelqu'un, *per aliquos verbis utens ad eum*. Si le mari renonce formellement au mariage, ou s'il garde un profond silence, la femme présentera un libelle au très-glorieux chef des soldats..... ; elle pourra même adresser à l'empereur des supplications ; et ce ne sera qu'après avoir rempli ces diverses formalités qu'il lui sera libre de convoler ; autrement elle encourrait les peines édictées par la loi, comme contractant témérairement un deuxième mariage (Nov. XXII, chap. 14).

Justinien n'en resta pas là. Bientôt il décide que la femme du soldat doit supporter l'absence de son mari, quelque temps qu'il passe à l'armée, ne lui eût-il jamais écrit, n'eût-il jamais répondu à ses lettres. Et si elle apprend sa mort, elle devra, avant de se remarier, interroger par elle-même ou un autre le chef sous lequel servait son mari sur le point de savoir si ce dernier est mort : ce chef devra en faire le serment ; et après un an, la femme pourra se remarier librement. Si elle néglige toutes les formalités, elle et son nouvel époux seront punis des peines de l'adultère. L'officier, convaincu de faux serment, sera dégradé et payera une amende de dix livres d'or au soldat dont il aura faussement annoncé la mort : celui-ci sera libre de reprendre sa femme (Nov. CXVII, ch. 11).

On en était loin déjà de cette législation des Pandectes, où la captivité dissolvait si facilement le mariage. Sous les empereurs chrétiens, on trouvait qu'il était plus commode de contracter une union que de la briser, *Solutionem matrimonii*, écrivaient Théodose et Valentinien, *difficiliorem debere esse favor imperat liberorum* (loi 8, *princ.*, Code, V, 17). Il était réservé à un empereur d'Orient de porter à cette législation le dernier coup, en exigeant de la femme du captif, qui voudrait se remarier, la preuve du décès de son mari ; et c'est un grand honneur pour Léon le Philosophe d'avoir ainsi fait passer dans le droit de l'époque le principe chrétien de l'indissolubilité du mariage (Nov. Léon, Constit. XXXIII).

En résumé, jusqu'à Constantin, la captivité fut une cause de dissolution absolue du mariage. Depuis cet empereur jusqu'à Léon le Philosophe, l'absence seule dûment constatée put le dissoudre ; après Léon le Philosophe, le mariage de l'absent resta maintenu.

§ 2. *Puissance paternelle.*

Si la perte du droit de cité emporte extinction du droit de puissance paternelle, à plus forte raison doit-il en être de même si c'est la liberté qu'on a perdue. Or, quand un père ou un fils de famille est fait prisonnier, il devient esclave, devons-nous dire alors que la puissance paternelle est dissoute? Il en serait ainsi en effet si nous appliquions les principes ordinaires du droit, et si nous ne rencontrions pas ici la double influence du *Postliminium*, et de la loi *Cornelia*. Par le *Postliminium*, le droit de puissance paternelle est en suspens; si le père de famille revient de captivité, il est censé avoir dormi pendant tout le temps de son esclavage; donc la puissance paternelle qui lui appartenait se trouve, par l'effet de son retour, avoir subsisté sans aucune interruption, il recouvre les droits qu'il avait perdus et ses enfants retombent sous sa puissance; mais s'il meurt dans les fers, la fiction de la loi *Cornelia* le fait considérer comme mort du moment où il a été pris, et dès ce jour, ses fils, restés *in civitate* sont devenus *sui juris* et *patresfamiliâs*. Est-ce au contraire le fils de famille qui est tombé au pouvoir des ennemis? S'il meurt au milieu d'eux, il sera réputé mort du jour de sa captivité; mais s'il rentre dans sa patrie, il reprend sa place dans la famille et ses droits y sont réglés comme s'il ne l'avait jamais quittée.

Ces effets sont très-clairement exposés aux Instituts (liv. Ier, tit. 2, ch. 5) et à notre titre (Dig. XLIX, 15) où le jurisconsulte Paul en fait, dans la loi 13, une application qui pouvait prêter à la controverse.

Il suppose que pendant l'absence de son fils captif, un père de famille s'est donné en adrogation, puis qu'il a été émancipé, et il décide que l'enfant de retour se trouvera sous la puissance de l'adrogeant, *loco nepotis*. La raison de douter, dit Pothier, vient de ce qu'il n'avait jamais dépendu de l'adrogeant, mais il suffit que cela ait pu arriver, s'il n'avait pas été fait prisonnier.

Il n'était pas sans intérêt de savoir si l'on devait donner à la mort du père de famille, arrivée chez l'ennemi, cet effet rétroactif au jour de sa captivité; car dans l'intervalle qui s'était écoulé depuis le jour où il avait été pris jusqu'à sa mort, ses fils avaient pu acquérir par stipulation, tradition ou legs : or, ces acquisitions leur restaient propres, si l'on admettait l'effet rétroactif; dans le cas contraire, elles comptaient dans le patrimoine de leur père et n'appartenaient à l'enfant qui les avait réalisées que dans la mesure de sa part héréditaire, et même ne lui appartenaient pas du tout, s'il avait été régulièrement exhérédé dans un testament valablement fait par son père avant sa captivité. Pomponius fait ressortir toute l'importance de cette question au § 1er de la loi 12, à notre titre, et observe incidemment que le fils de famille ne pouvait acquérir par voie d'hérédité : il avait en effet besoin, pour faire adition d'hérédité, du *jussus patris*, et tant qu'il y avait lieu d'espérer le retour du père, il devait attendre ce retour.

Nous avons vu Justinien, dans les Instituts, se prononcer très-nettement pour cet effet rétroactif. Bien avant lui, cette opinion avait été défendue par Julien (loi 22, § 2, Dig. XLIX, 15), par Tryphoninus (*eod. tit.*, loi 12, § 1er), et par Ulpien, qui avait généralisé et étendu à toutes les parties du droit la fiction de la loi *Cornelia (eod. tit.*, loi 18). Il semble d'ailleurs qu'on n'aurait jamais dû hésiter à l'admettre : car, la mort du père chez l'ennemi, coupant court à tout espoir du *Postliminium*, vient prouver qu'il a été véritablement esclave ; de telle sorte que, sans avoir besoin de recourir à la fiction de la loi Cornélia, les enfants ne sont pas moins devenus *sui juris* du jour de la captivité de leur père, la puissance paternelle ne pouvant jamais appartenir à un *servus*. Gaius pourtant déclarait la question douteuse : *Si illic mortuus sit erunt quidem liberi sui juris ; sed utrum ex hoc tempore quo mortuus est parens apud hostes, an ex illo quo ab hostibus captus est, dubitari potest.* (Com. I, § 129.) M. Demangeat s'étonne de ce doute de Gaius, et cherchant comment la question pouvait probablement se présenter, il imagine l'hypothèse suivante : L'enfant, pendant que son père est vivant chez l'ennemi, fait un acte qu'on ne peut faire qu'autant qu'on est *sui juris :* par exemple, il affranchit un esclave qui lui a été donné ou légué ; dirons-nous que l'affranchissement est nul quoi qu'il arrive, qu'il est nul *propter spem postliminii*, à cause de l'incertitude qui a existé dans le principe au sujet de sa validité, ou bien dirons-nous qu'il se trouvera valable si le père meurt sans avoir recouvré sa liberté (*Cours de Droit rom.*, I, page 315)? Nous nous refusons à penser que cette espèce ait été l'objet des doutes émis par Gaius. Comment, en effet, soutenir que l'affranchissement ait été nul ? S'il est vrai que l'affranchissement, accordé par une personne qui n'en a pas le droit, doit être considéré comme nul, n'est-il pas aussi vrai que dès que la preuve est faite de la capacité de l'affranchissant, l'affranchissement est valable, si d'ailleurs sa validité est parfaite à tous autres égards? Or, une fois admis que le fils de famille devient *sui juris* rétroactivement du jour de la captivité de son père par la défaillance de la condition résolutoire du retour de ce père, il le devient à tous égards, et nous ne pouvons admettre que tel acte fait par lui soit nul comme fait par un *filiusfamiliâs*, tandis que tel autre acte, accompli par lui dans le même état, sera valable comme fait par un *paterfamiliâs*. Aussi nous rallions-nous de préférence à l'explication qu'ont donnée d'autres auteurs et qui consiste à dire que Gaius a laissé échapper une légère erreur dans l'exposé de l'objet de la controverse, et que la discussion s'élève, non pas, comme le dit Gaius, sur l'époque à laquelle les fils du captif devenaient *sui juris*: il est de toute évidence que c'était au jour même de la captivité de leur père; mais sur l'événement qui motivait ce changement d'état. Était-ce la mort qui remontait au jour de cette captivité par l'effet de la loi *Cornelia*? Était-ce l'esclavage du père qui était confirmé à sa date par la défaillance de la condition résolutoire de son retour? L'hypothèse, énoncée à notre titre, loi 10, *princ.*, nous montre que la question présentait de l'intérêt. On suppose qu'un père, après avoir institué héritier son fils impubère, lui a donné un substitué, puis est tombé en captivité et y est mort; l'impubère est décédé à son tour. Était-ce l'héritier légitime, ou le substitué qui recueillerait la succession? On n'était pas d'accord. Les uns disaient que la substitution n'était pas valable, parce que le fils n'était plus sous la puissance de son père, quand celui-ci était mort : selon ces auteurs, c'est donc l'esclavage du père qui avait rendu le fils *sui juris*, et cet esclavage avait été rétroactivement confirmé par le décès du père. Les autres faisaient remonter la mort du père au jour de sa captivité, au moment même où il cessait d'être citoyen, et comme alors le fils se trouvait sous sa puissance, ils reconnaissaient la substitution pour valable et voulaient qu'elle produisît son plein et entier effet. Voilà la controverse à laquelle Gaius fait allusion dans son commentaire; ce qu'il déclare pouvoir faire l'objet d'un doute, c'est l'application de la loi *Cornelia* à une question d'état. Trente ans plus tard, la règle générale, formulée par Ulpien dans la loi 18, à notre titre, tranchait la difficulté.

Quoi qu'il en soit de cette controverse, le père de famille, à son retour de captivité, recouvrait la puissance paternelle, non-seulement sur les enfants qu'il avait au jour de sa captivité, mais aussi sur ceux qui étaient nés dans la cité pendant son absence, ou qui, nés chez l'ennemi, étaient eux-mêmes revenus dans leur patrie. Les textes sont suffisamment explicites à cet égard. Une loi suppose qu'un citoyen est tombé en captivité, laissant sa femme enceinte : celle-ci a mis au monde un fils qui, s'étant marié, a eu un fils et une fille. Julien décide que l'aïeul de retour dans ses foyers reprend sur ses petits-fils, comme sur son fils, le droit de puissance paternelle, tout aussi bien que si l'enfant était né pendant qu'il était encore *in civitate* (loi 23, Dig. XLIX, 15). La loi 25 au même titre, déjà citée, rappelle un rescrit des empereurs Sévère et Antonin formant la loi 1re au Code (VIII, 51), qui statue dans l'espèce suivante :

Une femme avait été prise par les ennemis en même temps que son mari et était accouchée d'un fils en pays étranger ; puis tous trois étaient rentrés dans leurs foyers : le texte décide que les parents et l'enfant sont tous légitimes, et que le *Postliminium* soumet le fils à la puissance paternelle. Mais si le père avait été tué par les ennemis, s'il était mort dans les fers et que la mère fût revenue seule avec son fils, il était considéré comme bâtard, *spurius*, parce que la loi *Cornelia* faisant remonter le décès du père au jour de sa captivité, celui-ci était mort avant la conception de l'enfant. Cet enfant illégitime suivait la condition de sa mère : il n'aurait donc pu prétendre à rien sur la succession paternelle : c'était là une injustice manifeste qu'il était donné à Léon le Philosophe de réparer. C'est ainsi que, dans sa Nov. XXXVI, cet empereur décide qu'à l'avenir un enfant, soit qu'il ait reçu le jour tandis que ses père et mère étaient en captivité, soit que sa mère en ait accouché étant libre, sera l'héritier de leur fortune.

Si la captivité du père tenait en suspens, par l'espoir du *Postliminium* l'état de ses enfants, il ne faudrait pas croire qu'elle allât jusqu'à être un obstacle perpétuel à leur mariage. Sans doute si le père mourait chez l'ennemi, on ne pouvait s'élever contre la validité du mariage contracté par ses enfants en son absence ; car ils sont devenus *sui juris* au moment même où leur auteur a perdu la liberté. Mais que le père revienne, et par l'effet du *Postliminium* il sera censé n'avoir jamais été dépouillé de sa puissance : le mariage sera-t-il donc nul comme contracté sans son consentement ? Il paraît bien que pour les filles on n'hésita pas à admettre le validité de semblables mariages : c'est que les filles ne risquaient pas de donner des héritiers siens à leur père. Pour les fils, la règle *nemini invito heres suus agnoscitur* fournissait au moins une sérieuse raison de douter; mais Tryphoninus nous apprend que ce fut la faveur due au mariage qui l'emporta, *quia illius temporis conditio necessitasque faciebat, et publica nuptiarum utilitas exigebat;* d'ailleurs, ajoute-t-il, si le captif ne peut donner son consentement, il ne peut non plus le refuser... *Quamvis consentire nuptiis ejus pater non posset : nam utique nec dissentire* (loi 12, § 3, Dig. XLIX, 15).

Ulpien pour le cas où le père est au pouvoir des ennemis, et Paul pour celui où il est absent de telle sorte qu'on ignore non-seulement où il est, mais même s'il existe encore, permettent bien aux enfants de se marier sans son consentement; mais ils exigent qu'il se soit écoulé au moins trois ans depuis sa captivité ou depuis sa disparition, *si triennium effluxerit* (lois 9, § 1er, 10, Dig. XXIII, 2). Sans doute, cette condition n'était pas prescrite à peine de nullité du mariage, car Julien, à la loi suivante, fait remarquer que si l'enfant s'était marié sans observer ce délai, le mariage serait cependant régulier, *dummodo eam filius ducat uxorem, vel filia tali nubat, cujus conditionem certum sit patrem non repudiaturum* (*eod. tit.*, loi 11). Il ne faut pas cependant prendre ces textes à la lettre, et croire qu'ils nous donnent l'état exact de la législation en cette matière à l'époque classique. On tient généralement pour certain que ce délai n'a été établi que sous Justinien, et que si on le trouve indiqué dans les écrits de Paul, Ulpien et Julien, il faut en chercher la raison dans une nouvelle interpolation de Tribonien. C'était l'avis de Cujas; c'est aussi l'avis de nombreux auteurs modernes, qui ne peuvent admettre qu'un délai fixe ait été ainsi établi par des jurisconsultes, et qui pensent qu'il appartenait au législateur seul de fixer un point de ce genre, parce que le règlement dont il s'agit a toujours quelque chose d'arbitraire. (V. MM. Demangeat, *Cours de droit romain*, I, p. 253, et Accarias, *Id.*, I, p. 161.)

§ 3. *Tutelle.*

La tutelle est une charge publique qui ne peut appartenir qu'aux citoyens romains. Il en résulte que toutes les fois que le tuteur perdra le droit de cité, soit par suite de la déportation ou de l'interdiction de l'eau et du feu, soit comme conséquence de l'esclavage où il aura été réduit, il perdra en même temps la tutelle qu'un testateur ou la loi lui aura confiée. Le tuteur fait prisonnier de guerre, cesse donc au même instant d'être tuteur, *finita tutela intelligitur*, son compte est exigible tout de suite, et on peut actionner ceux qui ont garanti pour lui la conservation des biens du pupille (loi 7, § 1er, Digeste XXVII, 3). Mais c'est plutôt ici l'exercice du droit que le droit lui-même qui est enlevé : ce droit reste, à proprement parler, en suspens, il sera irrévocablement perdu, si le prisonnier meurt dans les fers, mais il sera recouvré et la tutelle sera censée n'avoir jamais été interrompue, si l'ex-tuteur est rendu à la liberté et est remis, par l'effet du *Postliminium*, dans la situation juridique qu'il occupait avant sa captivité, *quamvis*, dit Papinien, *jure postiliminii tutelam pristinam possit integrare* (*eod. tit.*, loi 8).

Pendant son absence, il sera pourvu aux intérêts des pupilles par les soins des magistrats, en vertu des lois *Atilia et Julia et Titia* (Gaius, Comm. I, § 187; Inst., livre Ier, tit. 20, § 2); on a recours à la tutelle dative, et il n'est point fait de dévolution de la tutelle testamentaire à la tutelle légitime des agnats, parce que *quamdiu testamentaria tutela speratur, legitima cessat* (loi 11, Dig. XXVI, 2); ni, dans la tutelle légitime des agnats, de l'agnat captif à un agnat plus éloigné, ni, dans la tutelle des patrons, du patron captif au fils du patron : car, tant qu'il vit, le prisonnier conserve avec l'espoir du retour l'espoir de la succession (loi 1, § 2, Dig. XXVI, 4).

Si, au lieu de frapper le tuteur en exercice, la captivité atteint celui qui, en qualité de tuteur testamentaire ou d'agnat plus proche ou de patron, avait un droit éventuel à la tutelle, les droits éventuels du captif demeurent également en suspens; et si la tutelle s'ouvre pendant son absence, il y aura lieu à la nomination d'un tuteur datif jusqu'à son retour ou son décès.

De même que le tuteur, la captivité du pupille suspendait aussi provisoirement la tutelle. Celle-ci reprenait son cours, si le captif encore impubère recouvrait la liberté dans les conditions voulues pour jouir du *Postliminium*.

Nous savons qu'on ne donnait pas de tuteur aux enfants du captif, et Ulpien n'hésite pas à annuler la nomination de celui qui avait été faite dans ces conditions : *Et non puto dationem valere : sic enim post patris regressum, recedunt in potestatem, atque si nunquam pater ab hostibus captus fuisset.* Mais il admet qu'on peut donner un curateur à ses biens, *imo curator substantiæ dari debet, ne in medio pereat* (loi 6, § 4, Dig. XXVI, 1).

§ 4. *Hérédité testamentaire et ab intestat du captif. Loi Cornelia.*

Les Romains appellent la capacité de tester *factio testamenti;* mais comme ils donnent le même nom à la faculté d'être institué, on a, pour prévenir toute confusion, distingué la *factio testamenti active* et *la factio testamenti passive.* Nous nous occuperons d'abord de la *factio testamenti active.*

Longtemps la *factio testamenti* ne fut accordée qu'aux pères de famille; sous Justinien, elle fut étendue aux fils de famille, relativement à leur pécule castrens et quasi-castrens. Mais encore importait-il de distinguer deux choses dans la faction de testament : le droit d'avoir un testament et celui de le faire, c'est-à-dire l'attribution légale du droit et la capacité suffisante pour l'exercer. Or, pour tester valablement il fallait, au moment de la confection du testament, que le testateur réunît dans sa personne la jouissance et l'exercice du droit, mais à sa mort, il suffisait qu'il en eût encore la jouissance : l'incapacité qui à ce moment suprême n'aurait affecté que l'exercice ne nuisait en rien à sa faculté de disposer valablement. Les principes rigoureux exigèrent d'abord que le droit n'eût jamais cessé d'exister un seul instant. S'il avait été détruit depuis la confection du testament jusqu'au décès du testateur, pendant un temps quelconque, si court qu'il fût, puis rétabli avant la mort : cela suffisait pour rendre le testament inutile, *irritum*; plus tard on se relâcha de cette rigueur et, pourvu que le testament eût été *septem testium signis firmatum* et qu'au moment de sa mort le testateur fût *civis romanus* et *suæ potestatis*, l'héritier institué put obtenir la *bonorum possessio secundum tabulas* (Gaius, Com. II, § 147; Instit., liv. II, tit. 17, § 6). Observons pourtant qu'il n'en était ainsi qu'autant que l'incapacité intermédiaire du testateur provenait d'une *minima capitis deminutio;* si le testateur avait perdu la liberté et la cité, il était nécessaire que l'empereur lui accordât l'*in integrum restitutio* pour faire revivre son testament devenu *irritum*.

Il était utile de poser ces principes, afin de bien comprendre la situation du captif vis-à-vis de la *factio testamenti*, et de mieux apprécier les modifications apportées au droit commun par l'application à cette situation des effets du *Postliminium* et de la loi *Cornelia*.

Nous distinguerons deux hypothèses :

Ou bien le citoyen romain a fait un testament avant de tomber aux mains des ennemis;

Ou bien il a testé *apud hostes*.

Cette dernière hypothèse étant de beaucoup la plus simple et ne nécessitant pas de longs développements, nous l'examinerons d'abord.

Ejus qui apud hostes est, testamentum quod ibi fecit non valet quamvis redierit : telle est la règle posée par Gaius et par Justinien (Gaius, loi 8, *princ.*, Dig. XXVIII, 1; Instit., liv. II, tit. 12, § 5), et elle est conforme à ce que nous avons dit des effets du *Postliminium*, à savoir que tout ce qui consiste en un droit se trouve suspendu pendant la captivité du citoyen, mais que tout ce qui consiste en un fait, en une action, ou dans l'exercice d'un droit, lui est retiré et ne sera jamais ratifié, soit qu'il revienne, soit qu'il meure chez l'ennemi. En effet le citoyen fait prisonnier, conserve, subordonné à la condition suspensive de son retour, le droit de faire un testament : s'il revient, recouvrant avec son droit la capacité d'exercice, il pourra tester valablement; mais tant qu'il est dans les fers, il ne peut modifier par aucun acte, par aucun fait, la situation juridique qu'il avait au moment de sa capacité et que son retour à la liberté lui restituera; en d'autres termes, la confection d'un testament est un fait, or le *jus postliminii* n'a pas de prise sur les faits, et le testament sera comme non avenu. Cependant l'empereur Léon, mû par un sentiment de bienveillance et d'humanité, donna aux captifs la *factio testamenti*; il trouvait, non sans raison, que c'était là singulièrement aggraver leur situation déjà si misérable; fallait-il les priver d'un droit dont jouissaient tous les autres citoyens, *quasi culpam commiserint quod pro tribulibus propugnando in captivitatis necessitatem devenerint?* (Nov. Léon Const. XL.)

Que décider relativement aux codicilles faits *apud hostes?* Marcien les déclare nuls : *Si ante captivitatem quis codicillos confirmaverit et in captivitate codicillos scribat, non valent,* et il ajoute qu'il en sera de même toutes les fois qu'on aura perdu la *factio testamenti* (loi 7, *princ.*, Dig. XXIX, 7). Tryphoninus émet une opinion contraire, qu'il base sur l'humanité : Sans doute, dit-il, on ne peut, en droit strict, considérer comme confirmés par un testament antérieur à la captivité, les codicilles faits pendant cette captivité, parce qu'en les faisant, le captif n'avait plus la *factio testamenti;* mais, comme le vrai principe de ces actes, c'est-à-dire leur confirmation, qui vient du testament, a eu lieu lorsque le captif était encore dans sa patrie et que, par son retour à la liberté, il a recouvré tous ses priviléges passés, la raison et l'équité veulent que ces codicilles aient leurs effets comme s'il n'y avait pas eu de captivité pendant le temps intermédiaire (loi 12, § 5, Dig. XLIX, 15). Tryphoninus applique ici le principe que les dispositions d'un codicille confirmé sont réputées écrites dans le testament lui-même; et, comme le testament antérieur à la captivité se trouve être resté valable par l'effet du *Postliminium*, comme si le testateur, au lieu d'avoir été retenu chez l'ennemi, avait dormi tout le temps de sa captivité, les codicilles dont le sort est lié au sien se trouvent valables et produisent tous leurs effets. Ce principe, déjà l'objet de vives controverses entre les Sabiniens et les Proculéiens, n'avait sans doute pas été admis par Marcien, et cela expliquerait la divergence d'opinion de ces deux auteurs, qui vivaient pourtant à la même époque. On pourrait peut-être aussi l'expliquer en admettant qu'ils ont tous deux supposé des hypothèses différentes; Marcien, le cas où le captif est mort *apud hostes;* Tryphoninus, le cas où le captif a, par son retour, recouvré le droit de tester.

Nous allons aborder maintenant l'hypothèse d'un testament fait *in civitate* avant que le testateur fût fait prisonnier : Quel en sera le sort? Deux cas alors peuvent se présenter : ou le captif recouvre la liberté, ou il meurt dans les fers.

Point de difficulté dans le premier cas : de tout ce que nous avons dit précédemment il ressort clairement que ce testament est valable et nous n'aurons pas besoin ici que l'empereur accorde au testateur la *restitutio per omnia*, comme cela a lieu quand il a subi une *media* ou *maxima capitis deminutio*, parce qu'en réalité aucune *capitis deminutio* n'a été encourue; le testament n'est pas devenu *irritum;* au contraire, tous les droits du captif sont restés en suspens pendant son esclavage; son retour les lui a rendus intégralement; dès lors il vivra et mourra comme si jamais il n'était tombé au pouvoir des ennemis. *Quatenus tamen diximus, ab hostibus capti testamentum irritum fieri, adjiciendum est, postliminio reversi vires suas recipere jure postliminii* (loi 6, § 12, Dig. XXVIII, 3).

Le captif est-il mort à l'ennemi? Selon la rigueur des principes, tous ses droits lui sont enlevés à partir du jour où il a été pris, parce que la condition qui les tenait en suspens ne s'est pas réalisée, et qu'il est certain qu'elle ne se réalisera jamais; il a perdu dès ce moment la liberté, la cité et la famille, il est mort esclave, conséquemment privé de la faction de testament. *Ejus qui apud hostes decessit dici hereditas non potest, qui servus decessit* (loi 3, § 1er, Dig., L. 16). Telle fut, en effet, la rigueur du droit jusqu'à la loi *Cornelia de falsis*, appelée aussi *C. testamentaria.* Cette loi, dont déjà nous avons entrevu les effets, date de la fin de la République (an de Rome 673); elle introduisit une nouvelle question criminelle contre les divers crimes de faux et principalement contre les faux en matière de testament. Si la loi *Cornelia* s'en était tenue au droit rigoureux à l'égard du citoyen mort captif chez l'ennemi, elle n'aurait pas considéré comme punissables les actes commis contre ce testament puisqu'il était nul sans retour. Mais, au contraire, par une disposition spéciale, elle leur appliqua la même pénalité, comme si le testateur n'était jamais tombé au pouvoir de l'ennemi et qu'il fût mort citoyen ; d'où la conséquence que les hérédités, les tutelles et toutes les autres dispositions contenues dans ces testaments se trouvent confirmées par la loi *Cornelia*. Ce principe fut étendu : ainsi on l'appliqua, par voie de conséquence, aux tutelles et aux hérédités légitimes, enfin à toutes les parties du droit, et l'on en fit cette règle générale que nous avons déjà rapportée d'après Ulpien, *in omnibus partibus juris, is qui reversus non est ab hostibus, quasi tunc decessisse videtur cum captus est*. C'est là ce que les jurisconsultes romains appellent toujours la *loi Cornelia, le bénéfice de la loi Cornelia*, et les commentateurs, *la fiction de la loi Cornelia* (Ortolan, *Explic. hist. des Inst.*, II, n° 691).

Ex lege Cornelia, le captif est donc réputé mort du jour où il a été pris, conséquemment sans avoir rien perdu de ses droits, en pleine possession *du status*; de sorte que, depuis l'an de Rome 673, quoi qu'il arrivât, qu'il revînt de captivité ou mourût dans les fers, le Romain prisonnier jouissait dans tous les cas des avantages d'un citoyen mort dans sa patrie. Autrefois *le jus postliminii* ne se réalisant pas, le prisonnier mourait esclave, la loi *Cornelia* lui accorde le précieux avantage de mourir en citoyen.

Son testament n'est donc pas *irritum* : il vaudra. *Sed (testamentum) quod, cum in civitate fuerat, fecit, sive redierit, valet jure postliminii, sive illic decesserit valet ex lege Cornelia* (Instit., liv. II, tit. 12, § 5). Mais la loi *Cornelia* ne va pas jusqu'à faire valoir le testament *ruptum* par la naissance d'un fils du captif omis par son père; et si nous supposons qu'un citoyen, ayant sa femme enceinte, fait son testament sans prendre soin d'instituer ou d'exhéréder le fils qui va lui naître, et que fait prisonnier, il meure en captivité, nous déciderons, avec Julien, que le testament est nul, *quia et eorum qui in civitate manserunt hoc casu testamenta rumpuntur* (loi 22, § 4, Dig. XLIX, 15); et il en serait ainsi quand même ce fils viendrait à décéder avant son père : *sequitur ergo ut ex eo testamento hereditas ad neminem perveniat* (loi 15, Dig. XXVIII, 3).

La loi *Cornelia* s'applique aussi au testament du fils de famille soldat, mort en captivité (loi 39, Dig. XXIX, 1). Le jurisconsulte Paul fait à ce sujet l'hypothèse suivante : un *paterfamiliâs* a sous sa puissance un fils, *Primus*, et de ce fils un petit-fils, *Secundus*. *Primus* soldat fait un testament dans lequel il omet *Secundus*, puis, pris par les ennemis, il meurt dans les fers. Mais avant lui, le *paterfamiliâs* était décédé *in civitate* laissant un testament dans lequel il avait également omis son petit-fils. Paul se demande si le testament de *Primus* va se trouver rompu par l'omission de *Secundus*, comme le sera celui de l'aïeul, et il décide la négative, se fondant sur ce que *Primus* étant réputé mort *ex lege Cornelia* du jour où il avait été pris, l'aïeul se trouvait bien, lors de la confection de son testament, en présence d'un petit-fils, son héritier sien, qu'il lui fallait exhéréder ou instituer, tandis qu'à la même époque *Primus* n'avait devant lui aucun héritier sien, dont l'omission fût susceptible de rompre son testament.

A défaut de disposition testamentaire, à qui sera

dévolue la succession du captif mort *apud hostes?* Ulpien nous le dit : *Per legem Corneliam successio his defertur, quibus deferretur, si in civitate decessisset* (loi 1, *princ.*, Dig. XXXVIII, 16). Il y a là une succession *ab intestat* qui se règle d'après les principes ordinaires. Julien l'avait écrit déjà (loi 22, *princ.*, Dig. XLIX, 15), et les empereurs Dioclétien et Maximien le confirment, quand, répondant à certaines personnes qui, en qualité d'agnats, avaient accepté la succession ou demandé la possession des biens de parents morts en captivité, ils leur répondaient : *Eorum substantiam vindicare non prohiberis* (loi 8, Code, VI, 58). Mais cette hérédité *ab intestat* n'était acquise qu'à l'ouverture de la succession, alors qu'il était bien constant que le captif *de cujus* fût réellement mort (loi 4, Code, VIII, 51).

L'absence du captif aurait pu se prolonger indéfiniment; son décès aurait pu rester ignoré; allait-on demeurer dans une incertitude sans fin et la loi *Cornelia* ne se serait-elle jamais appliquée ? Bien qu'aucun texte ne résolve spécialement la question, nous pensons que, dans certaines circonstances, plusieurs textes du Digeste et du Code assignant à la vie humaine le délai de cent ans comme son plus long terme, il y a lieu de décider également ici, qu'au bout de cent ans le captif, dont on n'avait pas de nouvelle, était présumé mort ; et alors la loi *Cornelia* s'appliquait dans toute son étendue.

Si nous supposons que, le père et le fils ayant été faits prisonniers ensemble, le père est décédé *apud hostes* et le fils est revenu dans sa patrie : avant ou après la mort du père, peu importe ; la loi *Cornelia* faisant remonter la mort du père au premier jour de sa captivité et le fils étant censé n'avoir jamais été captif, on décidera qu'il est héritier sien de son père et il sera mis en possession des biens héréditaires. C'est le cas prévu par la loi 9 au Code (VIII, 51). Sans doute la captivité du père n'est pas mentionnée d'une façon expresse dans ce texte : aussi, avait-on proposé une correction, remplacer les mots *lex Cornelia* par ceux-ci *jus postliminii;* mais tel qu'il est, le texte se comprend sans grand effort et sans qu'il soit nécessaire d'attribuer une erreur aux empereurs auteurs du rescrit.

Ainsi que l'hérédité testamentaire et légitime, la loi *Cornelia* confirme la tutelle testamentaire. Paul va plus loin : *qua lege (Cornelia) etiam legitimæ tutelæ hereditatesque firmantur* (*Sentenc.*, liv. III, tit. 4, A, § 8) ; mais on comprend difficilement l'influence de la loi *Cornelia* sur les tutelles légitimes. En effet, si le *paterfamiliâs* décède chez l'ennemi, ses fils impubères, *ex lege Cornelia*, sont devenus *sui juris* du jour de sa captivité ; dès ce jour et rétroactivement ils auront eu pour tuteur leur plus proche agnat; mais en l'absence de la loi *Cornelia* le résultat serait absolument le même, puisque le père serait considéré comme esclave depuis le moment de sa captivité et par conséquent ses fils comme *sui juris* et pupilles à partir de la même époque! Il est un cas particulier où la loi *Cornelia* semble bien indirectement confirmer une tutelle légitime : il faut supposer qu'un patron a par testament assigné un affranchi à l'un de ses enfants, puis qu'il est mort captif. La loi *Cornelia*, confirmant son testament, confirme par là même cette tutelle légitime : ce qui permettra à cet enfant de gérer seul une tutelle qu'autrement il eût dû partager avec ses frères... Mais certainement Paul n'avait pas en vue cette hypothèse toute spéciale, quand il formulait sa règle d'une façon si générale! Nous faut-il donc admettre l'explication qu'a présentée M. Demangeat? Selon lui, la dévolution est de principe en matière de tutelle légitime pour le cas où le premier agnat viendrait à mourir ou à être *capite minutus*; mais, quand le premier agnat est captif, la *spes postliminii* tenant ses droits en suspens, au lieu d'un tuteur légitime qui serait l'agnat le plus proche en degré après lui, c'est un tuteur Atilien qu'on donne à l'enfant impubère : or, si nous admettons que, par erreur ou pour toute autre raison, cet agnat le plus proche s'est emparé de la tutelle, il faudra dire que la loi *Cornelia* confirmera cette tutelle légitime. Cette explication ne nous satisfait pas : est-ce que cette usurpation de l'agnat ne va pas se trouver également confirmée, par cela seul que le *Postliminium* ne pourra pas s'exercer? Que gagne-t-on ici, à déclarer les enfants devenus *sui juris* par la mort plutôt que par l'esclavage de leur père? Malheureusement, nous ne trouvons pas à ce passage de Paul d'explication satisfaisante : la véritable pensée du jurisconsulte nous échappe.

§ 5. *Substitution pupillaire.*

Il est un attribut de la puissanse paternelle dont la combinaison avec le *jus postliminii* et la loi *Cornelia* a donné lieu à des questions fort délicates qui nous sont indiquées par les textes. Nous voulons parler de la substitution pupillaire. C'est, nous le savons, l'adition d'héritier que le père de famille fait pour son fils impubère, en prévision du cas où celui-ci, lui ayant survécu, viendrait ensuite à mourir avant d'avoir atteint l'âge de puberté, conséquemment avant d'avoir pu tester.

Trois conditions étaient nécessaires à la validité de la substitution pupillaire : 1° il fallait que le père fît pour lui-même un testament valable dans lequel son fils ne fût pas omis ; 2° qu'au moment où il faisait le testament de son fils, il l'eût sous sa puissance immédiate et que celui-ci s'y trouvât encore à la mort de l'ascendant testateur ; 3° enfin que le fils mourût impubère *sui juris* après le testateur.

Cela posé, cherchons quelle influence va exercer sur une substitution pupillaire la captivité soit du père, soit du fils de famille. C'est, par exemple, le père qui, après avoir par testament institué héritier son fils impubère, lui a substitué un tiers, et est mort en captivité; puis l'impubère est décédé à son tour *in civitate*. Les jurisconsultes n'étaient pas d'accord sur la validité de la substitution et le règlement de la succession. Les uns disaient : la substitution est nulle, car le fils de famille est devenu *sui juris* du vivant de son père, c'est son esclavage qui a produit cet effet : il faudra donc appeler à la succession l'héritier légitime (loi 41, § 2, Dig. XXVIII, 6). Mais Papinien trouvait que *huic sententiæ refragatur juris ratio*, et en vertu de la loi *Cornelia*, il appelait à l'hérédité le substitué pupillaire : en effet, le père de famille était censé mort, *ex lege Cornelia*, au moment même de sa captivité et c'est sa mort qui avait rendu son fils *sui juris* (loi 10, *princ.*, Dig. XLIX, 15). C'était aussi l'avis de Julien (loi 28, Dig. XXVIII, 6).

Peu importe d'ailleurs que le père captif meure avant ou après son fils : car la loi *Cornelia* fera toujours remonter son décès au jour de sa captivité, et les conditions de validité de la substitution se trouveront toujours réunies. Jusqu'à la mort du père, *nihil est quod de secundis tabulis tractari possit*, le sort de la substitution pupillaire sera donc en suspens ; nulle, si le père revient dans sa patrie, parce qu'il aura survécu à son fils ; valable au contraire, s'il meurt *apud hostes* à quelque époque que ce soit (loi 11, *princ.*, Dig. XLIX, 15).

Mais changeons l'espèce : après avoir fait ce testament et cette substitution pupillaire, le père est mort dans sa patrie, et c'est son fils impubère qui est tombé aux mains de l'ennemi et y est décédé : la substitution vaudra-t-elle ? Elle ne vaudrait certainement pas, si le fils avait été pris du vivant de son père, car, *ex lege Cornelia*, il serait mort fils de famille, *quia non efficitur per eam, ut is qui nulla bona in civitate reliquit heredes habeat ;* et la succession du père serait déféré, dit Julien, en vertu de la loi des XII Tables, à son plus proche agnat (loi 28, Dig. XXVIII, 6). Mais nous supposons que le fils a été pris après la mort du père. On pourrait soutenir que la loi *Cornelia* n'est pas applicable à notre espèce, conséquemment que la substitution est nulle, parce que la loi *Cornelia* est censée avoir été introduite pour confirmer le testament de ceux qui ont le droit d'en faire un et qu'elle ne s'étend pas à l'impubère qui n'a pas la *factio testamenti*. Mais Papinien s'élève contre ce raisonnement et ne veut pas que la loi *Cornelia* soit restreinte aux seules personnes qui jouissent de la *factio testamenti*, et puisqu'elle confirme l'hérédité légitime de l'impubère mort chez les ennemis, quoiqu'il n'ait pas le droit de faire un testament, pourquoi, dit-il, ne confirmerait-elle pas pareillement la substitution pupillaire? Aussi n'est-il pas inconséquent au principe de dire que le préteur ne doit pas moins suivre la volonté du père que le vœu de la loi et accorder au substitué des actions utiles contre l'hérédité. Cette controverse est exposée à notre titre, loi 10, § 1 (XLIX, 15). On peut observer que si le substitué n'obtient pas d'actions directes, c'est qu'il n'est pas admis en vertu des termes mêmes, mais de l'esprit de la loi *Cornelia*. Pothier fait remarquer en outre que, suivant Wielingius, il y a dans ce texte une transposition de phrase: la phrase *quoniam verum est...* doit être replacée avant le § *Plane*, ou plutôt il faut lire sans transposition *quanquam* au lieu de *quoniam*.

Quid juris si le père et le fils sont tous deux captifs et meurent tous deux chez l'ennemi? Pas de difficulté s'ils le sont devenus le même jour, ou si le père l'a été après son fils: la substitution pupillaire sera sans effet, puisque le fils n'ayant pas recueilli l'hérédité paternelle n'en a aucune à transmettre. Pour qu'elle valût, il faudrait que le fils fût revenu mourir dans sa patrie. *Sed si ambo apud hostes et prior pater decedat: sufficiat lex Cornelia substituto non alias quam si apud hostes patre defuncto postea filius in civitate decessisset* (loi 11, § 1, Dig. XLIX, 15): ce qu'il faut entendre, suivant Cujas, en ce sens que le substitué ne peut être admis à la substitution que tant que le fils reviendra. Mais si nous supposons que le fils impubère a été fait prisonnier le dernier, la mort de son père l'a rendu *sui juris* du jour où son père a été pris, il a recueilli son hérédité, et il la transmettra valablement au substitué pupillaire. Scævola est pourtant d'avis contraire, dans la loi 29 (Dig. XXVIII, 6). Mais ce dissentiment s'explique facilement si l'on considère que la loi *Cornelia* ne s'occupait primitivement que de l'hérédité de ceux qui avaient eu la *factio testamenti* au jour de leur captivité, et qu'avant de l'étendre *in omnibus partibus juris*, ses cas d'application étaient l'objet de vives controverses, notamment en ce qui touche la substitution pupillaire. Nous nous rangeons plus volontiers à l'avis de Papinien; non-seulement parce qu'il exprime une opinion qui quelques années plus tard devait prévaloir, mais encore parce qu'entre Scævola et Papinien il y a tout avantage à se ranger au parti de ce dernier, dont les décisions toujours respectées, eurent le plus d'autorité et qui mérita le surnom de Prince des jurisconsultes.

§ 6. *Institution d'héritier.*

La *factio testamenti passive*, c'est-à-dire le droit de recevoir par testament, tombe, comme tous les autres droits, sous l'application du *Postliminium*. Aussi le captif romain peut-il être institué héritier, *is qui apud hostes est recte heres instituitur, quia jure postliminii omnia jura civitatis in personam ejus in suspenso retinentur, non abrumpuntur* (loi 32, § 1, Digeste, XXVIII, 5). Il était même prudent que le père de famille instituât ou exhérédât dans son testament le fils sous sa puissance qu'il avait *apud hostes;* sans doute s'il ne le faisait pas, son testament était provisoirement valable, *dum apud hostes est filius, pater jure fecit testamentum et recte eum præteriit* (loi 31, Dig. XXVIII, 2), mais le retour de ce fils omis annulait le testament, *cum si in potestate esset filius, nihil valiturum esset testamentum;* dans ce cas, le testament était non pas *ruptum*, mais *irritum:* parce que le retour du fils le faisait considérer comme n'ayant jamais été captif et qu'il y avait lieu dès lors d'appliquer la nullité provenant de l'omission d'un héritier sien; il en serait ainsi quand même ce fils serait mort aussitôt après son retour et avant son père, *quia scilicet ab initio non constiterit testamentum* (Instit., liv. II, tit. 13, *princ.*).

La même règle régissait le legs, *legari autem illis solis potest cum quibus testamenti factio est*, et la succession *ab intestat*. Cela résulte de deux rescrits des empereurs Dioclétien et Maximien, formant au Code, l'un la loi 9, l'autre la loi 14 (VIII, 51).

§ 7. *Possession. Usucapion.*

Si le *Postliminium* s'appliquait aux droits, il ne s'appliquait pas aux faits, avons-nous dit : nous trouvons une nouvelle application de ce principe dans la matière de la possession.

La captivité interrompt la possession (loi 23, § 1, Dig. IV, 6), *quia nec possidere intelligitur*, dit Modestin, *qui ipse possideretur* (loi 54, § *ult.*, Dig. XLI, 1; loi 118, Dig. L., 17); et le retour du captif n'y pourrait rien : *possessio plurimum facti habet, causa vero facti non continetur postliminio* (loi 19, Dig. IV, 6); Tryphoninus dit aussi : *facti enim causæ infectæ nulla constitutione fieri possunt* (loi 12, § 2, Dig.

XLIX, 15). Il s'ensuivait que, ne pouvant posséder, le captif en principe ne pouvait usucaper ; ainsi, si nous supposons un citoyen en train d'usucaper le fonds Cornélien, que de bonne foi il a acheté *a non domino*, puis pris par les ennemis, et revenu dans la cité le temps de l'usucapion accompli, il ne sera pas devenu propriétaire, *quia certum est eum possidere desiisse* ; il n'a pas possédé parce qu'eût-il conservé au plus haut degré *l'animus possidendi*, le deuxième élément constitutif de la possession lui a échappé, c'est-à-dire le *corpus*, le fait d'avoir cette chose à sa libre disposition ; le *Postliminium* effaçant son incapacité valide bien rétroactivement cet *animus possidendi*, mais il ne saurait effacer le fait matériel de la détention perdue.

Par la même raison, le captif de retour n'est pas réputé avoir possédé dans le passé les choses dont ses fils de famille ou ses esclaves ne seraient entrés en possession que pendant sa captivité et pour une cause étrangère au pécule (loi 44, § 7, Dig. XLI, 3), parce que le *Postliminium* ne peut faire que, dans la réalité, il ait eu la disposition physique de ces choses ; mais à l'inverse, — et pourtant le même obstacle ne l'empêchait-il pas d'en user ? — on le répute avoir conservé la possession des choses que ces mêmes individus soumis à sa puissance détenaient pour une cause quelconque antérieurement à sa captivité (loi 12, § 2, Dig. XLIX, 15).

Que décider relativement à la possession des choses qu'un esclave ou un fils de famille acquiert *ex peculiari causa ?* L'usucapion était suspendue pendant la captivité du maître : s'il revenait dans sa patrie, elle lui profitait, et pourtant il n'y avait pas là l'*ani-*

mus possidendi nécessaire à l'usucapion. Aussi Marcellus contestait-il cette solution ; mais c'était l'avis de Julien, et Tryphoninus nous dit : *Juliani sententia sequenda est (eod. loc.)*. Papinien cherche à justifier cette opinion qu'il appelle un *jus singulare* et qu'il déclare avoir été admise *utilitatis causa, ne cogerentur domini per momenta species et causas peculiorum inquirere* (loi 44, § 1, Dig. XLI, 2). Au fond *l'animus* du maître ne fait pas complétement défaut, mais est donné d'une manière générale : la constitution d'un pécule emportant de la part du maître l'intention d'acquérir en masse tout ce qui proviendra de la gestion de l'esclave ou du fils de famille sur les biens qui lui sont confiés, *quia nostra voluntate intelliguntur possidere, qui eis peculium habere permiserimus (eod. tit.*, loi 1, § 5). Si donc le captif avait sous sa puissance un esclave qui commençât à posséder *ex peculiari causa* pendant la captivité de son maître, celui-ci de retour pourrait continuer l'usucapion commencée par son esclave, ou l'invoquer, si elle était achevée. C'est l'opinion nettement exprimée par Paul dans la loi 2, § 11 (Dig. XLI, 4), et à notre titre, où il réfute sur ce point une maxime trop générale de Labéon (loi 29, Dig. XLIX, 15). *Quid* si le maître mourait *apud hostes ?* Marcellus, qui n'admettait pas que la possession de l'esclave profitât à son maître de retour, même par rapport aux choses qu'il possédait à titre de pécule, était pourtant d'avis que, le maître mort, cette même possession profitât aux héritiers pour l'usucapion, tandis que Julien, tout en faisant bénéficier le maître de retour de la possession de l'esclave, doutait qu'elle pût profiter à ses héritiers.

Mais dans le cas où le captif mourait chez l'ennemi, ses héritiers pouvaient-ils invoquer l'usucapion par lui commencée avant sa captivité? La raison de douter venait que sa possession avait été interrompue et qu'il était difficile d'admettre, que ne pouvant lui servir à lui-même, elle servît à ses héritiers. Il est bien évident que si le captif revenait, il n'aurait pas profité de cette usucapion; mais s'il mourait chez l'ennemi, il pouvait être censé n'avoir pas cessé de posséder, parce qu'étant réputé mort du jour où il avait été pris, il avait continué de posséder par son héritage vacant, comme se survivant à lui-même; ses héritiers pouvaient donc invoquer sa possession (loi 15, *princ.*, Dig., XLI, 3). (Le texte dit : *ideoque in uccessoribus locum (non) habere usucapionem :* nous admettons ici la correction que Pothier, d'après Accurse et Cujas, fait subir au texte, et qui consiste à effacer la négation ; d'autant plus facilement qu'au dire de Pothier, Ant. Augustin, dont le témoignage est rapporté dans les notes sur la glose, atteste qu'elle n'est pas dans certaines éditions). Sous ce rapport, on le voit, la fiction de la loi *Cornelia* l'emportait sur le *Postliminium*, puisque, grâce à elle, une usucapion se trouvait accomplie au profit d'un héritier, tandis que son auteur ne pouvait prétendre au même avantage, en invoquant simplement le *Postliminium*.

En résumé, quant aux biens qu'a commencé de posséder pendant la captivité du *paterfamiliâs* le fils de famille ou l'esclave, à tout autre titre qu'à celui de pécule, l'usucapion ne peut s'en accomplir entre leurs mains au profit du père ou du maître qui revient ensuite dans sa patrie. Si le captif meurt *apud hostes*, le fils aura possédé et usucapé pour lui-même, *quia tempora captivitatis ex die quo capitur morti jungerentur* (loi 44, § 7, Dig. XLI, 3); et pour l'esclave, sa possession servira à l'héritier, en ce sens que, grave à la fiction de la loi *Cornelia*, l'esclave aura eu pour maître, depuis la captivité du défunt, son hérédité même, et qu'il aura pu, du chef de ce maître, posséder et usucaper (loi 2, § 11, Dig. XLI, 4). Mais le *paterfamiliâs* pouvait invoquer la possession que pendant sa captivité avaient commencée *ex peculari causa* les personnes soumises à sa puissance et bénéficier de l'usucapion en résultant. Quant à sa propre ancienne possession, le captif ne la pouvait jamais joindre à la possession nouvelle qu'il recommençait à son retour.

De pareils résultats n'étaient pas toujours équitables; car, par suite de l'absence du prisonnier, le propriétaire dont on usucapait ainsi la chose, ne pouvait guère arrêter l'usucapion et ses droits se trouvaient entièrement sacrifiés. Dans la procédure romaine en effet, l'*in jus vocatio* et la *litis contestatio* ne pouvaient avoir lieu contre celui qui était absent et que ne défendaient ni *procurator* ni *cognitor* : le possesseur se cachât-il, se mît-il frauduleusement hors de l'atteinte de cette *in jus vocatio*. Les Romains ne connaissaient pas l'assignation et la procédure *in jure* engagées par défaut contre un adversaire non comparant; le préteur pouvait bien employer des moyens indirects, tels que la *missio in possessionem*, pour le contraindre à se présenter; mais enfin, si, par un motif quelconque, qu'il ne le voulût ou ne le pût réellement pas, il ne se présentait point, l'action en revendication du propriétaire de la chose *in causa usucapiendi* était impossible. Alors que faisait le préteur ? Les Instituts nous le disent : *permittitur domino intra annum (quo primum de ea re experiundi potestas erit) rescissa usucapione rem petere, id est ita petere ut dicat possessorem usu non cepisse, et ob id suam rem esse* (liv. IV, tit. 6, § 5). Il paraissait inique au préteur que l'absence d'un individu pût nuire à autrui, et il accordait au propriétaire l'action réelle en revendication, construite sur l'hypothèse fictive que l'usucapion n'avait pas eu lieu ; cette usucapion était considérée comme non avenue ; elle était rescindée ; il y avait une sorte de *restitutio in integrum* au moyen d'une action rescisoire (loi 23, § 3, Dig. IV, 6). Il semble que les Instituts exigeaient que l'absence eût dans ce cas une cause légitime, *cum reipublicæ causa abesset vel in hostium potestate esset ;* mais l'édit du préteur nous montre le contraire ; et en effet, si l'absence la mieux justifiée ne pouvait être utile à l'absent pour retenir la chose qu'il avait usucapée, il serait absurde de supposer qu'une absence entièrement volontaire eût pu lui servir, car elle aurait pu être le résultat d'une ruse ou faite à dessein. Plus tard Justinien donna au propriétaire un moyen facile d'interrompre l'usucapion contre le propriétaire absent, à l'aide d'une protestation faite soit par comparution, soit par libelle (loi 2, Code, VII, 40) ; sous cet empereur, la *restitutio* cessa donc d'être accordée de ce chef.

A l'inverse, il pouvait se faire que ce fût l'absent qui devînt victime d'une usucapion accomplie pendant son absence : cela même devait se produire assez fréquemment quand le délai de l'usucapion n'était que d'un an ou deux. Ici encore le préteur, prenant en considération l'impossibilité où se trouvait le propriétaire de défendre ses droits, faisait rescinder cette usucapion, au moyen de l'action réelle fictive qu'il lui donnât. Ainsi le captif de retour avait l'action directe en revendication des biens dont la captivité lui avait fait perdre la possession ; mais si de nouveaux possesseurs s'en étaient emparés et lui opposaient la prescription, *intra annum utilem experienti actione rescissoria restituuntur* (loi 18, Code, VIII, 51). Car, nous dit Ulpien, *absentia ejus qui reipublicæ causa abest, neque ei neque aliis damnosa esse debet* (loi 140, Dig. L, 17). Tout à l'heure c'est contre l'absent que nous protégions le propriétaire, ici c'est au secours de l'absent que vient le préteur trouvant encore inique qu'il puisse avoir à souffrir d'un éloignement nécessité par une juste cause ; car du moment que l'action est donnée dans l'intérêt de l'absent, il est nécessaire que son absence soit motivée par une juste cause ; ce sera, par exemple, un service public, une détention dans les fers, en servitude ou en captivité, c'est l'intérêt de ses études qui l'aura fait partir... ; les motifs de l'éloignement sont d'ailleurs laissés à l'appréciation du magistrat, car la dernière clause de l'édit s'exprime en termes généraux : *si qua alia mihi causa justa esse videbitur, in integrum restituam*. Il y a cependant cette différence entre les absences, que celle qui est subite et nécessaire ne nuit pas, quoiqu'on n'ait pas laissé de procureur pour l'administration de ses biens, tandis que l'édit ne vient au secours de celui dont l'absence a été volontaire et pouvait être prévue à temps, qu'autant qu'il a laissé un procureur et que ce procureur n'a point agi ou qu'il est mort dans l'intervalle (Paul, *Sent.*, liv. I, loi 39 ; lois 26, § *ult.*, 28, *princ.*, Dig., IV, 6); en effet, dans le premier cas, on ne peut imputer aucune négligence aux absents ; dans le second, on peut leur reprocher de ne pas avoir mis ordre à leurs affaires avant leur départ. Cette deuxième application de l'action rescisoire existait encore sous Justinien ; bien que, par une incroyable étourderie, les Instituts la passent sous silence et mentionnent précisément celle qui, sous cet empereur, n'avait plus sa raison d'être. Quoi qu'il en soit, toutes deux présentaient ce caractère commun, de ne pouvoir être intentées que dans l'année ; Justinien a remplacé ce délai d'un an par quatre années consécutives, qui commencent à courir à l'époque du retour de l'absent.

Mais ces biens que le captif possédait au jour de sa captivité, que les personnes soumises à sa puissance acquéraient valablement pour lui pendant sa captivité et qui demeuraient en suspens, comme tous ses autres droits, jusqu'à son retour ou sa mort : quelles précautions le législateur romain apportait-il à leur sauvegarde ? En quelles mains étaient-ils confiés ? Qui les administrait pendant son absence ? C'était le curateur, qu'avant de partir pour l'armée le soldat depuis prisonnier avait mis à la tête de ses propres affaires ; ou bien c'était le curateur, qu'à la requête des parties intéressées le magistrat nommait au père de famille captif. Nombre de textes font mention de ce curateur ; le titre 6 au Dig., liv. IV, y fait de fréquentes allusions, dans des lois déjà citées, et à la loi 15, *princ.*, et § 1er, où Ulpien est d'avis que le curateur établi pour gérer les biens d'un captif, *ut plerumque*, comme cela arrive ordinairement, puisse, au nom du captif, réclamer du préteur le secours de la *restitutio in integrum ;* de même Paul, après avoir permis aux créanciers du captif de saisir ses biens, leur défend cependant de les vendre jusqu'à son retour, *sed interim bonis curator detur* (loi 6, § 2, Dig. XLII, 4); le Code nous présente également un rescrit des empereurs Dioclétien et Maximien qui, devant la dilapidation frauduleuse d'un patrimoine, autorisent les héritiers présomptifs d'un captif à demander au Président de la province la nomination d'un curateur aux biens qui devra, entre les mains d'un notaire public, fournir une caution convenable de son administration (loi 3, Code, VIII, 51). Ce curateur ne pouvait sans doute faire l'adition pour le captif des hérédités qui, pendant son absence, s'ouvraient à son profit, car *per curatorem hereditatem adquiri non posse* (loi 90, *princ.*, Dig. XXIX, 2) ; mais il pouvait demander la *bonorum possessio, adquirere quis bonorum possessionem potest, vel per semetipsum vel per alium*, et le captif à son retour devait, pour s'en prévaloir, ratifier ce qui avait été fait (loi 3, § 7, Dig. XXXVII, 1) : de *decretalis* la *bonorum possessio* devenait alors *edictalis*.

§ 8. *Attribution au captif ou à ses héritiers des augmentations survenues à son patrimoine pendant sa captivité.*

Pendant que le père de famille est aux mains de l'ennemi, ses fils, ses esclaves ont pu acquérir des biens : à qui en attribuerons-nous la propriété? Nous savons que, tant que dure sa captivité, tous les droits de ce père de famille sont en suspens : la propriété de ces acquisitions sera donc suspendue jusqu'à son retour ou son décès; s'il revient, il reprendra, avec son droit de puissance sur ses fils et ses esclaves les biens laissés à son départ augmentés des acquisitions qu'ils auront pu faire; s'il meurt dans les fers; tout ce qu'il aurait repris s'il fût revenu avec le *jus postliminii* appartiendra à son héritier, en vertu de la loi *Cornelia*, et s'il ne se présente aucun héritier, ces biens tomberont dans le domaine public (loi 22, § 1, Dig. XLIX, 15). Mais tandis que les acquisitions de l'esclave ne lui profitent jamais, puisque, si son maître revient, elles tombent avec lui sous sa puissance et que, s'il meurt *apud hostes*, avec lui encore elles appartiennent à l'hérédité et à l'héritier qui se présentera (*ibid.*, loi 1), les acquisitions du fils de famille peuvent au contraire devenir sa propriété. L'esclave, en effet, demeurera toujours esclave et ne peut que changer de maître; mais l'état du fils de famille est en suspens, et s'il est vrai que le retour de son père le remet sous sa puissance, lui et toutes ses acquisitions, il n'est pas moins exact de dire que la mort du père arrivée chez l'ennemi l'aura fait *sui juris* du jour de sa captivité, *ex lege Cornelia* et que tout ce qu'il aura acquis dans l'intervalle lui restera (*ibid.*, loi 22, § 2). Il en serait ainsi, c'est-à-dire ces acquisitions lui resteraient propres, si, avant d'être fait prisonnier, le père de famille avait dans un testament exhérédé son fils ou ne l'avait institué que pour partie ; car la mort du captif remonte toujours dans ses effets au moment où il a été pris, et, devenu dès ce jour *sui juris*, c'est pour lui-même et non pour l'hérédité paternelle que le fils de famille a fait ces acquisitions (*ibid.*, loi 12, § 1).

Très-longtemps on put, au point de vue qui nous

occupe, assimiler le fils de famille à l'esclave, et dire qu'en règle générale, tout ce qu'ils acquéraient l'un et l'autre, par tradition, stipulation, legs, était rétroactivement acquis à leur maître de retour de captivité. L'acquisition d'une hérédité formait une exception à cette règle, mais c'est qu'une hérédité comprend, non-seulement des biens, mais encore des charges, des dettes, des obligations; c'est qu'elle emporte, en un mot, substitution de l'héritier à la personne du défunt; et le fils de famille, l'esclave, ne pouvant obliger son père ou son maître, ne pouvait conséquemment faire adition d'hérédité que de son consentement et par son ordre. Observons toutefois que l'héritier du captif n'a aucun droit sur les legs faits à l'esclave du captif mort à l'ennemi : car, étant réputé mort du jour où il a été pris, ce prisonnier est mort avant le testateur et le legs est devenu caduc. De même sera nulle la stipulation faite dans le même temps par le fils ou l'esclave, mais *nommément;* elle est nulle, parce qu'on ne peut stipuler que pour soi ou celui sous la puissance duquel on se trouve au jour de la stipulation, et qu'étant mort à l'ennemi, le captif a cessé d'être maître et père de famille du jour de sa captivité; pour valoir, il aurait fallu qu'elle fût faite *simpliciter :* alors le fils de famille devenu *sui juris ex die captivitatis* aurait acquis pour lui-même le bénéfice de cette stipulation; au contraire, l'esclave en eût fait bénéficier l'hérédité jacente, puis l'héritier qui se serait présenté et eût fait adition (loi 18, § 2, Dig. XLV, 3).

Mais, de bonne heure, la situation du fils de famille différa de celle de l'esclave. En outre du pécule que le père de famille leur donnait à l'un et à l'autre, par pure tolérance de sa part, quand il le voulait et jusqu'à ce qu'il le voulût, toujours en son nom ; il s'établit, aux premiers jours de l'Empire, que ce que les fils de famille auraient acquis à l'occasion du service militaire, puis, plus tard, ce qu'ils auraient acquis pendant leurs fonctions, de leurs économies, ou des dons de l'empereur, ils en pourraient disposer soit entre-vifs, soit par testament, comme s'ils étaient à cet égard des pères de famille. Ce fut là ce qu'on nomma le pécule castrens, et le pécule quasi-castrens : *filiifamiliâs in castrensi peculio vice patrumfamiliarum funguntur* (loi 2, Dig. XLVI, 6). Un troisième genre de pécule fut institué par Constantin, qu'on nomma pécule *adventice*, composé, sous Justinien, de tout ce qu'ils acquièrent par une cause quelconque, sauf ce qui provient de la chose du père (loi 6, Code VI, 60) ; le père eut l'administration et la jouissance de ce pécule, dont la nue propriété seule fut réservée au fils.

Les fils de famille avaient reçu, dans certains cas, la faculté de disposer par testament de leur pécule *castrens* et *quasi-castrens* : Justinien la leur accorda d'une manière générale. Mais le sort du pécule *castrens* était bien différent, suivant que le fils mourait ayant testé ou n'ayant pas testé sur le pécule ; dans le premier cas, *testamento facto, pro hereditate habetur castrense peculium ;* dans le second, le pécule ne formait pas une hérédité *ab intestat*. Le fils n'ayant pas usé du droit qui lui avait été concédé, le pécule *castrens* rentrait dans le droit commun des pécules : le chef de famille le reprenait, non par droit héréditaire, mais par droit de pécule, comme chose lui appartenant, selon le droit ancien, *antiquo jure;* et même par une sorte de *Postliminium*, le père était censé n'avoir jamais été privé de cette propriété, et les actes d'aliénation qu'il en avait pu faire avant la mort de son fils devenaient valables (loi 19, § 3, Dig. XLIX, 17). Il n'en était cependant plus ainsi sous Justinien, qu'autant que le fils de famille n'avait pas laissé à sa mort de descendants ou de frères survivants, *nullis liberis vel fratribus superstitibus*.

Comme ceux du père de famille sur son patrimoine, les droits du fils de famille sur son pécule *castrens* étaient tenus en suspens par la captivité : il les recouvrait par son retour dans sa patrie ; mais s'il mourait *apud hostes*, la loi *Cornelia* s'appliquait à ce pécule, qui était déféré à ses héritiers testamentaires, ou, à défaut de testament, à son père, comme nous venons de le voir, *jure peculii (ibid.*, loi 14, *princ.)*. Mais il pouvait arriver qu'un esclave du pécule stipulât *simpliciter* dans l'intervalle de temps qui s'était écoulé entre le décès du fils de famille chez l'ennemi et l'adition d'hérédité, alors qu'on ne sait même pas encore si l'héritier testamentaire fera ou non adition d'hérédité : quel sera l'effet de cette stipulation ; sera-t-elle valable ou non? Supposons d'abord que l'héritier institué renonce dans la suite à la succession : c'est le père qui, dans ce cas, reprend le pécule ; Papinien nous dit alors que la stipulation est nulle, parce que l'esclave n'a pu acquérir, ni pour la succession du fils de famille qui n'existait pas, ni pour le père qui n'était pas encore son maître. Si la succession d'un père de famille existe avant d'être acceptée, c'est que le droit commun veut qu'un père de famille laisse une succession; au contraire, comme nous le fait remarquer Pothier, les fils de famille n'en laissent point et ont seulement le pouvoir de tester de leur pécule *castrens;* de manière que celui qu'ils ont institué héritier le possède à ce titre. Et comme c'est par privilége, cela ne fait pas qu'un fils de famille soit censé laisser une succession, jusqu'à ce que l'effet du privilége ait eu lieu par l'adition (*Pand. Just.*, livre XLV, tit. 3, n° 39, note). Dans l'intervalle donc, l'esclave de ce pécule n'acquiert pas pour la succession qui n'existe pas encore et qui ne sera jamais censée avoir existé, si on ne l'accepte pas. Ainsi, un esclave, appartenant en commun à Mœvius et à un pécule *castrens*, stipule après la mort du fils de famille militaire et avant que sa succession soit acceptée par l'héritier institué : la stipulation sera nulle pour le pécule et celui qui le recueillera, si cet héritier institué répudie plus tard la succession; et elle profitera en entier à Mœvius, en vertu du principe que la stipulation faite par un esclave commun, quand elle est nulle à l'égard de l'un des maîtres, profite aux autres en totalité (loi 18, *princ.*, Digeste, XLV, 3). Mais si l'héritier institué par le fils de famille accepte sa succession, comme l'adition remonte au temps de sa mort, l'esclave sera censé avoir été celui de l'héritier en raison de la partie pour laquelle il faisait partie du pécule *castrens*, et conséquemment il aura acquis dans la même proportion. C'est ce que nous apprend également Papinien dans une espèce à peu près pareille, où, les héritiers institués délibérant s'ils accepteront ou non la succession, il déclare qu'en ce qui concerne la personne du père, si le pécule est resté entre ses mains (c'est-à-dire si les héritiers institués ont répudié la succession), ce que l'esclave a acquis par stipulation ou tradition est censé nul et de nul effet, parce que l'esclave n'appartenait pas au père dans ce temps-là; qu'au contraire, en ce qui regarde les héritiers institués, la stipulation et la tradition sont censées être en suspens, parce que c'est l'adition d'hérédité qui les fait considérer comme appartenant à l'hérédité (loi 14, § 1er, Dig. XLIX, 17). Papinien semble, il est vrai, se contredire, quand il ajoute immédiatement : Mais les égards dus à la personne d'un père, *paterna verecundia nos movet*, nous portent à penser que, dans cette espèce où, en vertu du droit ancien, le pécule reste au pouvoir du père, les profits et avantages résultant de la stipulation et de la tradition sont également acquis au père à qui cet esclave est censé avoir toujours appartenu. Peut-être, en effet, faut-il voir là une rétractation de Papinien, se relâchant des principes rigoureux du droit dans une espèce où l'équité lui paraissait devoir commander en maître, *paterna verecundia nos movet;* peut-être au contraire l'opinion du célèbre jurisconsulte n'a-t-elle jamais varié, et n'est-ce là, comme l'enseigne Cujas, qu'une correction, une addition faite au texte par Ulpien. Car Ulpien ne partageait pas l'opinion émise par Papinien dans la première partie du § 1er de notre loi; ainsi que nous le voyons au Digeste, où, relativement à ce qu'a stipulé l'esclave du pécule, il se demande quelle est la personne qui valide cette stipulation : Je pense que le mieux est de dire, avec Scævola et Marcellus, que si l'adition d'hérédité a eu lieu, il faut considérer la personne de l'esclave héréditaire, ou celle du père, si la succession n'est pas acceptée (loi 33, *princ.*, Dig. XLI, 1). L'esclave du pécule a pu, pendant ce même laps de temps, acquérir des legs : Papinien nous enseigne que le sort de ces legs sera un moment incertain, et qu'ils appartiendront au père, du jour où les héritiers du fils auront renoncé à la succession, *cum si fuisset exemplo hereditatis peculio adquisitum, jus patris hodie non consideraretur*. A cet égard, le pécule diffère donc d'une succession : car si le fils de famille laissait une succession, le legs fait à son esclave serait immédiatement acquis à cette succession et par elle à son héritier, c'est-à-dire à son père, et par conséquent son droit remonterait à la mort et n'existerait pas seulement du jour de l'adition (loi 14, § 2, Dig. XLIX, 17). Mais Cujas pense qu'il faut suppléer à cette opinion de Papinien par la note qu'il attribue à Ulpien dans le § 1er, et dire dans cette espèce, contre l'avis de Papinien, que le legs est censé acquis au père, même avant la renonciation, comme on a dit par rapport à la stipulation.

Ajoutons en terminant sur ce point que ce n'est pas seulement par ses fils de famille et ses esclaves que le père de famille acquiert la propriété, mais aussi par l'esclave dont il n'a que l'usufruit, l'esclave d'autrui ou l'homme libre qu'il possède de bonne foi, et avant Justinien, par la femme *in manu* et l'homme libre *in mancipio*.(Inst., liv. II, tit. 9, *princ.*, Ulp., reg. tit. 19, § 18). De retour de captivité, le père de famille reprenait donc son patrimoine accru de leurs propres acquisitions, bien entendu en tenant compte de la nature de son pouvoir sur chacune de ces diverses personnes.

Tels sont les principaux effets du *Postliminium actif* et de la loi *Cornelia* sur les différentes matières du droit. Nous avons fait successivement l'application de l'une ou de l'autre de ces fictions au mariage du captif, à ses droits de puissance paternelle et dominicale, à la tutelle, à son hérédité testamentaire et *ab intestat*, à la substitution pupillaire... Il nous reste à examiner les effets du *Postliminium passif*, c'est-à-dire du *Postliminium*, en tant qu'il s'applique aux choses. On comprend que la loi *Cornelia* n'ait plus rien à faire ici et que sa fiction soit désormais sans objet : les choses, en effet, ne sont des biens pour nous qu'autant que nous nous en servons, que nous en retirons quelque utilité, quelque agrément; dès qu'elles nous ont échappé et qu'il est certain que nous ne pourrons les recouvrer, qu'est-il besoin d'une fiction qui les répute perdues, anéanties du jour où l'ennemi s'en est emparé ?

2° *Effets du Postliminium passif.*

La chose captive qui revient à son maître est supposée n'être jamais sortie de sa puissance; elle rentre dans l'état, dans la condition qu'elle avait au moment d'être prise : tel est l'effet bien simple du *Postliminium passif*. *Postliminium est jus amissæ rei recuperandæ ab extraneo et in statum pristinum restituendæ* (loi 19, *princ.*, Dig. XLIX, 15).

En principe, le territoire pris sur l'ennemi devient public (*ibid.*, loi 20, § 1); mais le territoire dont s'est emparé l'ennemi retourne, après qu'il en a été chassé, aux anciens propriétaires, *nec aut publicari aut prædæ loco cedere*. Il en est ainsi des choses mobilières. Ainsi, si un champ ou un esclave dont j'avais l'usufruit a été envahi ou pris par les ennemis, mon droit d'usufruit sera rétabli en vertu du *Postliminium*, lorsque le champ aura cessé d'être occupé par eux ou que l'esclave se sera échappé de leurs mains, pourvu bien entendu qu'il n'eût pas été éteint dans l'intervalle par un mode ordinaire (loi 26, Dig. VII, 4). Si la chose prise sur l'ennemi retourne en son pouvoir, puis vient à être reprise par les Romains, elle appartient soit au peuple, soit au capteur, et la revendication du précédent propriétaire romain ne saurait être admise : il n'y a d'exception que pour l'individu qui, fait prisonnier dans une guerre, s'est enfui et la guerre recommençant a été pris de nouveau ; Paul nous apprend que dans ce cas l'ancien propriétaire le recouvrera *jure postliminii*, mais encore faut-il supposer que la reddition des captifs n'a pas été stipulée dans le traité de paix : car, si cette convention existe, le droit de l'ancien propriétaire se trouve éteint et le prisonnier rentre dans ses foyers sans qu'on ait conservé aucun droit sur lui : d'où, si pendant la nouvelle guerre il est repris, il n'existe plus d'ancien maître chez qui il puisse retourner (loi 28, Dig. XLIX, 15).

Un esclave affranchi sous condition par testament tombe captif; la condition à laquelle était subordonné son affranchissement se réalise pendant qu'il est dans les fers, puis, il recouvre sa liberté : les choses se passeront comme s'il était toujours resté *in civitate*, il invoquera le *Postliminium* qui de *passif* est devenu *actif* pour lui et sa liberté rétroagira au jour où la condition s'est accomplie; mais si cette condition ne s'est pas réalisée, il rentrera sous la puissance de son ancien maître jusqu'à ce qu'elle se réalise. Si nous supposons que cet esclave *statu liber* ait passé à l'ennemi comme transfuge, il faudra distinguer selon que la condition était ou non accomplie lors de son retour dans sa patrie; si non, on sauvegardera les intérêts du maître qui recouvrera son esclave, mais la condition se réalisant alors, celui-ci deviendra réellement libre; si, au contraire, la condition a eu lieu pendant la captivité, soit que ce *statu liber* ait été racheté des ennemis, soit qu'il ait été repris par les troupes romaines dans une expédition militaire, il ne pourra point invoquer le *Postliminium*, à l'effet d'être libre, les transfuges ne jouissant pas du *Postliminium actif*. L'héritier du testateur ne pourra pas non plus le revendiquer par le *Postliminium passif*, en offrant même le prix de la rançon : car le droit postliminien ne nous restitue que les esclaves qui, s'ils n'eussent point été au pouvoir de l'ennemi, seraient restés notre propriété ; or, cet esclave ne serait pas resté la propriété de l'héritier, puisque la condition sous laquelle la liberté lui avait été laissée arrivant, il aurait acquis sa liberté. Le droit postliminien ne se produisant pas, que deviendra cet esclave? Pothier veut qu'il reste la propriété de celui qui l'a racheté, ou du soldat par qui il a été pris comme butin de guerre; mais si c'est d'une autre manière que ce *statu liber* a regagné sa patrie, que deviendra-t-il? et ne doit-on pas plutôt le considérer comme *servus pœnæ?* au moment où la qualité d'esclave cesse en lui par l'arrivée de la condition, il est saisi et arrêté par la qualité de transfuge qui subsiste et le condamne à l'esclavage de la peine.

CHAPITRE II

DE REDEMPTIS AB HOSTIBUS

Si le prisonnier a recouvré la liberté par son habileté ou son courage ou par la valeur de ses compagnons d'armes, il invoquera le *Postliminium*, *et illico statum, quem captivitatis casu amiserunt, recipiunt; servi autem dominis suis restituentur* (loi 12, Code, VIII, 51). Mais il peut avoir été racheté des ennemis à prix d'argent; dans ce cas, il ne jouira pas immédiatement du *jus postliminii*, du moins en général, et il se trouvera dans une condition particulière dont nous devons étudier le caractère et les effets.

SECTION PREMIÈRE. — Nature du droit du redemptor et condition du redemptus

En principe, le captif qu'on a racheté, le *redemptus*, reste *loco pignoris* en la possession de celui qui l'a racheté, du *redemptor*, jusqu'à ce que ce dernier soit désintéressé : c'est seulement alors qu'il peut jouir des avantages que lui confère le *Postliminium*. Toutefois ce *jus redemptoris* n'est pas accordé à tout rédimant : il faut que celui-ci ait réellement payé la rançon; il faut qu'en la payant il n'ait pas eu pour but de faire une libéralité au captif, qu'au contraire il ait agi avec spéculation et fait cette avance d'argent avec la pensée de posséder la personne même du captif comme garantie de ses déboursés. Ainsi, un fils captif avait été, sans contrat intervenu à cet égard, livré par les ennemis au commandant d'une légion : les empereurs Dioclétien et Maximien déclarèrent qu'il jouirait du *Postliminium* et sur-le-champ serait rétabli dans son ingénuité primitive (loi 5, Code, VIII, 51) ; de même les captifs *virtute militum nostrorum liberati* sont immédiatement rendus à la liberté ; nous ne rencontrons dans aucun de ces cas, les conditions du droit du *redemptor ;* il n'y a pas eu de rançon payée. Une mère, après avoir racheté son fils, s'était avisée de lui réclamer le prix de sa rançon : les empereurs Dioclétien et Maximien lui répondirent : *Cum hujusmodi contractus non de mercede, sed de tristitia repudianda, cogitatur* (*ibid.*, loi 17) ; en conséquence, ils rejetèrent sa demande.

Les droits du rédempteur n'étaient pas toujours les mêmes ; ils variaient suivant qu'ils s'exerçaient sur une personne libre et ingénue, ou sur un esclave et une autre chose rachetée.

§ Ier. *Droit du redemptor sur un homme libre.*

Sans doute il est le gage du *redemptor* jusqu'au remboursement de sa rançon, mais il n'en est pas pour cela *in servilem conditionem detrusus* (*ibid.*, loi 2) ; il reste libre et ingénu, et quand il aura acquitté son obligation, c'est libre et ingénu qu'il reprendra, par l'effet du *Postliminium*, tous ses droits restés en suspens jusque-là. *Redemptio facultatem redeundi præbet, non jus postliminii mutat* (loi 20, § 2, Dig. XLIX, 15). De là les conséquences suivantes :

Si le *redemptor*, au lieu d'exiger du *redemptus* le payement de sa rançon, lui en fait remise, le *redemp-*

tus cesse d'être le gage d'une obligation qui n'existe plus, mais il ne devient pas affranchi ; il est rétabli dans son ingénuité primitive, et on ne pourrait l'obliger envers les enfants du *redemptor* à aucun des devoirs dont sont tenus les affranchis envers leurs patrons (loi 11, Code, VIII, 51). Une femme ingénue a été rachetée des ennemis : pendant qu'elle est chez le *redemptor*, *loco pignoris*, elle met au monde un fils; ce fils, quoique né du commerce de sa mère avec un esclave, sera rétabli dans les droits d'ingénuité dont jouit sa mère (*ibid.*, loi 16); et le président de la province veillera avec soin à ce que le *redemptor* n'exerce pas son droit de gage sur cet enfant, jusqu'à ce qu'il soit désintéressé (*ibid.*, loi 8). C'est encore en considération de son ingénuité, nous dit la loi 15, au même titre, que l'individu libre, pris par les ennemis et racheté, peut, même avant la restitution de la somme fournie pour sa rançon, réclamer les droits qu'il a à une succession qui s'est ouverte : et cela est d'autant plus juste que c'est accorder au rédimé le seul moyen qu'il ait peut-être de s'acquitter envers son *redemptor*.

Ce droit de rétention n'enlevait donc au *redemptus* rien de son ingénuité ; il était seulement au pouvoir du *redemptor* qui avait le droit de l'employer à son service, mais aussi qui avait le devoir de le traiter avec ménagement et de respecter en lui la dignité d'homme libre. Les empereurs savaient, au besoin, rappeler le *redemptor* à l'observation de cette obligation morale (*ibid.*, loi 7).

§ 2. *Droit du redemptor sur les esclaves ou autres choses rachetées.*

A l'égard de l'esclave prisonnier et racheté, le principe est écrit dans la loi 12, § 7, au Dig. XLIX, 15): cet esclave devient la propriété du *redemptor*, quand même celui-ci saurait qu'il appartenait à un autre qu'au vendeur; seulement, si on offre au *redemptor* le prix qu'il en a donné, l'esclave sera alors censé revenu en vertu du droit postliminien. Cette décision doit être généralisée et s'étendre à toutes les choses captives qui ont été rachetées par droit de commerce.

Le résultat sera le même, que l'esclave ait appartenu jadis à un ou plusieurs maîtres. Dans ce dernier cas, si le prix est restitué au nom de tous ses anciens maîtres, l'esclave redeviendra commun à tous; mais s'il est rendu au nom d'un seul ou de quelques-uns, l'esclave appartiendra à celui ou ceux qui auront payé : en sorte, dit Tryphoninus, qu'ils conserveront leur ancien droit au prorata de leur contribution en payement et succéderont pour la part des autres à celui qui a racheté l'esclave; mais à leur tour ils seront tenus de restituer cette part à leurs co-propriétaires qui leur offriront dans la suite leur propre part du prix de la rançon. Ainsi la propriété du *redemptor* sur l'esclave est une propriété éminemment résoluble : pourrait-elle devenir incommutable? Si, par exemple, le rédempteur était de bonne foi, s'il croyait par erreur avoir acquis l'esclave du véritable propriétaire : ne pourrait-il pas y avoir lieu à son profit à une sorte d'usucapion qui, éteignant le droit de l'ancien maître, consoliderait son propre droit? Tryphoninus pose cette question et la résout en faveur du rédempteur. L'objection venait de ce qu'une constitution impériale rendait propriétaire des esclaves rachetés celui qui les avait rachetés, et qu'un propriétaire ne peut jamais usucaper sa propre chose. On peut répondre que la constitution, en déclarant le rédempteur propriétaire, a voulu améliorer sa position, et non pas lui retirer les avantages dont il jouissait déjà en vertu du droit commun ; que le droit de l'acheteur de bonne foi, droit si ancien, ne peut être anéanti sans injustice tout à la fois et sans heurter l'esprit de cette même constitution; conséquemment, Tryphoninus décide qu'après l'expiration du temps fixé pour la prescription, le *redemptor* pourra invoquer cette usucapion à l'encontre du véritable propriétaire et lui enlever ainsi la faculté de reprendre l'esclave même en le désintéressant. Sans doute, fait à cet égard remarquer Pothier, *quod meum est amplius non potest fieri meum; sed quod imperfecte meum est, potest per usucapionem amplius et perfectius meum fieri et ita ut auferri non possit;* ici l'effet de l'usucapion est de consolider sur la tête du rédempteur et de rendre incommutable une propriété jusque-là résoluble (loi 12, § 8, Dig. XLIX, 15).

Mais ce rédempteur, propriétaire sous condition résolutoire de l'esclave racheté, va-t-il pouvoir l'affranchir; et s'il l'affranchit, quel sera l'effet de cette manumission? l'esclave redeviendra-t-il libre ou retombera-t-il sous la puissance de son ancien maître? Tryphoninus discute encore assez longuement cette question; il prévoit en même temps l'hypothèse où le même esclave serait affranchi chez l'ennemi ; et finit par reconnaître au rédempteur la faculté d'affranchir.

Sans doute, dit-il, l'esclave affranchi chez l'ennemi est libre, mais s'il est rencontré dans nos places fortes par son ancien maître, il retombe en sa puissance, bien qu'il n'ait pas embrassé notre cause et qu'il ne fût venu chez nous qu'avec l'intention de retourner *apud hostes*. L'homme libre différait en cela de l'esclave; il ne pouvait jouir du *Postliminium* qu'autant qu'il n'avait passé chez ses compatriotes qu'avec l'intention de défendre leur cause et d'abandonner ceux qu'il venait de quitter : et Sabinus nous donne le motif de cette différence ; c'est que chacun a la faculté de s'assurer comme il lui plaît un droit de cité, mais non celle de nuire aux droits de propriété d'autrui. Mais, ajoute Tryphoninus, qui se sent égaré loin de son sujet, cela ne se rattache guère à notre espèce; nous ne parlons pas d'un affranchissement accompli selon le droit ennemi ; mais bien d'un esclave qui a eu un citoyen pour maître aux termes de la constitution et nous examinons s'il peut obtenir de lui la liberté ? Qu'arrivera-t-il si l'ancien maître n'offre jamais le prix de sa liberté et s'il n'est pas permis de le mettre en demeure? Il sera libre : car priver l'esclave de sa liberté serait inique et contraire à cette faveur que les anciens avaient admise pour la liberté ; d'ailleurs pourquoi ne pas permettre au *redemptor* de faire directement ce qu'il peut évidemment faire d'une façon indirecte ? Il pourrait dépouiller l'ancien maître de ses droits en vendant l'esclave à un acquéreur de bonne foi qui l'usucaperait et pourrait alors l'affranchir : pourquoi ne le pourrait-il pas directement par l'affranchissement (*ibid.*, loi 12, § 9) ? Ajoutons qu'il n'y a pas à craindre que les droits des anciens maîtres de l'esclave soient trop facilement sacrifiés ; l'intérêt du rédempteur, que l'affranchissement va priver à tout jamais de l'espoir de recouvrer la rançon payée, dictera le plus souvent sa conduite et ne le fera sans doute user qu'avec beaucoup de ménagement de la faculté que nous lui reconnaissons. Toutefois, il est un cas où l'affranchissement fait par le *redemptor* n'aurait d'autre effet que d'anéantir le *jus pignoris* sans donner la liberté à l'affranchi : c'est quand il existe une cause, antérieure à la captivité de l'esclave, qui apporte à sa liberté un obstacle ou temporaire ou perpétuel : il avait, par exemple, été vendu sous la condition de ne pas être affranchi, ou bien il avait contrevenu aux dispositions de la loi Fabia : *nec redemptione ab hostibus causa mutabitur* (*ibid.*, loi 12, § 16).

Ainsi, le retour du captif, pas plus que le rachat de sa personne, ne changera son état, *suam causam retinebit*. Si l'esclave avant d'être pris était conditionnellement libre, cette même cause suspensive de sa liberté le suivra, lorsqu'il sera racheté, jusqu'à l'avénement de la condition (*ibid.*, loi 12, § 10). Mais que décider au cas où la condition consisterait dans un payement à effectuer par le *statu liber?* Le testateur lui a, par exemple, donné la liberté s'il payait 10,000 sesterces et lui a permis de prendre à cet effet sur son pécule. Il payera valablement avec le pécule acquis chez l'ennemi ; mais si le rédempteur avait acheté en même temps que lui ce pécule, il ne le pourrait pas, car il serait devenu la propriété du rédempteur ; il ne pourrait non plus payer avec le pécule acquis chez le rédempteur *ex re illius aut ex operis suis;* mais dans le cas où il l'aurait amassé autrement, il l'emploierait valablement au payement des 10,000 sesterces, *ita ut conditione benigne eum paruisse credamus* (*ibid.*, loi 12, § 11).

L'esclave captif aurait pu recevoir de son maître par testament la liberté directe : alors, bien qu'il ne fût sous la puissance du testateur ni au moment de la confection du testament ni au moment de la mort, il invoquait le *Postliminium* et devenait libre (loi 30, Dig. XL, 4). La liberté pouvait aussi lui être léguée par fidéicommis : si la condition quelconque mise à sa liberté se réalisait quand il était aux mains du *redemptor*, si la liberté fidéicommissaire lui était alors due, il fallait, avant de réclamer la liberté, qu'il désintéressât le rédempteur : l'homme libre reste soumis à celui qui l'a racheté des ennemis jusqu'à ce qu'il lui ait remboursé le prix de sa rançon : pourquoi eût-on mieux traité cet esclave (loi 12, § 14, Dig. XLIX, 15) ?

SECTION II. — Modes d'extinction du jus redemptoris

S'agit-il d'un esclave ou d'une chose, le droit du rédempteur prend fin :

1° Par l'affranchissement de cet esclave ;

2° Par sa mort ou la perte de la chose ;

3° Par le remboursement du prix de la rançon que fait au rédempteur l'ancien maître de l'esclave ou de la chose ; remboursement que le rédempteur est tenu de recevoir tant qu'il n'a pas usucapé l'esclave ou la chose ;

4° Par la restitution qu'il en fait volontairement à ce maître.

Le *redemptus* est-il un homme libre ; le droit du

rédempteur s'éteindra dès que ce gage naturel n'aura plus d'utilité pour lui parce que sa créance sera éteinte ; or sa créance s'éteignait de diverses manières :

1° Le prix du rachat était, par exemple, restitué au rédempteur : qu'il le fût par le racheté lui-même ou qu'il le fût par un tiers, le rédempteur était toujours contraint de le recevoir (loi 2, Code, VIII, 51). La liberté individuelle était garantie à Rome par un interdit particulier qui avait pour but d'empêcher qu'un homme libre pût être détenu par qui que ce fût : *quem liberum dolo malo retines, exhibeas*, tel était l'ordre du préteur. Cet interdit ne pouvait être donné contre le *redemptor* qui retenait *loco pignoris* l'homme libre qu'il avait racheté, et la raison en était bien simple : c'est que ce rédempteur n'était pas de mauvaise foi et qu'en exerçant ce droit de rétention il usait d'un droit que lui reconnaissait la loi civile; mais si on lui offrait le prix de la rançon et qu'il refusât de le recevoir, ou s'il rendait à la liberté le rédimé sans exiger son remboursement et qu'il voulût ensuite le retenir, alors sa mauvaise foi était évidente et il tombait sous l'application de l'interdit (loi 3, § 3, Dig. XLIII, 29). Dans un cas particulier, un *redemptor* ayant repoussé les offres qui lui étaient faites, le gouverneur de la province fut chargé de le forcer par tous les moyens efficaces d'obtempérer aux lois et de recevoir les offres à lui faites (loi 6, Code, VIII, 51).

On cherchait d'ailleurs à rendre facile au rédimé cette restitution : nous avons notamment vu qu'à cet effet on lui permettait de faire valoir ses droits à une succession qui s'était ouverte pendant qu'il était ainsi retenu à l'état de gage ; bien que, selon la rigueur du droit il ne pût pas jouir du *Postliminium* avant d'avoir complétement désintéressé son rédempteur : mais c'était précisément lui donner les moyens de s'acquitter envers lui (*ibid.*, loi 15). L'utilité publique était trop intéressée dans la question pour que le législateur n'aidât pas à ce remboursement de la rançon; par là, on encourageait les gens bien intentionnés que n'arrêtait pas la crainte d'une perte pécuniaire; on arrachait nombre de prisonniers aux mains ennemies... Mais s'il était juste d'indemniser les rédempteurs, il ne fallait pourtant pas leur permettre de tirer un profit direct ou indirect de leur opération au détriment des rédimés; aussi, ceux-ci n'avaient jamais à rendre que le prix payé aux ennemis, et s'il arrivait que le *redemptor* eût cédé à un tiers son droit de gage sur le captif pour un prix plus élevé que celui qu'il avait déboursé, le cessionnaire ne pouvait jamais exiger du captif que le prix primitivement donné, sauf à lui à recourir contre le cédant pour la différence par l'action *ex empto* (L. 19, § 9, Dig. XLIX, 15).

2° Le *redemptor* pouvait faire remise au rédimé du prix de sa rançon. Cette remise pouvait être expresse et faite soit par donation, soit par testament (L. 43, § 3, Dig. XXX, 1); elle pouvait aussi n'être que tacite : ainsi, elle se présumait par le mariage du rédempteur avec la femme ingénue qu'il avait rachetée : la dignité du mariage et le désir d'une postérité légitime brisaient le lien qui retenait cette femme à l'état de gage, et lui rendaient ses droits de naissance et d'ingénuité (L. 13, Code, VIII, 51). Il en serait de même, si le *redemptor*, ignorant l'ingénuité de la femme rachetée, l'avait retenue chez lui dans le dessein d'en avoir des enfants et que dans la suite il l'eût affranchie avec l'enfant qui lui serait né *sub titulo naturalis filii :* Ulpien nous dit que l'ignorance qu'a ce rédempteur de ses droits de mari et de père ne peut nuire à l'état de ceux qu'il a paru affranchir ; et, du moment qu'il avait souhaité de la femme une postérité, il sera censé lui avoir fait remise de l'obligation de gage qu'elle avait contractée ; et le jurisconsulte ajoute, ce qui ne faisait aucun doute, que dès lors revenue avec le *Postliminium* libre et ingénue, elle a mis au monde un ingénu. Poursuivant sa pensée, Ulpien suppose que ce citoyen, au lieu d'avoir racheté cette femme à prix d'argent, l'a reprise aux ennemis par un trait de courage : cette femme invoquera de suite le bénéfice du *Postliminium* sans avoir à passer par la période de gage, et de suite elle se trouvera, dit le texte, non plus avec un maître, mais avec un mari (loi 21, *princ.*, Digeste XLIX, 15) : c'est l'application des principes que nous avons énoncés plus haut.

3° Parfois la loi, à titre de peine infligée au rédempteur, libérait la personne rachetée de son obligation de rembourser le prix de sa rançon. Une femme, *fœdissimæ mulieris nequitia*, ayant voulu prostituer une jeune fille ingénue qu'elle avait rachetée, *etiamsi pretium compensatum non est, Præses provinciæ adversus flagitiosæ mulieris turpitudinem, tutam eam defensamque præstabit* (loi 7, Code, VIII, 51).

4° La mort du rédimé mettait-elle fin au *jus redemptoris?* Ulpien paraît indécis sur la question : il reconnaît bien que si le *redemptor* est mort *ante lui-*

tionem, son fils pourra invoquer la qualité d'héritier en désintéressant le *redemptor;* mais ne peut-on soutenir que la mort seule du *redemptor* éteint le droit de gage? Cela serait logique en effet; car le droit du *redemptor* est toujours limité à la personne ou à la chose qu'il a rachetée ; il doit donc s'éteindre si cette personne ou si cette chose cesse d'exister ; or, au moment de sa mort, le droit de gage venant à prendre fin, le rédimé a été saisi du *jus postliminii;* il est donc mort sans être obligé à la dette, de telle manière qu'il pourra avoir un héritier sien. Aussi Ulpien adopte ce sentiment : *quod non sine ratione dicetur* (loi 15, Dig. XLIX, 15).

5° Il aurait pu se faire que de malheureux rédimés, sans ressources propres, sans parents ni amis pour les secourir, passassent ainsi de longues années dans cet état de gage, si voisin de la servitude, faute de pouvoir se libérer envers leur rédempteur. Aussi les empereurs Honorius et Théodose admirent-ils qu'on pourrait s'acquitter par ses services et fixèrent-ils à cinq ans le temps de services nécessaire à cette libération (loi 20, Code, VIII, 51).

Tels étaient les événements qui mettaient fin au *jus redemptoris*. Délivré du seul obstacle qui s'opposait à l'exercice du *Postliminium*, le captif, quitte envers le rédempteur, reprenait alors la situation juridique qu'il avait au moment de tomber en captivité, ou plutôt qu'il aurait actuellement s'il n'était jamais tombé en captivité. Etait-il libre et ingénu : il redevenait libre et ingénu ; était-il esclave : il rentrait sous la domination de son ancien maître ou de son héritier; en un mot, tous les effets du *Postliminium*, un moment suspendus, se réalisaient.

Comme conséquence de cette idée, si un esclave avait été donné en gage avant sa captivité, il retournait, sa rançon payée, à son ancienne obligation, *in veterem obligationem revertetur;* et si le créancier, auquel tout d'abord cet esclave avait été donné en garantie, avait lui-même désintéressé le *redemptor*, sa garantie avait dorénavant un double objet : le montant de sa créance primitive et le montant du prix de rachat : d'où, si le débiteur est en même temps l'ancien propriétaire de l'esclave, il ne pourra le recouvrer qu'à la condition d'éteindre ces deux dettes. En droit commun, quand une même chose est successivement donnée en gage à deux créanciers, le premier créancier a sur la chose un droit préférable à celui du second, et pour conserver son gage ce dernier devrait désintéresser le créancier antérieur. Ici c'est l'inverse qui a lieu : c'est le créancier postérieur en date, c'est-à-dire le rédempteur, qui est préféré et qui sera désintéressé par le plus ancien créancier. La raison de cette différence se comprend facilement : le droit du rédempteur, pour être le plus récent, n'en est pas moins le plus fort; car sans lui l'esclave, gage du premier créancier, serait aux mains des ennemis et la garantie reposant sur sa tête serait bien illusoire (loi 12, § 12, Dig. XLIX, 15).

De même, le déporté, pris dans l'île où il avait été banni, devra rentrer dans l'état qu'il aurait conservé s'il n'eût point été pris. Il sera donc déporté; mais, jusqu'à ce qu'il soit désintéressé par le fisc, le *redemptor* le pourra garder sans danger (*ibid.*, loi 12, § 15). C'est encore le fisc qui remboursera la rançon de celui qui aura été enlevé *de metallo*, et le condamné continuera de subir sa peine, sans pouvoir cependant être puni comme transfuge (*ibid.*, loi 12, § 17). Une femme envoyée à raison d'un délit aux salines, et ensuite prise par les voleurs d'une nation étrangère, a été rachetée par droit de commerce; le fisc rendra le prix de sa rançon au centurion qui l'a payée, et la femme *in causam suam recedit* (*ibid.*, loi 6). On peut être surpris que le fisc doive, dans cette dernière hypothèse, rembourser au centurion le montant de la rançon : car cette femme avait été enlevée aux salines, et nous voyons au Code qu'une chose volée peut être revendiquée par son propriétaire sans qu'il soit tenu de la moindre indemnité, même envers les tiers acquéreurs qu'il dépouille; ainsi, des choses volées avaient passé dans les mains de marchands : l'ancien propriétaire les revendiqua; mais les marchands exigèrent leur remboursement préalable : les empereurs Sévère et Antonin à qui ils s'adressèrent condamnèrent leur prétention, *res incivilis;* leur recommandant d'apporter plus de soin dans leur commerce, afin non-seulement de ne plus avoir en leur possession des choses volées, mais encore afin d'éviter d'être soupçonnés de les avoir volées eux-mêmes (loi 2, Code, VI, 2). Mais sans doute le centurion, qui avait racheté à des voleurs la femme enlevée des salines, était considéré comme un gérant d'affaires : effectivement il avait fait une chose utile, puisqu'il avait rendu possible la revendication de cette femme : car il s'agissait, il faut bien le remarquer, de voleurs *exteræ gentis*, d'une nation étrangère, qui pouvaient emmener leur victime au loin et échapper à toute poursuite ; et le fisc qui avait recouvré sa proie ne pouvait sans iniquité s'enrichir aux dépens du centurion. Au contraire, dans l'espèce relevée au

Code, les marchands n'avaient sauvegardé en rien les droits de l'ancien maître des objets volés, car la revendication qu'il en faisait dans leurs mains, il aurait pu sans doute tout aussi facilement la faire dans d'autres mains.

La chose captive reprendra son caractère de chose furtive, si elle avait été volée avant de tomber aux mains ennemies, et la prescription en sera empêchée jusqu'à ce qu'elle soit rentrée au pouvoir de son ancien propriétaire, *ex lege Atinia*. Ainsi, un esclave, dérobé par des voleurs, avait ensuite été pris par les Germains ; puis ces peuples ayant été vaincus, il avait été vendu. Suivant Ofilius, Labéon et Trébatius, l'acheteur n'en a pu prescrire la propriété, parce qu'il avait été volé et que sa captivité non plus que son retour ne pouvaient faire qu'il ne l'eût pas été (loi 27, Dig. XLIX, 15).

C'est, enfin, par une nouvelle conséquence de l'idée que la chose qui revient à son maître est supposée n'être jamais sortie de sa puissance : que ce maître la reprend avec ses accessoires, avec ses produits nouveaux. On vous a légué l'esclave à naître de Pamphile ; Pamphile a été faite prisonnière ; vous l'avez rachetée et elle est accouchée chez vous. Si c'est à titre lucratif que vous paraissez avoir acquis cet enfant, le legs sera caduc, *nam traditum est duas lucrativas causas in eumdem hominem et in eamdem rem concurrere non posse* (Instit., liv. II, tit. 20, § 6); si au contraire c'est à titre onéreux, vous pourrez en obtenir l'estimation par l'action *ex testamento*. Papinien et Tryphoninus décident que vous n'avez pas reçu cet enfant *ex lucrativâ causâ;* en conséquence, vous vous adresserez à l'arbitrage du juge qui devra estimer dans le prix payé pour la mère la portion représentative de la valeur de l'enfant, et l'héritier du testateur qui vous l'a légué vous en fournira l'estimation (loi 73, Dig. XXXI, 2). Si cet enfant a été mis au monde chez l'ennemi parce que sa mère était enceinte au moment d'être prise, et qu'il soit racheté avec sa mère par une même personne et pour un seul et même prix, on fournira la portion du prix total représentative de la valeur de l'enfant *et videtur is postliminio reversus; a fortiori*, en serait-il de même, si la mère et l'enfant, ou l'un d'eux seulement, se trouvaient aux mains d'acheteurs différents. Enfin, si une même personne les avait rachetés pour des prix distincts, elle aurait droit au remboursement séparé de chacun des deux prix payés, avant de permettre l'exercice séparé du *jus postliminii passif* (loi 12, § 18, Dig. XLIX, 15).

DROIT FRANÇAIS

I. ANCIEN DROIT

PRÉAMBULE

Le droit romain, si riche et si précieux à consulter sur la plupart des autres matières du droit, nous a présenté en matière d'absence une lacune regrettable : il ne pourra nous être d'aucun secours dans cette étude du droit français. La théorie du *jus postliminii*, en effet, n'impliquait pas nécessairement l'idée de doute sur l'existence de la personne tombée entre les mains de l'ennemi ; beaucoup de textes, au Digeste ou au Code, se rapportaient au cas de non-présence ; il en était peu, au contraire, qui se référassent à l'absence proprement dite, c'est-à-dire à cet état d'incertitude entre la vie et la mort de l'absent qui ne sont ni l'une ni l'autre prouvées ; à cette lutte, selon les expressions de M. Demolombe, entre la présomption de vie fondée sur ce que le décès n'est pas connu et la présomption de mort fondée sur le défaut absolu de nouvelles (*Cours de Code Napoléon*, II, n° 9).

Notre ancien droit lui-même était loin de présenter sur ce sujet un système complet et coordonné. Il n'y eut avant la Révolution aucune loi sur l'absence, ni même aucune jurisprudence fixe : on ne trouve à compulser à cette époque que les arrêts non motivés des parlements et quelques dispositions éparses et souvent contradictoires des coutumes. Il serait pourtant inexact de croire que le titre des absents, au Code Napoléon, soit l'œuvre propre de ses rédacteurs : comme nous l'avons vu précédemment, dans notre Introduction générale ; dans les deux derniers siècles et notamment au dix-huitième, des auteurs très-estimés avaient déjà touché et traité bien des points, bien des questions, réglées plus tard par le Code civil : de sorte que les rédacteurs ont peut-être eu moins à créer qu'à éclairer, à coordonner et à terminer ces controverses, et à les encadrer dans une division très-heureusement trouvée de l'absence en trois périodes, division pressentie, mais non arrêtée dans l'ancien droit, et qui n'a pas peu contribué à jeter la lumière sur cette matière aride et hérissée de difficultés de toutes sortes.

S'absenter, écrivait Bourjon, c'est usage de liberté et non contradiction à ses devoirs. Il n'en résultait donc aucune incapacité pour le Français qui quittait le royaume ; il ne perdait aucun de ses droits, pourvu toutefois que cette absence ne fût pas accompagnée d'un établissement marqué et déterminé en pays étranger (*Dr. comm. de la France*, liv. I, tit. 8, ch. 1, § 2).

Mais l'absence qui faisait planer sur l'existence de l'absent le doute et l'incertitude, qui tenait en quelque sorte en suspens son état civil, devait nécessairement réfléchir sur tous les droits qui en dépendaient et exercer sur la situation juridique de l'absent une influence considérable. Ainsi l'individu, qui avait quitté pour un temps le lieu où était établi le siége de sa fortune et qui ne reparaissait pas, avait laissé des biens à son départ; pendant son absence, d'autres biens avaient pu lui échoir : qui allait recueillir ceux-ci et administrer les uns et les autres? qui intenterait en son nom les actions lui appartenant? qui le représenterait dans la défense aux actions intentées contre lui? des droits sont liés à sa présence; des droits sont subordonnés au profit de tiers à son décès : qui va pourvoir à tous ces intérêts en souffrance? Nous allons successivement passer en revue ces divers points et indiquer à grands traits les diverses solutions qu'avaient données sur chacun d'eux la doctrine et la jurisprudence anciennes.

SECTION I. — ADMINISTRATION DES BIENS LAISSÉS PAR L'ABSENT

Tout se passe, à l'époque féodale entre la famille de l'absent et le seigneur. Au seizième siècle, on distingue si l'absent a laissé ou non une procuration. Au premier cas, le mandataire représente l'absent qui lui a confié ses intérêts; il administre ses biens jusqu'à l'époque très-variable où ses héritiers sont envoyés en possession. Au deuxième cas, les personnes intéressées pouvaient demander la nomination d'un curateur, et ce curateur (dans certaines coutumes le plus proche parent, C. de Troyes, art. 21) avait à rendre compte à l'absent ou à ses héritiers, suivant que l'absent revenait ou ne revenait pas avant l'envoi en possession de ces derniers.

Dans le dernier état du droit, si l'absent n'avait

pas laissé de procureur, l'usage du Châtelet de Paris était de le faire représenter par un des substituts de M. le procureur du roi, dans les inventaires, comptes, partages et liquidations, où il serait intéressé. Une loi du 11 février 1791 remplaça les gens du roi par des notaires.

SECTION II. — Exercice des actions pour ou contre l'absent

Pour les actions appartenant à l'absent, elles étaient exercées par les mêmes personnes, c'est-à-dire par son procureur, s'il en avait laissé un, ou à défaut, d'abord par un curateur nommé à la requête des personnes intéressées, puis par les gens du roi et enfin par un notaire.

Quand, au contraire, on voulait agir contre l'absent avant l'envoi en possession des héritiers, on devait préalablement lui faire nommer un curateur *ad litem*. Mais l'établissement de ces curateurs à l'absence était coûteux et illusoire. Un curateur de cette espèce, selon le président de Lamoignon, était proprement ce qu'on appelle un *homme de paille*. N'étant aucunement intéressé à la chose, il ne discutait rien et ne semblait combattre que pour la forme : il fallait cependant le payer de ses prétendues peines et payer les salaires du procureur qu'il constituait. Bien plus, c'était un usage dangereux pour l'absent : car il arrivait souvent que, mal défendu, il se voyait opposer à son retour un jugement contradictoire, et comme précisément ces jugements étaient réputés contradictoires et lui étaient opposables, il suffisait à ses adversaires de corrompre le curateur pour causer la ruine de l'absent (Locré, *Lég. civ.*, tome IV, n° 4, pag. 35, 36). Aussi l'ordonnance de 1667, tit. 2, art. 8, abrogea-t-elle cette disposition et décida-t-elle qu'à l'avenir : « les absents pour faillite, voyage de long cours ou hors du royaume, seraient assignés à leur dernier domicile, sans même qu'il fût besoin de procès-verbal de perquisition de leur personne ». On estime que la vigilance des gens du roi suffira à la garantie des intérêts de l'absent. D'ailleurs, le jugement ainsi rendu l'était par défaut et l'absent de retour avait contre lui la voie de l'opposition. Mais cela, dit Bretonnier, doit s'entendre jusqu'à ce que le partage des biens de l'absent ait été fait entre ses héritiers (*Questions de droit*, v° *Absent*, chap. 4) : car, après le partage, les poursuites doivent être commencées ou continuées contre eux, à peine de nullité, comme le fait remarquer le président de Lamoignon, dans ses arrêtés (titre *des Absents*, art. 6).

SECTION III. — Des droits s'ouvrent au profit de l'absent

Ces biens que l'absent avait laissés en partant et qu'administrait pour lui un mandataire conventionnel ou légal ; ces droits pour la défense desquels on le représentait en justice : tout cela était protégé contre les tiers par une présomption de survie qui en assurait le respect. Cette présomption durait jusqu'à ce que cent ans se fussent écoulés depuis la naissance de l'absent. On avait considéré comme fondamental ce principe, consacré par la loi religieuse et par la loi romaine. On lit, en effet, dans l'Ecclésiaste : *numerus dierum hominum, ut multum, centum anni ;* de même, les lois 8 (Dig. XXXIII, 2), et 56 (Dig. VII, 1) fixent à cent ans la durée d'un usufruit concédé à un municipe, *quia is finis vitæ longævi hominis est*; de même encore la loi 23 (Code, I, 2), *unum tantummodo terminum humanæ vitæ imponimus, id est, centum metas annorum*. Cependant toute fondée qu'elle fût, cette présomption cédait à la force des circonstances, s'il en résultait une forte présomption contraire. Ainsi, si l'absent n'avait pas reparu depuis une bataille à laquelle il avait pris part ; si l'on n'avait point de nouvelles du navire sur lequel il s'était embarqué : on le présumait mort du jour de la bataille ou du jour de l'embarquement. (Poullain-Duparc, *Principes du droit franç.*, liv. I, chap. 17, n° 5; Pothier, *Traité des successions*, chap. 3, sect. 1re, § 1er; Bourjon, *Op. cit.*, liv. I, tit. 8, chap. 1, §§ 6 et 7; Lebrun, *Traité des successions*, liv. I, chap. 1er, sect. 1re, n° 3.)

Ainsi, sauf de rares exceptions, le principe général était que jusqu'à l'âge de cent ans l'absent était réputé vivant ; il mourait pour ainsi dire avec le centième anniversaire de sa naissance. Cette présomption devait exercer une certaine influence sur la dévolution des droits qui s'ouvraient au profit de l'absent pendant son absence. Aussi voyons-nous que, pendant un assez long temps, quand après son départ une succession s'était ouverte à son profit, on commençait par rechercher s'il s'était écoulé plus ou moins de cent ans depuis sa naissance; dans le premier cas, on ne tenait pour le règlement de cette succession aucun compte de l'absent présumé mort ; dans le deuxième, l'absent recueillait le bénéfice de la présomption de survie, et ce bénéfice passait à ses représentants, héritiers ou créanciers, qui pouvaient jusqu'à l'expiration des cent ans venir exercer ses droits sur le montant de la succession. Il en était ainsi des divers autres droits qui compétaient à l'absent; par exemple, en cas de vente d'un immeuble propre par un des parents de l'absent, celui-ci pouvait par ses représentants exercer le retrait lignager; seigneur de fief, l'absent percevait par ses représentants le droit de mutation., etc., etc., seulement, les représentants de l'absent devaient alors fournir caution pour le cas où il serait établi plus tard que l'absent fût mort, quand ces divers droits s'étaient ouverts en sa faveur.

Tel était, jusqu'au dix-huitième siècle, le système admis par la doctrine et la jurisprudence (Denisart, *Déc. nouv.*, v° *Absent*, n° 3). Tous les auteurs ont cité, entre autres arrêts sur lesquels s'appuyait cette maxime, le fameux arrêt Tiellement, d'autres disent Tieleman, rendu par le Parlement de Paris, à la date du 7 juillet 1629. Jérôme Tiellement avait disparu depuis quatorze ans quand mourut sa mère; ses frères prétendirent qu'il devait être présumé mort, et partant, qu'il ne pouvait rien recueillir de la succession maternelle; mais le Parlement de Paris les chargea de prouver son décès et, passant plus avant, ordonna que les créanciers de Jérôme recevraient sa part et portion, en baillant caution (*Journal des audiences*, tome I, liv. 2, ch. 10).

Cette jurisprudence était évidemment abusive : elle était en contradiction flagrante avec la nature et produisait les effets les plus bizarres. Si l'absent était présumé vivre cent ans, son testament ne pouvait donc être ouvert qu'au bout de cent ans; or, à l'expiration de ce siècle, il arrivait le plus ordinairement que les légataires institués par le testament étant morts, tous les legs devenaient caducs. De même, en supposant l'absent grevé de substitution, la substitution devenait caduque par le décès presque certain des appelés, quand expirait un aussi long terme. Si l'absent était usufruitier, ce n'est donc qu'au bout de cent ans que l'usufruit se réunissait à la nue propriété.

Aussi dès le commencement du dix-huitième siècle vit-on se modifier la jurisprudence et les auteurs suivre les parlements dans cette évolution. On reconnut, écrit M. Demante, dans un remarquable article sur l'absence dans *l'Encyclopédie du Droit*, que si l'absent ne pouvait en général être présumé mort avant cent ans, il en résultait jusque-là incertitude sur son existence et que, dans cette incertitude, la règle qui met la preuve à la charge du demandeur ne permettait, ni de le dépouiller définitivement en faveur de ceux qui ont des droits subordonnés à son décès, ni d'autoriser ses ayants cause à réclamer de son chef les droits subordonnés à son existence. Cette doctrine fondée en raison s'appuie sur de nombreux arrêts. Une succession s'était ouverte au profit d'un absent : ses créanciers voulurent exercer ses droits; mais le Parlement de Paris, par arrêt du 11 août 1719, repoussa leur action. Ce même Parlement dans un nouvel arrêt du 11 mars 1737, affirma sa nouvelle jurisprudence, à laquelle s'associèrent les parlements de province, notamment ceux de Toulouse (23 juillet 1727) et de Bordeaux (13 mai 1771).

En adoptant cette nouvelle doctrine, les auteurs s'attachèrent surtout à la justifier et à montrer qu'elle était une application raisonnée des principes, en matière de preuves, tandis que l'ancienne doctrine reposait sur une interprétation erronée de la loi religieuse et de la loi romaine. La Bible et le Digeste ne disaient pas que tout homme est présumé vivre cent ans, mais, ce qui est bien différent, qu'un homme est présumé ne pas vivre plus de cent années. Sans doute l'absent, dont on n'a pas eu de nouvelles, n'est pas réputé vivre plus d'un siècle; après ce temps écoulé, il est réputé mort, mais s'ensuit-il qu'avant l'âge de cent ans on doive le considérer comme vivant ? Non certes : c'est là, selon Pothier, une prétention évidemment fausse et absurde ; car toute présomption doit être fondée sur quelque vraisemblance et sur ce qui arrive communément : il faudrait donc, pour qu'un homme pût être présumé vivre cent ans, que ce fût le temps ordinaire de la vie des hommes et qu'il y en eût très-peu qui moururent avant les cent ans; or, l'expérience nous convainc du contraire (Introd., au titre 17 de la C. d'Orléans, n° 7; *Traité des succ.*, ch. 1er, sect. 2, art. 1er). Donc, jusqu'à ce que le temps de cent années se soit écoulé depuis la naissance d'un absent, il n'est ni présumé vivre ni présumé mort : c'est à ceux qui ont intérêt à ce qu'il soit vivant à prouver sa vie; de même que c'est à ceux qui ont intérêt à ce qu'il soit mort à prouver sa mort, selon la règle : *Ei incumbit probatio qui dicit.* Dans l'incertitude, la justice que rien n'oblige à déterminer positivement l'état de l'absent, aime mieux suspendre tout à fait son jugement que de se décider sur de simples présomptions. On en est ainsi revenu aux vrais principes, à la règle ordinaire en matière de preuves, qui met à la charge de celui qui veut exercer un droit celle du fait sur lequel il repose.

Avant que la jurisprudence se fixât en ce sens, deux arrêts avaient admis une opinion intermédiaire que nous trouvons résumée au Répertoire de Merlin (v° *Légitime*, sect. 3, § 5). Elle consistait à adopter un tempérament au système ancien, en vertu duquel les ayants cause d'un absent pouvaient profiter de toutes les successions qui venaient à lui échoir pendant un siècle à partir de sa naissance : elle n'attribuait aux absents que les successions qui venaient à s'ouvrir dans les 7, 10, 15, 20 ou 40 ans de leur disparition, suivant les termes fixés par les coutumes, accordés aux héritiers apparents pour se mettre provisoirement en possession des biens. C'était l'avis de Lebrun, et il avait été adopté par deux arrêts que rapporte Louis sur l'art. 287 de la C. du Maine. Il semble même que Pothier n'était pas éloigné d'admettre ce tempérament d'équité, puisqu'il n'appliquait sa théorie qu'au cas de *longue absence :* ne trouvant pas sans doute qu'en cas *de courte absence*, l'incertitude de la vie de l'absent fût assez forte pour l'écarter sans pitié lui et les siens des droits qui pouvaient s'ouvrir à son profit.

SECTION IV. — Des droits sont liés a la présence de l'absent

L'absent est époux et père : il y a à pourvoir au gouvernement de la personne et à l'administration des biens de ses enfants mineurs ; au droit de consentir à leur mariage. Nos anciens auteurs étaient peu explicites sur ce point. Sans doute, il n'y avait pas de difficulté si c'est la mère qui disparaissait, le père restant ; avant comme après la disparition de la mère, le père avait, en vertu de la puissance paternelle, les droits de surveillance et d'administration (Coquille, *C. de Nivernais*, tit. 30, art. 2 ; Merlin, *Rép.*, v° *Légitime*, Adm.). Mais si c'était le père qui s'absentait laissant des enfants mineurs, on distinguait suivant que la mère survivait ou non. Dans le premier cas, elle avait la surveillance de ses enfants et vraisemblablement aussi l'administration des biens, à moins de refus de sa part (M. Villequez, *De l'absence en droit romain et dans l'ancien droit français*, § 10) ; dans le second cas, Bretonnier estime qu'il n'était par nécessaire d'attendre trois ans pour lui nommer un tuteur et qu'on pouvait le faire après un an d'absence de leur père (*op. cit.*, ch. 2).

Relativement au droit de consentir au mariage des enfants de l'absent, nous avons vu qu'en droit romain, du moins à l'époque de Justinien, les enfants pouvaient se marier sans le consentement de leur père, dès que trois années s'étaient écoulées depuis son absence, mais que le mariage contracté avant ce laps de temps était valable, si l'enfant avait épousé une personne d'une condition telle que le père n'aurait pu refuser son consentement : on comprend qu'il ne fût pas question de la mère dans une législation qui n'accordait pas à la mère le droit de puissance paternelle. Cela avait passé dans nos pays de droit écrit, mais Bretonnier, après avoir cité sur ce point les dispositions romaines, ajoute que, pour être plus assuré que les enfants d'un père absent fissent un mariage convenable, il faudrait ordonner qu'ils ne pourront se marier que du consentement de leur mère, si elle est vivante, et si elle est décédée, de l'avis de six des plus proches parents, homologué en justice avec connaissance de cause. Toutefois Denisart pense que l'avis des parents n'était pas nécessaire, quand le fils de famille avait atteint l'âge de trente ans (*op. cit.*, 24). A Paris, c'était l'usage du Châtelet, que quand une mère, femme d'un absent, trouvait à marier ses filles mineures, d'une manière avantageuse ou même convenable, elle y fût autorisée par le magistrat, après avis des parents où devaient être appelés les parents paternels (V. en ce sens, arrêt du 28 mars 1738, *Journal du Parlement de Rennes*, tome II, ch. 57).

SECTION V. — Des droits sont subordonnés dans leur exercice, au profit de tiers, au décès de l'absent.

Nous rencontrons là une grande diversité d'opinions et surtout un manque d'ensemble que les rédacteurs du Code Napoléon ont fait cesser avec raison.

Il y avait pourtant la règle générale mentionnée précédemment en vertu de laquelle l'exercice de ces divers droits était suspendu jusqu'à ce qu'il se fût écoulé cent ans depuis la naissance de l'absent. Comme la mort d'un absent dont on n'a point de nouvelles est au rang des choses incertaines, disait Guyot, une action fondée sur la vérité de cette mort ne peut être exercée que quand il s'est écoulé cent ans depuis la naissance de l'absent : c'est une conséquence de ce que les lois disent qu'une personne ne doit pas être présumée vivre plus de cent ans (Merlin. *Rép.*, v° *Absent*, n° 5). Une exception avait été admise à cette règle en faveur des héritiers présomptifs de l'absent; pour eux, ni la présomption de vie, tant qu'elle fut admise, ni les principes sur les preuves n'avaient jamais mis obstacle à la faculté qu'ils avaient d'obtenir, après un certain temps, l'envoi en possession provisoire des biens de leur parent absent. Mais c'était tout : et toutes les autres personnes, ayant des droits subordonnés au décès de l'absent, ne pouvaient même provisoirement exercer ces droits. Aussi certains auteurs, notamment le président Favre, Bretonnier, trouvaient-ils souverainement injuste de confier pendant si longtemps aux héritiers *ab intestat* la possession des biens légués, grevés de substitution, etc., en présence et au détriment des légataires, des substitués, etc.... *Durus est hic sermo ;* et ils reconnaissaient aux tiers intéressés le droit à l'envoi provisoire concurremment avec les héritiers, comme ayant un intérêt égal à la conservation des biens. Cette solution nouvelle était d'accord avec cette idée que l'héritier présomptif, qui s'était fait envoyer en possession sous la présomption du décès de l'absent, ne pouvait ensuite invoquer son existence pour faire rejeter la demande de ces tiers intéressés ; elle s'expliquait encore par le droit écrit sous lequel vivaient Bretonnier et le président Favre : là en effet, l'héritier naturel n'était pas considéré comme formant une classe à part, avec autant d'énergie que dans les pays de coutume, où aucun droit ne pouvait concourir avec les droits du sang.

Quoi qu'il en soit, nous allons examiner les principaux droits qui pouvaient se trouver subordonnés dans leur exercice au décès de l'absent, et nous indiquerons sur chacun d'eux les diverses opinions émises et l'état de la jurisprudence.

§ Ier. *Héritiers présomptifs de l'absent.*

La division du temps de l'absence en trois périodes est une innovation des rédacteurs du Code Napoléon; dans cette partie de notre étude sur l'absence dans l'ancien droit, nous adopterons pourtant cette division; l'ordre en est fort logique; il a, comme nous l'avons dit déjà, l'avantage de classer parfaitement les droits et les devoirs, et il ne contribuera pas peu à jeter quelque clarté sur une matière aussi confuse et aussi peu réglementée que l'était l'absence dans l'ancien droit.

PREMIÈRE PÉRIODE. — PRÉSOMPTION D'ABSENCE

C'est la période de temps qui suit immédiatement l'absence. L'incertitude de la vie de l'absent n'est pas encore assez forte pour autoriser le partage, même provisionnel, de ses biens entre ses héritiers présomptifs. Si l'absent n'a pas laissé de procureur, les tiers intéressés lui font nommer un curateur; plus tard, la vigilance des gens du roi suffit à la protection de ses droits; c'est enfin un notaire qui est chargé de ses intérêts.

DEUXIÈME PÉRIODE. — DÉCLARATION D'ABSENCE. ENVOI EN POSSESSION PROVISOIRE

La présomption du siècle de vie, quand elle était admise, n'avait pour objet que l'intérêt de l'absent ou de ses créanciers. Le sentiment commun, écrivait Poullain-Duparc, est que, dans tout ce qui peut être à l'avantage de l'absent ou de ses créanciers, la présomption de vie jusqu'à l'âge de cent ans ne peut recevoir d'atteinte que par la preuve de sa mort (*Op. cit.*, liv. I, chap. 17, n° 6). Mais cette présomption ne faisait pas obstacle, si le temps de l'absence se prolongeait de manière à inspirer des craintes sérieuses sur la vie de l'absent, à ce que ses héritiers présomptifs fussent envoyés en possession provisoire de ses biens. Seulement ce délai avait été réglé diversement par les coutumes. Celle du Hainaut l'avait fixé à trois ans écoulés depuis l'absence ou les dernières nouvelles (Nouv. C., chap. 98, art. 2); celle d'Anjou (art. 269), celle du Maine (art. 287) à sept années; dans les coutumes muettes et dans les pays de droit écrit, la jurisprudence des parlements et la doctrine des auteurs l'avaient bien diversement réglé : ainsi, dans le ressort du Parlement de Bretagne, il était de sept ans ; dans le ressort du Parlement de Toulouse, il avait été porté à neuf ans, dans celui de Bordeaux, à dix; enfin, quelques auteurs, comme Lebrun (*Op. cit.*, liv. I, ch. 1, sect. 1, n° 8), voulaient que le juge décidât d'après les circonstances ; mais l'opinion commune était qu'il fallait attendre dix ans ; et cet espace de temps, que Bretonnier trouvait le plus naturel et le plus légitime, et dont il disait qu'il serait à propos de le rendre uniforme partout, finit par prévaloir. Ce juste délai est fondé, dit Bourjon, sur ce qu'autrement la moindre absence, occasionnée par le goût d'une retraite momentanée, ou par un penchant à voyager, aurait des inconvénients infinis, si incontinent après l'absence les héritiers de l'absent pouvaient se mettre en possession de ses biens : ce serait exposer l'un à la spoliation et les autres à des frais et à une restitution immenses (*Op. cit.*, liv. III, tit. 17, 1re part., ch. 1er, sect. 3, dist. 42). Pourtant, d'après Denisart (*Op. cit.*, v° *Absent*, n° 13), à Paris, dans le dernier état de la jurisprudence, le lieutenant civil accordait ces sortes d'envoi en possession après trois années d'absence ; et dans son discours au C. L., Bigot-Préameneu déclarait qu'il en était ainsi non-seulement à Paris, mais dans la plus grande partie de la France.

Observons qu'en général, ces divers délais étaient réduits à moitié, si l'absent avait disparu à la suite d'un événement établissant une forte présomption de mort, comme une bataille ou un naufrage.

Voilà pour le cas où l'absent avant de disparaître n'avait pu nommer de procureur. S'il en avait laissé un, les choses se passaient autrement; et cela était juste, car la procuration manifestant l'esprit de retour, ce n'est qu'avec de grands ménagements qu'il fallait s'immiscer dans les affaires de l'absent et substituer d'autres administrateurs à celui qu'il s'était volontairement choisi. Dans ce cas, et sans aucune distinction, Bourjon ne permettait d'envoyer les héritiers en possession qu'après trente ans de la disparition ou des dernières nouvelles, parce que leur droit n'étant fondé que sur la présomption de la volonté de l'absent, cette présomption ne peut plus faire impression, lorsqu'il y a volonté expresse et contraire (*Op. cit.*, *ibidem*, dist. 51). Mais d'ordinaire, on faisait une distinction, qui n'avait peut-être pas grand fondement, suivant que la procuration avait été donnée à l'un des héritiers présomptifs ou à un étranger. Si elle avait été donnée à l'un des héritiers présomptifs, des auteurs prétendaient qu'il n'y avait plus lieu dès lors au partage provisionnel et qu'on devait exécuter la procuration jusqu'au retour de l'absent ou jusqu'à la nouvelle de sa mort : parce que, selon Lebrun, entre plusieurs personnes dont le droit est égal, on laisse la possession à qui l'a déjà, *in pari causa melior est possidentis* (*Op. cit.*, *ibid.*, n° 6); et cela avait été jugé ainsi au Parlement de Toulouse, par arrêt du mois de mai 1564, rapporté par Maynard, liv, VII, ch. 95: mais d'autres auteurs se contentaient d'attendre trente ans pour envoyer les autres héritiers en possession (Denisart, *op. cit.*, v° *Abs.*, n° 16). Si, au contraire, la procuration avait été laissée à un étranger, elle n'empêchait pas l'envoi en possession après le temps voulu : elle n'avait alors pour effet que de mettre obstacle à la nomination d'un curateur avant l'envoi; celui-ci prononcé, le procureur rendait ses comptes et se retirait, après toutefois que les héritiers qui l'évinçaient lui eussent donné caution qu'ils l'indemniseraient en cas de retour de l'absent; cela résulte d'un arrêt rapporté par Chenu, Quest. 77.

Au reste, l'envoi en possession des biens d'un absent n'était pas soumis à beaucoup de formalités. L'usage du Châtelet de Paris, suivi en beaucoup d'endroits, était que les héritiers présomptifs fissent constater l'absence au moyen de pièces authentiques, s'il se pouvait, ou bien par un acte de notoriété signé de deux ou plusieurs personnes; et encore certaines coutumes n'obligeaient-elles à faire cette preuve du fait de l'absence qu'en cas de contestation judiciaire (C. du Hainaut). L'absence une fois constante, les héritiers présentaient une requête au juge, par laquelle ils demandaient à être envoyés en possession et à être autorisés à partager les biens de l'absent; puis, sur les conclusions du ministère public, qui sont indispensablement nécessaires dans ces sortes de demandes, le juge, après enquête, rendait ou non selon qu'il croyait juste de le faire, une ordonnance d'envoi en possession (Denisart, *op. cit.*, *ibid.*, nos 11 et 12).

Mais quels héritiers devaient être mis en possession? étaient-ce les héritiers les plus proches au jour de la disparition ou des dernières nouvelles, ou les plus proches au moment de l'envoi en possession? Nous rencontrons là une des questions les plus controversées de la matière de l'absence dans l'ancien droit, une de celles qui ont le plus divisé les auteurs et sur lesquelles la jurisprudence a le plus varié.

Quand on étudie les diverses solutions qui nous ont été données sur la question, on se rend facilement compte de la divergence des opinions émises. Les auteurs en effet se plaçaient à des points de vue différents d'après les dispositions des coutumes. Ainsi Poullain-Duparc accordait l'envoi en possession aux héritiers les plus proches lors de l'envoi en possession; or il écrivait sous l'influence de la coutume de Bretagne qui n'autorisait la saisine des parents après les sept ans, que parce qu'elle supposait l'absent mort à l'expiration de ce délai ; le seul laps de temps formant à ses yeux la présomption de mort, il lui paraissait inouï, et même contre la raison, de donner à une simple présomption un effet rétroactif à un temps auquel elle ne pouvait avoir lieu (*op. cit.*, *ibid.*, n° 12). Bourjon partageait cette opinion (*op. cit.*, *ibid.*, dist. 36 et 37); ainsi que Lebrun (*op. cit.*, *ibid.*, n° 9).

Mais le président de Lamoignon réputait l'absent mort du jour où il avait cessé de paraître ou de la dernière nouvelle qu'on avait reçue de lui, et nécessairement il devait émettre une opinion contraire à celle de Poullain-Duparc : pour lui donc, l'envoi en possession était accordé aux parents les plus proches au jour de la disparition ou des dernières nouvelles. Bretonnier trouvait plus fondée cette décision, parce que l'absent dont on n'a point de nouvelles est réputé mort par fiction et que les fictions ont toujours un effet rétroactif. D'ailleurs, de très-nombreux arrêts vinrent confirmer cette nouvelle doctrine qui finit par triompher, de telle sorte qu'elle ne trouvait presque plus de contradicteurs lors de la rédaction du Code Napoléon où elle passa dans son art. 120. En ce sens : arrêt du Parlement de Rouen, du 11 août 1646; arrêts du Parlement de Paris; des 19-23 mars 1688 ; 4 septembre 1693; 13 août 1704 et 18 février 1719 et du Parlement de Toulouse; des 5 avril 1677 et 23 mars 1679 : ce qui faisait dire à Bretonnier : « Quand je trouve une décision décidée de la même manière par ces deux augustes Sénats, je crois la décision infaillible. »

Pothier, dont l'autorité en ces matières est d'un si grand poids, avait longtemps hésité sur la question, et après avoir adopté le système de Lebrun, dans son Introduction au titre 17 de la C. d'Orléans, il le rejeta pour se rallier à l'opinion de Bretonnier. Si l'absent, disait-il, n'est pas effectivement mort lors de sa disparition, il l'est au moins équipollemment par rapport à la société des hommes; car par rapport à la société, c'est à peu près la même chose qu'un homme n'existe point ou qu'on n'ait aucune connaissance de son existence (*Traité des successions*, ch. 3, sect. 1re, § 1).

Quoi qu'il en fût de cette controverse, l'envoi en possession n'était jamais que provisoire. Les héritiers envoyés en possession des biens d'un absent, écrivait Denisart (*Op. cit.*, v° *Absent*, n° 6), ressemblent assez à des séquestres; on ne leur donne les biens de l'absent, que parce qu'il est plus juste de les mettre en leurs mains que dans celles d'étrangers et c'est toujours à la charge de rendre ces biens, même les fruits, si l'absent se représente; souvent on leur fait donner caution. Et plus loin : comme l'envoi en possession ne donne pas une propriété à l'héritier apparent, mais une simple administration dont il est comptable envers l'absent en cas de retour, celui qui a obtenu un semblable envoi en possession ne peut vendre, aliéner ou hypothéquer les biens de l'absent, à son préjudice, au moins pendant les trente années qui suivaient la disparition ou les dernières nouvelles ou jusqu'à ce que l'absent eût atteint l'âge de cent ans (n° 15).

Pour les fruits des biens de l'absent, on n'obligeait en général les envoyés en possession à les lui rendre que s'il reparaissait dans les trente ans de l'envoi en possession. Cependant Rousseau-Lacombe atteste que de son temps l'usage était de ne plus faire rendre les fruits après vingt ans (v° *Absent*, n° 4); et c'est ce qui se pratiquait à Paris, au moment de la rédaction du Code Napoléon, s'il faut en croire Bigot-Préameneu, dans son *Exposé des motifs*; mais il faut remarquer que cette retenue se faisait alors d'une manière absolue; en sorte que si l'absent revenait après ces vingt ou trente ans, il se trouvait en présence de ses héritiers présomptifs enrichis de ses revenus pendant une longue suite d'années, sans pouvoir rien exiger d'eux pour satisfaire aux besoins multiples que pouvait exiger son dénûment.

C'est précisément parce que les héritiers présomptifs ne deviennent pas propriétaires, parce qu'ils ne sont que des dépositaires judiciaires, des administrateurs comptables; c'est parce qu'aussi on ne prend pas de son autorité privée l'administration d'un patrimoine étranger, qu'on exigeait de ces héritiers présomptifs qu'ils se fissent mettre en possession par le juge du dernier domicile de l'absent et fissent leur soumission de restituer les biens à la personne, si elle revenait. Il résultait encore de là que si un héritier présomptif s'était fait mettre en possession et eût laissé passer les délais sans faire inventaire, il n'était pas déchu du bénéfice d'inventaire : cela avait été jugé par le Parlement de Paris, par arrêt du 5 juillet 1741; et avec raison, car la succession n'était pas ouverte. Tant qu'on n'a pas de preuves certaines et juridiques de la mort d'une personne, dit Pothier, il n'y a point d'ouverture certaine de sa succession, mais seulement une ouverture présumée.

S'il n'y avait qu'un héritier présomptif, il recueillait seul le patrimoine de l'absent; s'il y en avait plusieurs, qui fussent tous au même degré et capables de succéder, la possession provisionnelle était également attribuée à chacun, à moins, comme nous l'avons vu, que l'absent n'eût avant son départ donné sa procuration à l'un d'eux. Dans ce cas, cet héritier avait seul l'administration, en vertu de la règle *in pari causâ melior est possidentis*, et il la gardait, selon les uns, jusqu'au jour fixé pour l'envoi en possession définitif; selon les autres, jusqu'au retour de l'absent ou la nouvelle de sa mort, sans que pourtant ce délai pût excéder le terme de cent ans écoulés depuis la naissance de l'absent.

Ce ne fut longtemps qu'un dépôt en commun : les divers envoyés appréhendaient la succession sans qu'il se fît entre eux de partage effectif. A la fin du seizième siècle, pour la première fois on voit la trace d'un véritable partage : c'est dans un arrêt du Parlement de Paris du 23 août 1585, rendu dans les circonstances suivantes : Un individu avait disparu laissant deux sœurs et un neveu, fils d'un frère décédé; on se trouvait alors sous l'empire de la première rédaction de la Coutume de Paris qui n'admettait pas la représentation en ligne collatérale : les deux sœurs se firent donc, vers 1571, envoyer en possession des biens de l'absent, à l'exclusion de leur neveu. Mais en 1580 la Coutume est réformée et son art. 320 dispose expressément qu' « en ligne collatérale, représentation a lieu quand les neveux ou nièces viennent à la succession de leur oncle ou tante avec les frères ou sœurs du décédé. » Alors le neveu apparaît et se prévalant de la disposition nouvelle, demande sa part des biens possédés par ses tantes. Le Parlement est saisi de l'affaire; il renvoie les parties à informer, dans le délai d'un an, de la vie ou de la mort de l'absent et de l'époque et du lieu de son décès, et avant faire droit, ordonne « que lesdites parties jouiront, comme personnes étranges et dépositaires de justice, des biens dudit absent; et ce, pour telle part et portion qu'elles succéderaient à présent; en baillant néanmoins bonne et suffisante caution de rendre et restituer lesdits biens et fruits par eux perçus quant et à qui il appartiendra. » C'était là, on le voit, un partage provisionnel, destiné à faciliter l'administration des biens par les envoyés, dans lequel chacun d'eux recevait la part de biens qu'il serait probablement appelé à conserver plus tard à titre définitif.

TROISIÈME PÉRIODE. — Envoi en possession définitif

Lorsqu'un temps assez long s'était écoulé depuis la disparition ou les dernières nouvelles de l'absent, la probabilité de sa mort acquérant une force plus grande, l'envoi en possession provisoire devenait définitif. Ce temps avait été fixé pour Paris à vingt ans, mais il était de trente ans dans le droit commun de la France, et Bretonnier disait préférer ce dernier terme comme le plus légal, « la prescription de trente ans étant la patronne du genre humain. »

Cela ne dispensait sans doute pas les envoyés, si l'absent reparaissait, de lui rendre ses biens, quelque longue qu'ait été l'absence, sa succession n'ayant pu être ouverte avant sa mort ; et au cas de nouvelles de sa mort, de les restituer aux héritiers les plus proches à ce moment (Bourjon, *op. cit.*, liv. III, tit. 17, 1re partie, ch. 1er, sect. 3, n° 49 ; Pothier, *Traité des successions*, ch. 3, sect. 1re, § 1). Mais après trente ans, selon certains auteurs, après vingt ans, selon d'autres, les envoyés gardaient irrévocablement les fruits perçus : l'absent de retour n'avait plus droit qu'au capital et aux fruits non perçus.

Après la même époque, ou s'il s'était écoulé cent ans depuis la naissance de l'absent, les cautions étaient déchargées, et si l'envoi en possession n'était demandé qu'à ce moment, il était donné sans caution (président de Lamoignon, *Arrêtés, des absents*, art. 4). Au reste, quant aux actions à exercer par l'absent ou contre lui depuis l'envoi en possession provisoire ou définitif, nous avons vu déjà quelles devaient l'être par ou contre les envoyés, à peine de nullité (président de Lamoignon, *ibid.*, n° 5).

§ 2. *Mariage de l'absent. Droits du conjoint présent.*

L'absence d'un des époux n'était pas une cause de dissolution du mariage; cependant, quand l'absence avait duré cent ans, Pothier lui faisait produire cet effet, sous prétexte que le laps de cent ans écoulés depuis la naissance d'une personne est une présomption de droit de la mort suivant les lois qui disent que *is finis vitæ longissimus est* (*Traité du contrat de mariage*, n° 106). Mais cette opinion singulière est isolée et ne prévalut pas.

Après bien des luttes et sous l'influence de la civilisation chrétienne, nous avons vu le principe de l'indissolubilité du mariage triompher au Bas-Empire sous Léon le Philosophe. Ce caractère du mariage passa dans notre droit national. A cet égard, écrivait Bretonnier, nous observons en France les canons de l'église, suivant lesquels une femme dont le mari est absent ne peut se remarier à un autre, quelque longue que soit l'absence de son mari, si elle ne rapporte la preuve de sa mort (*op. cit.*, *ibid.*, ch. 1er). Guyot partageait ce sentiment, et si le mari d'une femme absente ou la femme d'un mari absent voulait contracter un nouveau mariage, il exigeait impérieusement que l'époux qui convolait prouvât la mort naturelle de l'absent, quand même il se serait écoulé cent ans depuis la naissance de ce dernier (*Rép.*, v° *Absent*).

Non possunt mulieres ad aliorum consortium canonice convolare nec auctoritate Ecclesiæ permittas contrahere, disait le pape Clément III, *donec certum nuntium recipiant de morte vivorum* (*Dec. In præsentia*). Ce principe était clair, mais la difficulté commençait par ce qu'on devait entendre par *certum nuntium*. Les uns se contentaient du bruit commun de la mort de l'époux ; les autres exigeaient un témoin ; d'autres en voulaient deux ; et, pour mettre un terme à tant d'opinions divergentes, le Parlement de Paris dut rendre, le 9 février 1640, un arrêt de règlement, « défendant à tous curés ou vicaires de passer outre à la célébration d'aucun mariage de personnes se disant veuves, sans avoir un certificat en bonne forme, signé du curé et du juge du lieu constatant le décès du premier époux » ; s'il n'y avait pas eu de registres de sépulture de tenus, ou s'ils étaient perdus, etc..., on y suppléait par un acte par lequel des personnes dignes de foi, au nombre de deux au moins, attestaient devant le juge quelque fait justificatif de la mort, *puta*, qu'elles avaient assisté dans un tel lieu à son enterrement (Pothier, *Cont. de mar.*, n° 106). Et c'est précisément dans les mêmes conjonctures que Pothier, contrairement aux autres auteurs, admettait comme une présomption de mort suffisante le laps de cent ans écoulés depuis la naissance de l'absent.

Des arrêts avaient condamné aux peines de la bigamie des époux qui s'étaient remariés sans avoir des preuves légitimes de la mort de leurs femmes absentes (28 juillet 1691; 12 janvier 1713); d'autres arrêts, appuyés par nombre de jurisconsultes, proclamaient, suivant l'avis du cardinal Panorme, le pouvoir d'appréciation des juges (Denisart, *loc. cit.*, v° *Bigame*). Mais Poullain-Duparc observe que la jurisprudence est muette sur la question qui précisément nous occupe; savoir, si la femme pourrait se remarier quand cent ans de l'âge du mari seraient écoulés; et il n'est pas étonné de ce silence, puisque jamais une question si rare n'a dû se présenter; mais, si elle naissait, il déclare qu'il la déciderait contre la femme (*Prin. du Dr. français*, liv. Ier, ch. 17, n° 4).

Il pouvait arriver que le conjoint présent eût convolé sur la foi du décès de son conjoint, et que la preuve ainsi rapportée de ce décès fût fausse ou douteuse : si, après un semblable mariage, le premier mari revenait, la femme était obligée de retourner avec lui sous peine d'adultère; dans ce cas, l'indissolubilité du mariage entraînait la nullité du second, mais, pour invoquer cette nullité, il fallait prouver l'existence de l'absent au moment où le deuxième mariage avait été contracté, et jusqu'à ce qu'on eût acquis la preuve de l'existence ou du décès de l'absent, les nouveaux époux devaient vivre séparément (D'Aguesseau, 28e *Plaidoyer*). La sévérité de cette dernière règle ne tarda pourtant pas à être modifiée, et nous voyons que, dans le dernier état de la jurisprudence, les parlements avaient adopté comme principe fondamental en cette matière cette belle maxime de l'avocat général Gilbert des Voisins : « L'incertitude de la mort de l'un des époux ne doit jamais suffire pour contracter un mariage nouveau ; mais elle ne doit jamais suffire aussi pour troubler un mariage contracté ». Le second mariage pouvait du reste être putatif, si les parties ou l'une d'elles était de bonne foi; dans ce cas, les enfants issus du mariage étaient légitimes à l'égard de l'époux ou des époux de bonne foi.

Mais si le mariage, malgré la plus longue absence, subsistait, et s'opposait à une nouvelle union de l'époux présent qui ne fournissait pas la preuve de son veuvage, que décidait-on relativement à ses droits pécuniaires et à ses conventions matrimoniales?

Dans notre ancien droit, le conjoint succédait à son conjoint, à défaut de parents, non plus comme aujourd'hui en qualité de successeur irrégulier, mais ainsi qu'un véritable héritier, et à ce titre il pouvait demander et obtenir l'envoi en possession provisoire. Ce n'est pas sous ce rapport que nous l'envisageons actuellement : nous voulons régler les rapports existant entre le conjoint présent, commun en biens, avec les envoyés en possession des biens de l'absent.

La communauté n'était pas dissoute par l'absence ; elle se continuait, administrée par l'époux présent, jusqu'à l'envoi en possession provisoire, et même au delà, si lors de ce partage l'époux présent ou les envoyés n'en demandaient pas en justice la dissolution (Pothier, *Communauté*, n° 505). Ce n'est donc au plus tôt qu'au bout de trois, sept, neuf ou dix ans, selon les coutumes, que pouvait arriver cette dissolution. Avait-elle eu lieu à cette époque et les biens avaient-ils été partagés : la situation de provisoire devenait définitive lors du partage définitif arrivé par l'expiration de vingt ou trente ans depuis la disparition ou les dernières nouvelles ou par l'expiration de cent ans écoulés depuis la naissance de l'absent ; au contraire, la communauté avait-elle continué, la dissolution s'opérait à ce moment et les biens communs étaient définitivement partagés. D'ailleurs les droits de l'absent étaient toujours sauvegardés, et à quelque époque qu'il reparût, la communauté renaissait; elle était même présumée n'avoir jamais été dissoute : ses héritiers lui rendaient compte de tous les biens qu'ils avaient recueillis, mais son conjoint était quitte en rapportant ce qui lui restait de sa part dans les biens communs. Au contraire, Bourjon considérait la communauté comme devant continuer jusqu'à la nouvelle de la mort de l'absent ou jusqu'à ses cent ans expirés : la femme administrait en donnant caution (*Op. cit.*, liv. I, tit. 8, ch. 2, n°s 3 et 4); et pourtant il reconnaît lui-même que les héritiers peuvent, après dix ans d'absence, demander l'envoi en possession des biens de l'absent (*ibid.*, ch. 4). On comprendrait à la rigueur que la communauté continuât avec les héritiers, mais l'administration de la femme ne se comprend plus avec l'envoi en possession des héritiers. Malgré ce qu'il y a dans ce passage d'obscur et de contradictoire, M. Villequez n'hésite pas à reconnaître que l'envoi en possession des héritiers de l'absent mettait fin à la communauté (*Op. cit.*).

A l'égard des autres conventions matrimoniales, Bretonnier et de Lamoignon nous apprennent qu'il fallait distinguer entre la dot et les autres conventions. Pour ce qui est de la dot, c'était le patrimoine de la femme ; elle en avait besoin pour sa subsistance : il était donc juste de la lui rendre après un espace de temps raisonnable, comme cinq ans. D'ailleurs, quand on n'aurait pas voulu la lui rendre, elle avait un moyen infaillible de se la faire restituer en se faisant séparer; la longue absence était en effet un moyen légitime de séparation *(Questions de droit*, v° *Absent*, ch. 1er; *Œuvres*, tome II, pag. 202).

Quant au douaire, au préciput et autres gains de survie, Bourjon ne les accordait à la femme que lorsqu'il s'était écoulé cent ans à partir de la naissance du mari absent ou qu'on avait reçu la nouvelle de sa mort : cela était conséquent avec l'opinion de cet auteur qui faisait continuer la communauté jusque-là. Il faut survie constante, disait-il, pour faire ouverture à ces droits; et il cite à l'appui de sa doctrine deux jugements rendus au Châtelet, en 1715 et en 1748. Poullain-Duparc était d'avis opposé : il reconnaissait bien que la mort prouvée du mari pouvait seule, en principe, donner ouverture pour le douaire à l'action de la femme, parce qu'elle était demanderesse en cette partie et que tout demandeur est obligé de prouver sa demande d'une manière concluante, mais il conseillait d'admettre par faveur que cette action pût avoir lieu au bout de trente ans, parce qu'alors la présomption de mort est si forte qu'elle équivaut à la preuve. Poullain-Duparc allait même plus loin; il voulait que, lors du partage provisionnel, la femme eût son douaire provisionnel. Comment, en effet, les héritiers, mis en possession provisionnelle par l'effet d'une présomption de mort, pouvaient-ils contester à la femme l'effet de cette présomption ? Il suffisait d'exiger de la femme une caution : et les droits de l'absent se trouvaient de la sorte tout à fait assurés (*Princ. du droit français*, liv. I, ch. 17, nos 15 et 17). C'était aussi le sentiment de Bretonnier et de de Lamoignon, qui, à côté d'une bonne et suffisante caution, exigeaient de la femme qu'elle employât le revenu du douaire à la nourriture et à l'entretien des enfants, s'il y en avait.

Ajoutons enfin que, malgré l'absence du mari, la femme restait soumise à sa puissance. Et comme elle n'en pouvait être délivrée que par sa mort naturelle ou civile, que sans cela elle ne pouvait recouvrer le pouvoir de contracter librement qu'elle avait perdu en se mariant, il lui fallait, pour contracter, suppléer à l'autorisation maritale devenue impossible par l'autorisation de justice. Toutefois, Pothier reconnaissait comme valables les actes d'administration des biens personnels de la femme, des biens de la communauté et même des biens propres du mari faits par elle sans autorisation : il est pourtant plus sûr, ajoutait-il, que la femme se fasse autoriser par le juge pour cette administration (*Traité de la puissance du mari*, n° 27).

§ 3. *Droits des héritiers testamentaires.*

Peuvent-ils demander la possession des biens de l'absent à l'encontre des héritiers *ab intestat ?*

Les uns disaient : oui ; et ils invoquaient à leur profit un arrêt du Parlement de Paris, du 27 avril 1662, qui a permis d'ouvrir le testament d'un absent pour être ensuite ordonné ce que de raison ; mais Bretonnier observe que cet arrêt ne peut tirer à conséquence parce que, dans l'espèce, il y avait des présomptions très-fortes de la mort de l'absent. Les autres soutenaient que la mort du testateur seule pouvait donner effet au testament, conséquemment qu'il fallait la prouver ou attendre cent ans, sinon, qu'on ne pouvait donner la possession des biens à l'héritier institué ; et ils invoquaient aussi en leur faveur un arrêt du Parlement de Toulouse du 2 juin 1650. Bretonnier approuvait ce dernier arrêt ; mais il admettait deux exceptions et une limitation : 1° il préférait à cause de sa double vocation l'héritier institué qui se trouvait être au nombre des héritiers *ab intestat*; 2° ou l'héritier institué qui, quoique étranger, avait été chargé de la procuration de l'absent : c'est un effet de la double confiance que le testateur avait témoigné avoir en lui (Toulouse, mai 1564; Bordeaux, 21 janvier 1700). Quand l'héritier institué n'était héritier présomptif ni procureur, Catelan estimait qu'on devait laisser la possession aux héritiers *ab intestat* pendant dix ans pour la donner ensuite à l'héritier institué, sans qu'il fût obligé de prouver la mort de l'absent (tom. I, liv. II, ch. 57), mais Bretonnier voulait que la possession ne passât à l'héritier institué que trente ans après le départ de l'absent ou ses dernières nouvelles; sous cette réserve qu'en quelque temps qu'on la lui donnât, si dans la suite il pouvait justifier du décès de l'absent, l'héritier présomptif serait tenu de lui rendre les fruits, parce que les biens lui avaient appartenu du jour du décès du testateur et que la maxime : *Le mort saisit le vif*, avait lieu dans les pays de droit écrit en faveur des héritiers testamentaires (*Op. cit.*, *ibid.*). Rousseau-Lacombe trouve que ces distinctions de Bretonnier ne sont fondées sur aucun principe et il admettait dans tous les cas la théorie de Catelan (v° *Abs.*, n° 5).

§ 4. *Droits des légataires.*

On appliquait aux légataires universels les mêmes dispositions qu'à l'héritier institué. Quant aux légataires particuliers, Bretonnier distinguait les légataires de corps certains et les légataires de quantités (sans doute les légataires à titre universel d'aujourd'hui). Il assimilait ceux-ci aux légataires universels, mais estimait qu'il y aurait danger de faire à ceux-là la délivrance de leurs legs après dix ou trente ans, malgré la caution, parce que l'absent, s'il revenait, aurait trop à courir après tous les légataires ou leurs cautions; mais, dès que sera prouvée la mort de l'absent ou que cent ans seront écoulés depuis sa naissance, les héritiers qui ont joui des biens devront leur payer les legs avec les intérêts du jour du décès. Et même, pour mettre obstacle à la caducité des legs et en faire passer le profit aux héritiers des légataires, Bretonnier était d'avis de ne pas attendre cent ans pour en faire la délivrance, mais de se contenter d'un laps de trente années.

§ 5. *Substitutions fidéicommissaires.*

Bretonnier, qui a traité toutes ces questions avec beaucoup de clarté, distingue, à l'égard des fidéicommis, ceux faits par l'absent et ceux qu'il est chargé de rendre.

Les premiers doivent encore se subdiviser en fidéicommis universels et fidéicommis particuliers, et comme ce ne sont que des legs ou des institutions d'héritier, on leur applique les règles des legs et des institutions d'héritier. La difficulté qui pouvait surgir naissait au cas de mort de l'institué, avant les dix ans du jour de l'absence : le fidéicommis devenait-il caduc? Bretonnier se prononce contre la caducité, pensant qu'en ce cas la substitution fidéicommissaire se convertit en substitution vulgaire et fait valoir le testament; et qu'au surplus il faut favoriser la pensée du testateur.

A l'égard des fidéicommis que l'absent était chargé de rendre, les auteurs étaient partagés sur le temps où la restitution pouvait être demandée. D'après Ricard, les appelés devaient attendre cent ans, s'ils ne pouvaient prouver la mort de l'absent, et, s'ils mouraient dans l'intervalle, les substitutions devenaient caduques (*Disposit. condit.*, ch. 5, sect. 4, nomb. 367). Le président Favre (liv. IV, tit. 7, *Défin.* 2) voulait, au contraire, qu'après un temps suffisant pour faire présumer la mort (dix ans, d'après Rousseau-Lacombe, *op. cit.*, n° 6), le fidéicommissaire demandât l'ouverture du fidéicommis, et, en tout cas, qu'on lui confiât la régie des biens, à charge de caution, et il en donnait cette bonne raison : *Is enim curator bonis dari solet, cujus magis interest bona conservari, ac proinde qui bona in casum mortis habiturus est.* Bretonnier ne doute pas que ce parti ne soit le meilleur.

§ 6. *Donations.*

Les donations à cause de mort faites par l'absent étaient assimilées aux legs : elles eurent leur effet jusqu'à l'ordonnance de 1731 qui les supprima. Quant aux donations entre vifs, si elles étaient pures et simples, la possession en était attribuée au donataire, s'il ne l'avait déjà (13 juillet 1654); si elles étaient faites avec réserve d'usufruit, la possession des biens donnés n'était laissée au donataire qu'après dix ans à partir de l'absence.

II. DROIT INTERMÉDIAIRE

Il n'y a point de matière qui ait plus besoin de règlement que l'absence, écrivait Bretonnier. Sans nous donner cette réglementation si désirée, si nécessaire, le droit intermédiaire rendit pourtant sur ce sujet un grand nombre de lois et décrets ; mais quelques-uns n'ont eu qu'une existence passagère, et beaucoup n'ayant donné lieu à aucune décision, à aucune contestation dignes d'être rapportées, ne présentent le plus souvent aujourd'hui qu'un intérêt purement historique.

Au milieu des actes législatifs de cette époque, on en distingue plusieurs qui forment à eux seuls une législation assez complète sur les militaires absents. La Révolution française se trouvant en présence d'un état de guerre permanent, on comprend aisément que sa pensée dut se fixer tout d'abord sur la position fâcheuse des militaires absents. La loi du 11 ventôse an II ouvre une série de disposition les plus bienveillantes pour les *défenseurs de la patrie*. Vint ensuite la loi du 16 fructidor an II, puis celle du 6 brumaire an V, et enfin, postérieurement au Code, la loi du 13 janvier 1817 et celle toute récente du 9 août 1871. Nous n'examinerons pas en ce moment ces diverses lois ; elles nécessitent quelques développements, et comme en bien des points les principes ordinaires du droit en matière d'absence leur sont applicables, nous en renverrons l'examen, dans un appendice, à la suite de notre étude du Code Napoléon.

Parmi les dispositions de détail, applicables à tous les absents, que nous devons à la législation d'alors, nous remarquons, à l'égard du mariage, une loi du 20 septembre 1792, par laquelle l'Assemblée nationale, séparant l'ordre civil de l'ordre religieux, rétablit le divorce et mit l'absence au nombre des causes qui pouvaient le faire prononcer : cinq ans d'absence suffisaient.

Relativement aux intérêts actifs et passifs, laissés par l'absent, au jour de sa disparition, nous trouvons, si nous suivons l'ordre des dates, diverses lois qui sont encore plus ou moins en vigueur. C'est d'abord un décret des 16-24 août 1790 sur l'organisation judiciaire et relatif à la nomination d'un tuteur aux absents (tit. 3, art. 11); puis des lois des 11 février et 6 octobre 1791, concernant la représentation des absents par des notaires, s'il y a lieu de faire des inventaires, comptes, partages et liquidations, dans lesquels des absents soient intéressés ; et une loi du 29 septembre 1791, concernant la récolte des cultivateurs absents, non présents ou malades.

Au milieu de décrets d'ordres divers, sans intérêt aujourd'hui, il en est un de la Convention nationale, des 20-25 mars 1793, qui défend de payer aucunes sommes de deniers sur des jugements rendus par défaut contre des absents ou émigrés. Un arrêté du Directoire exécutif, du 22 prairial an V, enjoint, dans un intérêt d'ordre public, à l'agent municipal dans chaque commune où ne réside pas un juge de paix, de donner avis, sans délai, au juge de paix du canton, de la mort de toute personne qui laisse pour héritiers des pupilles, des mineurs ou des absents. Cet arrêté est encore en vigueur ; mais il paraît qu'on le laisse, à tort, tomber peu à peu en désuétude.

Nous ne voyons plus, dans la période révolutionnaire, d'autre loi importante que celle du 11 brumaire an VII sur le régime hypothécaire, qui, dans son art. 21-2°, établissait une hypothèque légale, au profit des absents, contre leurs curateurs, pour raison de leur gestion; et dans son art. 22, rendait solidairement responsables de cette hypothèque les parents ou amis qui avaient concouru à la nomination du curateur. Il est à peine besoin d'ajouter que le Code ne reconnaît plus aujourd'hui d'hypothèque légale sur les biens des curateurs aux absents.

III. CODE NAPOLÉON

DES EFFETS DE L'ABSENCE RELATIVEMENT AUX BIENS

—

PRÉAMBULE

Les expressions *absence*, *absent*, ont dans le droit une signification différente de la langue usuelle. Là on est absent quand on n'est pas dans un lieu déterminé, quand on est non-présent; en droit, l'absent est celui dont l'existence est devenue incertaine. Le législateur n'a pas toujours maintenu sous ce rapport sa phraséologie très-exacte et il a quelquefois confondu l'absent avec le non-présent, bien qu'il y ait dans leur situation de notables différences. C'est de l'absent proprement dit que nous nous occupons ici : une personne a disparu de son domicile, sans qu'on sache ce qu'elle est devenue; on n'a point reçu de ses nouvelles. Est-elle morte? vit-elle encore? Nul ne le sait : ce doute, c'est l'absence!

On comprend que l'incertitude de sa vie augmente à mesure que le temps s'écoule depuis la disparition de l'absent, et que le caractère de la protection que lui accorde la loi doive aller en se modifiant : de là, on a imaginé trois degrés dans l'incertitude de la vie et divisé l'absence en trois périodes correspondantes :

1° La présomption d'absence ;

2° La déclaration d'absence et l'envoi en possession provisoire des biens de l'absent au profit de ses héritiers ou autres ayants droit ;

3° L'envoi en possession définitif.

Mais cette distinction, il faut bien le remarquer, n'est pleinement applicable qu'aux effets de l'absence envisagés quant au règlement des droits appartenant à l'absent lors de sa disparition ou de ses dernières nouvelles. Relativement aux droits qui lui compètent depuis sa disparition, elle n'est d'aucune application : en tant qu'il s'agit de ces droits, il n'y a qu'une règle, c'est que, l'existence de l'absent étant incertaine, il ne peut pas les exercer et qu'ils sont provisoirement attribués, non pas à ses héritiers présomptifs, mais à ceux qui les acquerraient définitivement, si l'absent était réellement mort quand ces droits se sont ouverts.

On a aussi coutume de dire que dans la première des périodes que nous avons indiquées, la présomption de vie domine : que dans la deuxième la présomption de mort commence à prendre le dessus, pour l'emporter enfin et triompher définitivement dans la troisième période. Cela n'est encore exact que des droits qui appartenaient déjà à l'absent lors de sa disparition et ne doit pas être généralisé. Quant aux droits éventuels qui s'ouvrent au profit de l'absent depuis sa disparition, il est plus juste de dire que c'est la présomption de mort qui domine dès les premiers jours ; et ne voyons-nous pas, relativement au mariage, que la présomption de vie dure à l'infini, puisque l'absence, si prolongée qu'elle soit, ne peut jamais le dissoudre? Le plus sûr est donc de ne pas exprimer à cet égard de proposition absolue et de reconnaître, avec M. Demolombe, que la présomption de vie et la présomption de mort obtiennent tour à tour l'une sur l'autre des avantages partiels, mais que ni l'une ni l'autre ne règnent jamais sur tous les points absolument et sans partage (*Cours de Code Napoléon*, II, n° 11).

Ces observations nous conduisent à une première grande division de notre travail en deux parties :

Dans la première, nous examinerons les effets de l'absence, quant aux biens qui appartenaient déjà à l'absent lors de sa disparition ou de ses dernières nouvelles ;

Dans la seconde, quant aux droits éventuels qui peuvent ensuite s'ouvrir à son profit.

PREMIÈRE PARTIE

DES EFFETS DE L'ABSENCE RELATIVEMENT AUX BIENS QUE L'ABSENT POSSÉDAIT AU JOUR DE SA DISPARITION

Rappelons brièvement ce qui a précédé la déclaration d'absence. D'abord il y a eu la *présomption d'absence*. Cette période commence à la disparition de l'absent ou quand le défaut de nouvelles fait douter de son existence, et dure jusqu'à la déclaration d'absence, à moins qu'elle n'ait préalablement cessé par le retour de l'absent ou la constatation de son existence ou de son décès. Comme à ce moment le retour de l'absent est encore présumable, ses intérêts doivent être le but principal de la sollicitude du législateur, qui charge la justice de pourvoir à l'administration de ses biens, mais seulement lorsqu'il y a nécessité et lorsque les parties intéressées le demandent (art. 112). Quand il s'est écoulé un temps assez long pour balancer la présomption de vie et la présomption de mort, les intérêts de l'absent et ceux des personnes qui ont à exercer des droits subordonnés à son décès reçoivent une égale protection. Il y a lieu alors à ce qu'on appelle l'*envoi en possession provisoire*. Mais auparavant il faut faire déclarer l'absence, et c'est le tribunal du domicile du présumé absent qui est chargé de ce soin après un délai de cinq ans dequis la disparition ou les dernières nouvelles, si l'absent n'avait pas laissé de procuration, et après onze ans dans l'hypothèse contraire. Nous n'avons pas à rechercher ici quelles formalités doivent être remplies pour arriver à ce jugement déclaratif, ni quelles personnes ont qualité pour le poursuivre, disons seulement que les rédacteurs du Code Napoléon, innovant en cela, ont pris toutes les mesures nécessaires pour faire parvenir la demande en déclaration d'absence à la connaissance de l'absent : une enquête est faite dans l'arrondissement de la résidence, s'il est distinct de celui du domicile ; le jugement qui l'ordonne est envoyé au ministre de la justice qui lui donne une grande publicité ; un intervalle d'un an doit séparer le jugement ordonnant l'enquête du jugement définitif ; enfin, ce dernier reçoit également la publicité du *Journal officiel*. Le présumé absent est ainsi averti de la situation fâcheuse dans laquelle il se trouve placé, et il lui est donné tout moyen de prévenir ou de faire cesser au plus tôt un état de choses menaçant pour ses intérêts.

CHAPITRE PREMIER

ENVOI EN POSSESSION ET ADMINISTRATION LÉGALE

SECTION I. — ENVOI EN POSSESSION PROVISOIRE

La présomption du décès ayant acquis déjà beaucoup de gravité, il est juste de ne pas paralyser plus longtemps l'exercice, du moins provisoire, des droits subordonnés à cette condition. Aussi l'absence une fois déclarée, nous assistons à une sorte d'ouverture de la succession de l'absent. Tous les droits que le décès prouvé ouvrirait d'une façon définitive sur les biens lui appartenant lors de ses dernières nouvelles, l'absence déclarée les ouvre provisoirement; néanmoins, nous verrons dans un certain cas la loi permettre au conjoint de l'absent de prévenir l'envoi provisoire en concentrant dans sa main l'administration de tous les biens : c'est ce que nous avons appelé *l'administration légale*. L'envoi en possession garantit jusqu'à un certain point l'intérêt de l'absent comme il garantit l'intérêt général de la société : car personne ne peut présenter plus de garanties d'une bonne et sage administration, que ceux-là mêmes qui sont appelés à conserver les biens, si l'absent ne reparaît pas, et qui facilement s'imagineront administrer leur propre chose. Sans doute il est regrettable de morceler ainsi son patrimoine, de l'éparpiller dans un grand nombre de mains différentes, mais il ne faut pas perdre de vue que l'envoi provisoire n'a pas pour but unique de sauvegarder les intérêts de la personne disparue : il a aussi pour but de donner satisfaction à l'attente légitime de ceux qui ont sur les biens de l'absent des droits dont l'exercice est subordonné à la condition de son décès.

Nous subdiviserons cette section en cinq paragraphes, et nous rechercherons successivement :

§ 1. Par qui peut être demandé l'envoi en possession provisoire;

§ 2. Suivant quelles formes;

§ 3. Quels biens il comprend;

§ 4. Quels en sont les effets;

§ 5. Comment il prend fin.

§ 1er. *Qui peut demander l'envoi en possession provisoire des biens de l'absent?*

Le droit de demander l'envoi provisoire appartient en première ligne aux héritiers présomptifs de l'absent. Cela résulte de l'art. 120 : « Dans les cas où l'absent n'aurait point laissé de procuration pour l'administration de ses biens, ses héritiers présomptifs au jour de sa disparition ou de ses dernières nouvelles, pourront, en vertu du jugement définitif qui aura déclaré l'absence, se faire envoyer en possession provisoire des biens, etc..., » et 123 : « Lorsque les héritiers présomptifs auront obtenu l'envoi provisoire, le testament, s'il en existe un, sera ouvert, etc... » Cela est d'ailleurs conforme aux principes. Il était raisonnable, dit M. Demolombe (II, n° 74), de pourvoir avant tout à l'administration générale du patrimoine et d'y préparer des représentants qui seraient ensuite les contradicteurs légitimes de toutes les prétentions particulières; or, ce rôle et ce droit appartenaient nécessairement aux héritiers.

Il semblerait pourtant résulter de l'art. 120, que les héritiers présomptifs n'ont droit à cet envoi en possession provisoire qu'autant que l'absent n'a point laissé de procuration pour l'administration de ses biens. Mais la première phrase de l'art. 120 n'a pas cette signification : l'historique de sa rédaction nous le montre suffisamment. Dans le projet de Code, l'existence d'une procuration devait avoir pour effet de retarder, non point la déclaration d'absence, mais l'envoi en possession provisoire; de sorte qu'un individu ayant disparu, son absence pouvait être déclarée au bout de cinq ans, sans qu'on eût jamais à examiner s'il avait ou non laissé un procureur fondé; l'influence de la procuration était reportée sur l'envoi en possession qui, à défaut de procuration, pouvait être immédiatement prononcé, et, dans le cas contraire, ne devait l'être que quelques années après. C'est dans cet esprit qu'avaient été rédigés les articles 115 et 120. Dans la discussion de l'art. 121, ce système fut abandonné et on admit que l'existence de la procuration influerait sur la déclaration d'absence elle-même, de manière que, à quelque époque qu'elle eût lieu, elle donnât toujours ouverture au droit à l'envoi en possession provisoire. Ce changement de la doctrine devait amener la modification de notre art. 120 et le retranchement de son premier membre de phrase; mais, par oubli, le législateur ne rectifia rien et laissa cette rédaction vicieuse que nous devions signaler.

Ce droit à l'envoi en possession est accordé aux héritiers présomptifs *au jour de la disparition ou des dernières nouvelles*. Il semblerait peut-être plus équitable de l'attribuer aux héritiers présomptifs du jour de la déclaration d'absence ; car, à moins de circonstances extraordinaires, il n'est pas possible que l'absent ait péri le jour même de son départ. Cela avait frappé nos vieux jurisconsultes, et nous avons vu que cette proposition était vivement controversée dans l'ancien droit. Pothier avait admis successivement l'une et l'autre opinion. Les rédacteurs du Code Napoléon, en tranchant la question, ont voulu couper court à toutes les contestations auxquelles donneraient lieu l'incertitude sur l'époque du décès et la résistance assez naturelle des héritiers du jour de la disparition, à reconnaître pour héritiers ceux qui ne se trouveraient tels qu'au moment de l'envoi. Une chose au moins est certaine, le jour de la disparition ; et entre deux systèmes pouvant chacun produire des conséquences parfois injustes, ils ont préféré celui qui ne permettait pas de contestation et déterminait d'une façon moins arbitraire la vocation des héritiers. D'ailleurs, par rapport à la société, comme le disait Pothier, c'est à peu près la même chose qu'un homme n'existe point ou qu'on n'ait aucune connaissance de son existence. Ainsi donc, c'est au moment où l'absent a donné le dernier signe de vie qu'il faut se placer pour reconnaître quels sont, parmi ses parents, ceux au profit desquels sa succession s'est provisoirement ouverte, et qui, par suite, ont droit à l'envoi provisoire de ses biens ; et si ces héritiers présomptifs meurent avant que l'absence ait été déclarée, le droit d'obtenir l'envoi provisoire passe à leurs propres héritiers ou autres ayants cause, parce que ce droit de succession provisoire s'est ouvert en leur personne dès l'instant de la disparition ou des dernières nouvelles de l'absent, sous la condition suspensive de la déclaration d'absence, et qu'un droit, quoique conditionnel, est transmissible aux héritiers de la personne qui en est investie (art. 1179).

Mais ces héritiers ne sont pas saisis de plein droit, comme au cas d'une succession ouverte par le décès, et ils doivent, d'après l'art. 120, se faire envoyer en possession. Dans cette attribution, on suit naturellement l'ordre réglé au titre des Successions. Qu'arriverait-il pourtant si les héritiers les plus proches en degré restaient inactifs? Leur inaction aurait-elle pour effet de faire déclarer non recevables d'autres parents qui demanderaient l'envoi en possession, par le motif qu'ils ne seraient pas les héritiers présomptifs au jour de la disparition ou des dernières nouvelles? Nous ne le croyons pas. Rien ne force les héritiers présomptifs de se faire envoyer en possession. S'ils n'y voient aucun avantage pécuniaire, en compensation des embarras d'une lourde administration et d'une grave responsabilité, qu'ils s'abstiennent; leur intérêt sera le plus souvent le guide de leur conduite : mais on ne comprendrait pas que leur refus paralysât les droits de ceux que la loi appelle après eux. Objectera-t-on que leur inaction peut provenir de l'ignorance où ils ont été de la déclaration d'absence? Mais ils sont suffisamment avertis par la publicité considérable qui a précédé le jugement déclaratif. Tous les intérêts demandent d'ailleurs que ces héritiers du second degré soient envoyés en possession, si tel est leur désir, pour assurer la bonne administration du patrimoine de l'absent : c'est l'intérêt de la société, l'intérêt de l'absent; c'est aussi l'intérêt de ces héritiers qui, s'ils ne sont pas les plus proches aujourd'hui, pourront le devenir demain et l'être précisément au jour reconnu pour être le jour exact du décès de l'absent. Au reste, l'héritier le plus éloigné fera bien d'interpeller le parent le plus proche, sur le point de savoir s'il entend demander l'envoi en possession; autrement sa situation serait précaire et dépendrait absolument du caprice de l'héritier plus proche. Celui-ci, en effet, n'a pas, par son inaction, renoncé à la faculté que la loi lui accordait par préférence ; il peut revenir sur son abstention et reprendre la possession des biens à celui qui l'a indûment obtenue. Or, l'interpellation protégera l'héritier éloigné contre cette fâcheuse éventualité. Bien entendu, pour le dépouiller, il faudrait aussi que l'héritier le plus proche intentât son action avant qu'il se fût accompli trente ans depuis la déclaration d'absence : car tout droit relatif à un intérêt pécuniaire tombe sous la prescription, à moins que la loi ne l'ait déclaré imprescriptible; or, rien ne soustrait à la règle générale de l'art. 2262 le droit de demander l'envoi en possession des biens d'un absent (Grenoble, 24 avril 1850, Dev., 51. 2. 93).

A défaut d'héritiers légitimes, les successeurs irréguliers peuvent demander l'envoi en possession, et c'est ici qu'il faut noter la disposition de l'art. 140, qui accorde ce droit au conjoint survivant dans le cas où l'absent n'aurait pas laissé de parents habiles à lui succéder. Cet art. 140 était parfaitement inutile : car il n'est qu'une application de détail du principe posé par l'art. 120, et résulte d'une manière évidente de la combinaison de cet art. 120 avec l'art. 767. Cet art. 767 nous prouve, du reste, que parmi les parents habiles à succéder, dont parle notre art. 140, il faut comprendre les enfants naturels du défunt, puisqu'ils sont appelés avant son conjoint à recueillir sa succession.

Concurremment avec les héritiers présomptifs ou les successeurs irréguliers, les légataires, les donataires et généralement tous ceux ayant des droits subordonnés à la condition du décès de l'absent, sont admis à se faire envoyer en possession provisoire des biens dont ils auraient la propriété définitive, si l'absent était réellement décédé. « Lorsque les héritiers présomptifs auront obtenu l'envoi en possession provisoire, dit l'art. 123, le testament, s'il en existe un, sera ouvert à la réquisition des parties intéressées, ou du procureur de la République près le tribunal, et les légataires, donataires, ainsi que tous ceux ayant sur les biens de l'absent des droits subordonnés à la condition de son décès, pourront les exercer provisoirement, à la charge de donner caution. »

Ces tiers intéressés seront un donataire par contrat de mariage de tout ou partie des biens que le donateur absent laissera à son décès ; l'appelé à une substitution permise dont l'absent serait grevé ; l'ascendant donateur, dans le cas de l'art. 747 C. N. ; le donateur avec stipulation de retour en cas de décès du donataire ; le nu-propriétaire d'un bien dont l'absent aurait l'usufruit ; l'État, quand il n'y aurait pas de parents ni de conjoint survivant ; le créancier, qui a fait une stipulation dont l'effet ou l'exécution est subordonnée au décès de l'absent, ce qui sera rare, mais ce qui peut se présenter, par exemple, si le créancier avait stipulé de l'absent qu'à sa mort ses héritiers lui payeraient une somme d'argent.

Mais tous ces intéressés doivent-ils attendre pour agir, comme cela semble résulter de l'art. 123, que les héritiers présomptifs aient fait déclarer l'absence et demandé l'envoi en possession provisoire? En d'autres termes, cet envoi en possession des héritiers est-il une formalité préalable et indispensable à l'exercice des autres droits subordonnés au décès de l'absent? Toullier l'a prétendu, et il fondait son opinion sur les termes mêmes de l'art. 123 et la discussion à laquelle avait donné lieu sa rédaction. Cet article était rédigé dans le projet comme il l'est encore aujourd'hui; le Tribunat proposa d'en modifier les termes par le motif que, l'envoi en possession étant purement facultatif pour les héritiers présomptifs, l'exercice des autres droits subordonnés à la condition du décès de l'absent pouvait ne jamais avoir lieu. On ne peut renvoyer, observait-il, l'exercice d'un droit existant à l'époque d'un fait qui peut ne jamais arriver; et il demandait la nomination d'un curateur *ad hoc* contre lequel l'absence une fois déclarée, tous les intéressés dirigeraient leur action (Fenet, t. 8, p. 432). Ces observations, une première fois rejetées, furent renouvelées lors de la présentation officielle au Tribunat, et sans plus de succès. En ne les accueillant pas, prétend Toullier, les rédacteurs ont donc parfaitement montré que, dans leur esprit, la déclaration d'absence et l'envoi en possession provisoire devaient nécessairement précéder l'ouverture des droits subordonnés dans leur exercice au décès de l'absent (*Cours de Dr. franç.*, t. I, n° 435).

Quelque force que donnent à cette opinion le texte de notre art. 123 et l'historique de sa rédaction, nous ne pensons pas qu'elle doive être admise, et nous nous refusons à croire que le maintien de la première rédaction de l'art. 123 ait la signification qu'on lui prête. Pour nous, le Conseil d'État n'a fait que statuer sur le *plerumque fit;* il a supposé le cas le plus ordinaire, celui où les héritiers présomptifs prenant l'initiative comme étant les plus intéressés, feraient déclarer l'absence et obtiendraient l'envoi en possession provisoire; mais en prévoyant spécialement cette hypothèse, en traçant la marche la plus habituelle, la loi n'a pas voulu l'imposer comme règle générale et obligatoire. Peut-être aussi, en maintenant leur rédaction première malgré les observations du Tribunat, les rédacteurs du Code Napoléon ont-ils voulu accorder un certain privilége aux héritiers présomptifs dont les prétentions sont moins précaires que celles des héritiers testamentaires qui peuvent voir un jour ou l'autre leur titre révoqué; cette idée semble même avoir été émise par le tribun Leroy, dans son rapport au Tribunat. Alors la loi n'appellerait l'héritier présomptif en premier rang à la possession des biens de l'absent que pour l'en saisir et en faire le contradicteur légitime de toutes les prétentions qui peuvent naître sur ses biens; mais là s'arrêterait son privilége, et si cet héritier restait inactif, comme le but de la loi est de remettre les biens à ceux qui en sont les propriétaires présumés, ce serait remplir ses intentions qu'admettre tous les intéressés à demander la déclaration d'absence et l'envoi en possession des biens qui doivent leur revenir. Quoi qu'il en soit, quand un texte plus ou moins clair se trouve en opposition avec les principes qui dominent toutes les lois de la matière, il faut se bien garder d'adopter ce texte aveuglément, avant d'avoir examiné s'il doit l'emporter sur le principe général. Or, le principe général est ici l'intérêt de l'absent. L'envoi en possession ayant été décrété, dit Proudhon, pour l'avantage de l'absent lui-même, afin que ses biens ne dépérissent pas par un abandon trop prolongé, on ne doit pas accorder à son héritier présomptif la faculté de paralyser arbitrairement cette protection de la loi pour nuire aux intérêts du légataire universel (*Cours de Dr. franç.;* t. I, ch. 20, sect. 3, § 6). Si l'héritier se trouvait posséder de fait les biens de l'absent, la crainte de les perdre pourrait l'empêcher de demander l'envoi en possession provisoire, les droits des autres intéressés seraient donc à la merci de cet héritier, qui, sachant que ces biens lui échapperont tôt ou tard, les administrerait, suivant l'énergique expression de Merlin, comme un conquérant administre un pays conquis, ou bien chercherait à se maintenir en possession pour arriver à la prescription par cette possession prolongée. Le législateur n'a pu avoir la pensée d'admettre un système qui tournerait ainsi ou contre les intérêts ou contre la volonté du propriétaire absent : et comme la protection de l'absent est la seule boussole en cette partie, dit encore Merlin, il faut donc reconnaître que, dans les circonstances rares où sa disposition tournerait contre l'intérêt de l'absent, — et nous sommes précisément dans ce cas-là, — la lettre de la loi doit être nécessairement suppléée par son esprit (*Rép. de Jur.*, t. I, p. 153).

D'ailleurs, chacun des divers droits subordonnés

au décès de l'absent existe par lui-même, indépendamment du droit des héritiers; et de même qu'en cas de décès le refus d'accepter la succession ou même la renonciation des héritiers légitimes ne saurait arrêter l'exercice des autres droits que le décès a ouverts; de même, le bon ou le mauvais vouloir des héritiers ne saurait avoir d'influence dans notre hypothèse, qui n'est autre chose qu'une sorte d'ouverture provisoire de la succession.

Le législateur l'a si bien compris que, postérieurement au Code, dans la loi du 13 janvier 1817, sur les militaires absents, supposant le cas où les héritiers présomptifs s'abstiendraient, faute d'intérêt, de se faire envoyer en possession, il veut que leur abstention ne porte aucun préjudice aux créanciers de l'absent ou autres personnes intéressées et donne à ceux-ci le droit de poursuivre la déclaration d'absence après avoir mis les autres en demeure (article 11). L'esprit de cet art. 11 doit donc nous guider dans l'interprétation de notre art. 123; aussi bien cet art. 123 ne doit pas être non plus isolé de l'art. 115. Or, celui-ci accorde le droit de demander la déclaration d'absence aux parties intéressées, et cette désignation générale comprend non pas seulement les héritiers présomptifs, mais encore les légataires, les donataires et toutes les autres personnes ayant un intérêt né et actuel qu'elles peuvent facilement établir. Qu'arriverait-il donc si l'on s'en tenait au texte même, à la lettre de l'art. 123? Cet article porte que « lorsque les héritiers présomptifs auront obtenu l'envoi....., le testament, s'il en excite un, sera ouvert.....; et les légataires, donataires, etc., pourront les (leurs droits) exercer provisoirement..... » : les légataires, donataires ou autres ne pourraient donc exercer leurs droits que lorsque les héritiers auraient obtenu l'envoi, qu'après que le testament aurait été ouvert? car le texte ne distingue pas et il semble assimiler aux légataires tous les autres intéressés. Or, il est évident que telle n'est pas l'idée du législateur; l'ouverture du testament n'est pas nécessaire assurément pour qu'un nu-propriétaire, par exemple, reprenne l'usufruit dont jouissait l'absent. Cela démontre donc davantage que ce n'est pas à la tournure de phrase de l'article qu'il faut s'arrêter, mais qu'il faut interroger l'esprit de la loi tel qu'il résulte de l'ensemble des articles (Valette sur Proud., t. I, p. 269; Duverger à son cours; Demo., II, n° 75, etc.).

Au reste, les deux opinions contradictoires se rencontrent en un point capital, puisqu'elles peuvent l'une et l'autre aboutir au même résultat. Même en admettant le système de Toullier, il est en effet un moyen d'arriver à remplir la condition, réputée nécessaire, de l'envoi en possession : c'est d'interpeller les héritiers et de les mettre en cause au besoin, pour qu'ils aient à demander cet envoi : s'ils refusent, la condition devra quand même être réputée accomplie, puisqu'elle n'aura manqué que par la faute de ceux qui étaient obligés de l'accomplir (art. 1178), *In jure civili receptum est*, disait déjà Ulpien, *quoties per eum cujus interest conditionem non impleri, fiat quominus impleatur, perinde haberi ac si conditio impleta fuisset*(loi 161, Dig. L, 17,). Dans ce cas, le tribunal ferait ce qu'avait jadis inutilement proposé le Tribunat: il nommerait un curateur pour délivrer aux divers ayants droit les biens en possession desquels ils doivent être envoyés.

Les légataires, qui sont au nombre des intéressés que l'art. 115 admet à poursuivre la déclaration d'absence, peuvent donc agir alors même que les héritiers persistent dans leur inaction ; mais on ne peut agir qu'en prouvant son droit. Or le droit des légataires ne peut être établi que par l'ouverture du testament et précisément la déclaration d'absence doit précéder cette ouverture : il y a là comme un cercle vicieux dans lequel semblent tourner les légataires au grand détriment de leurs intérêts. Il est un cas pourtant qui ne présentera pas de difficulté et où ils justifieront facilemeut de leur qualité : c'est quand ils présenteront un testament non scellé ou cacheté qui les institue légataires; mais *quid* si le testament est fermé? Après une mise en demeure, restée infructueuse, des héritiers présomptifs, nous pensons qu'il faudra autoriser tous ceux qui auront de justes raisons de se croire légataires de s'adresser au procureur de la République, avant la déclaration d'absence et précisément afin de la provoquer, pour que ce magistrat requière l'ouverture du testament; le procureur de la République, mandataire de la société et spécialement chargé par l'art. 114 de veiller aux intérêts de l'absent, ne saurait se refuser à un acte qui intéresse également la société et l'absent. Ne peut-on au surplus soutenir qu'en fixant une date pour l'ouverture du testament, l'article 123 renferme une disposition plutôt énontiative que restrictive? là encore il statue *de eo quod plerumque fit;* et du moment qu'on admet les légataires au nombre des parties intéressées de l'art. 115, il faut de toute nécessité leur accorder le moyen d'exercer le droit qui leur est conféré. Alors une fois leur droit reconnu et l'absence déclarée, ils se feront envoyer en possession des biens qui leur reviennent soit par les héritiers présomptifs, soit par le curateur aux biens de l'absent qui sera nommé par le tribunal; toutefois, comme il s'agit là du règlement, quoique provisoire, de la succession de l'absent, nous appliquerons également à titre provisoire les dispositions relatives aux testaments et aux successions, et les légataires qui, aux termes des articles 1006 et 1008, auraient la saisine, seront dispensés de toute mise en demeure des héritiers et pourront se faire envoyer directement en possession des biens qu'ils sont destinés à recueillir.

En autorisant ainsi plus ou moins explicitement l'ouverture du testament de l'absent après la déclaration d'absence, le Code fait une innovation qui, quoique se justifiant par de hautes considérations, n'en a pas moins quelque chose qui froisse et blesse les sentiments. La loi romaine portait la sévérité jusqu'à punir de la peine des faussaires quiconque se permettait de procéder à l'ouverture du testament d'une personne vivante : et c'est seulement dans les circonstances les plus graves qu'elle permettait au magistrat de l'ouvrir, s'il y avait doute sur l'existence du testateur. Notre loi civile est plus radicale et dans tous les cas, le testament doit être ouvert après l'envoi provisoire : de sorte que, sans respect des conventions sociales, sans respect de ses volontés dernières, un citoyen, dit M. de Plasman (*Traité de l'absence*, tome I, p. 144); un citoyen, absent depuis seulement peu d'années, peut voir, à son retour, le testament, où se trouve renfermée la pensée la plus secrète de son cœur, découvert, publié et même exécuté! Dominés par des idées de conservation et des espérances d'immutabilité dans l'attribution des biens, les rédacteurs du Code Napoléon ont ainsi subordonné une pensée de haute moralité à une question d'administration.

On s'est demandé si les héritiers présomptifs de l'absent envoyés en possession provisoire, pouvaient exercer le retrait successoral, dans les termes de l'art. 841, contre le cessionnaire de l'un de leurs cohéritiers. Pour la négative, on a prétendu que le retrait successoral était une disposition exceptionnelle que la loi n'avait admise qu'au cas où la succession s'ouvrait par la mort prouvée du *de cujus* et que l'envoi provisoire n'ouvrant par la succession et faisant des envoyés, non pas des héritiers, mais des dépositaires (art. 125), il n'était pas possible d'appliquer le retrait successoral à une telle situation. On ajoute que la loi n'a pu permettre les actions récursoires qui résulteraient de la connaissance du décès de l'absent à une date postérieure où les héritiers ne seraient plus les mêmes. Ce dernier argument ne nous embarrasse guère : car l'inconvénient qu'il met en évidence existe dans l'un comme dans l'autre système : n'est-il pas évident en effet que, dans l'opinion adverse qui est la nôtre, le cessionnaire, s'il n'avait pas été écarté en vertu du retrait successoral, aurait également un recours contre l'envoyé, son cédant? Sans doute le retrait successoral est chose d'exception, mais qu'est-ce à dire sinon que l'occasion de l'exercer se présentera rarement et que son exercice sera plus rare encore? Du moment que nous admettons que l'envoi en possession des biens de l'absent est une sorte d'ouverture provisoire de sa succession; que les envoyés se trouvent, les uns envers les autres, dans la même position que s'ils étaient cohéritiers, et partant de là, qu'ils peuvent débattre leurs droits respectifs et procéder au partage absolument comme si la succession était réellement ouverte, nous somme forcé d'accorder à ces envoyés le retrait successoral ainsi que tous les autres droits qu'ils auraient si l'absent était mort, mais avec cette différence importante, que tout est présomption et provisoire dans cette succession, tout jusqu'aux droits des successibles. D'ailleurs les motifs qui ont fait admettre le retrait successoral dans les successions ordinaires ne se rencontrent-ils pas dans notre hypothèse? Ici comme là, n'est-il pas bon de garantir les cohéritiers contre la cupidité de ces acheteurs de droits successoraux, dont la présence, féconde en contestations et en difficultés de toutes sortes, est le plus souvent un obstacle à une liquidation facile et de peu de frais ? N'y a-t-il même pas plus d'intérêt à écarter le non-successible des biens d'un absent, qu'à l'écarter du partage d'une succession, puisque, lorsqu'il s'agit d'un absent qui peut reparaître, il est encore plus important de ne pas laisser des étrangers pénétrer dans le secret de ses affaires ? Nous concluons donc que les principes et la raison exigent que l'art. 841 soit appliqué en matière d'absence.

Nous pensons aussi qu'il faut y appliquer l'art. 1166, c'est-à-dire permettre aux créanciers des héritiers présomptifs de l'absent, aux créanciers d'un légataire ou de tout autre ayant droit, de demander l'envoi en possession provisoire, au nom de leur débiteur. Il est vrai qu'on fait à cette opinion de graves objections, et que les auteurs sont loin de s'accorder sur ce point. On dit surtout qu'il s'agit là d'un droit exclusivement attaché à la personne des héritiers ou autres ayants droit ; que c'est un dépôt, un mandat que la loi a confié aux envoyés, au nom de l'absent. Mais c'est là un droit si peu personnel qu'il est transmissible héréditairement et passe de la succession de ceux auxquels il appartient à tous leurs successeurs, quels qu'ils soient, héritiers légitimes ou légataires : pourquoi des créanciers ne pourraient-ils pas également l'exercer? Sans doute c'est un dépôt, mais, il faut bien le remarquer, c'est un dépôt *sui generis*, auquel manquent les caractères essentiels du dépôt ordinaire; ainsi, il n'est pas gratuit, il s'applique aussi bien à des immeubles qu'à des objets mobiliers; et confère enfin à l'envoyé un droit d'administration, et lui fournit un salaire considérable, qui va toujours en augmentant, jusqu'au jour où le dépositaire devient propriétaire des biens à lui confiés, si l'absent ne reparaît pas. Alors, dit-on, c'est un mandat légal et salarié, et l'art. 2003, faisant cesser le mandat par la mort du mandataire prouve bien qu'il s'agit là d'un contrat fait *intuitu personæ*? — Il est évident que l'envoi provisoire est en principe une succession présumée et incertaine qui, si l'absent reparaît, se réduit à un mandat légal ; mais les héritiers du mandataire, eux non plus, ne peuvent continuer l'exécution du mandat, exécution interrompue par la mort de leur auteur, et pourtant personne ne conteste à l'héritier de l'héritier présomptif le droit à l'envoi provisoire : les règles du mandat ne sont donc pas observées ici : pourquoi dès lors distinguer entre les ayants cause des héritiers et refuser aux uns le droit qu'on accorde aux autres? On ajoute : mais ces biens de l'absent vont se trouver morcelés, divisés en autant de mains différentes qu'il y a de créanciers : où sont ces garanties d'une bonne administration que recherche la loi? et quel embarras n'éprouvera pas l'absent pour réunir les lambeaux épars de son patrimoine? D'ailleurs ces biens ne peuvent être aliénés par les envoyés : comment donc admettre qu'avec ce caractère ils puissent servir de gage à ses créanciers? — Aussi ne prétendons-nous pas que les créanciers de l'héritier vont se partager ses biens, au prorata de leur créance : ils n'ont pas en effet le droit de se payer en nature, mais celui de saisir et faire vendre le bien de leur débiteur, et leur débiteur n'étant pas propriétaire, ils ne pourront réclamer plus de droits qu'il n'en a. Ce qui peut profiter aux créanciers, ce qu'ils demanderont, c'est le droit à l'envoi provisoire, c'est-à-dire le droit éventuel à la succession de l'absent et, en attendant, l'attribution des fruits, telle qu'elle est réglée par l'article 127. Mais n'oublions pas que c'est le droit de leur débiteur qu'ils exercent, qu'ils l'exercent ainsi qu'il aurait fait lui-même, et qu'ils devront, exerçant ses droits, remplir ses obligations, c'est-à-dire fournir caution et garantir une bonne administration : pour cela, ils s'adresseront à la justice et feront nommer par le tribunal un curateur qui administrera les biens de l'absent dans l'intérêt commun de tous les ayants droit. Ne voit-on pas que notre système est le seul juste et équitable : autrement, qui empêcherait un débiteur insolvable de colluder avec ceux auxquels il laisserait obtenir, à son exclusion, l'envoi provisoire, afin d'empêcher ses créanciers de se faire payer sur la part de fruits qui devrait lui revenir et même les priver de son droit éventuel à la propriété des biens? Les art. 1166 et 1167 ont précisément pour but de protéger les créanciers contre ce danger (articles 788, 1464).

§ 2. *Suivant quelles formes l'envoi en possession provisoire peut-il être demandé?*

« ..... Les héritiers présomptifs... pourront, dit l'art. 120, en vertu du jugement définitif qui aura déclaré l'absence, se faire envoyer en possession provisoire..... » Il faudra tout d'abord que le tribunal du dernier domicile de l'absent ou celui de sa dernière résidence, si son domicile est inconnu, ait déclaré l'absence par jugement définitif; alors, dans une nouvelle instance dirigée contre le ministère public, les parties intéressées demanderont au même tribunal l'envoi en possession provisoire. A ces fins, elles présenteront requête au président, en établissant la qualité en laquelle elles forment leur demande, avec pièces à l'appui et en y joignant l'expédition du jugement déclaratif d'absence. Le président commettra un juge pour faire son rapport au jour indiqué, et le tribunal prononcera son jugement, le ministère public entendu (art. 120, C. N., 859, 860, C. pr. civ.). Toutefois, s'il existe un conjoint commun en biens, les héritiers présomptifs devront, pour procéder régulièrement, le mettre en cause et faire prononcer contradictoirement avec lui l'envoi en possession, que l'option de ce conjoint pourrait empêcher (art. 124). Le plus ordinairement il y aura ainsi deux jugements successifs et distincts. Mais les intéressés ne pourraient-ils pas dans une même procédure, par un même jugement, obtenir la déclaration d'absence et comme conséquence l'envoi en possession? Oui, sans doute; nous pensons, quoique cela ait été contesté, que rien ne les empêchera de joindre des conclusions secondaires à fin d'envoi provisoire aux conclusions qui précéderont le jugement préparatoire ou définitif sur la déclaration d'absence. C'est là le droit commun et nous ne voyons aucune raison de ne pas l'appliquer. Aucune disposition de loi n'exige non plus d'intervalle entre la déclaration d'absence et l'envoi en possession provisoire. Et décider autrement, ce serait augmenter les frais de procédure sans aucune nécessité.

§ 3. *Quels biens comprend l'envoi en possession.*

Nous avons vu que l'envoi en possession n'est qu'une ouverture provisoire de la succession de l'absent, fondée sur la présomption de son décès ; nous avons vu également que, dès qu'il y avait lieu de présumer la mort de l'absent, c'est au jour de sa disparition ou de ses dernières nouvelles qu'il fallait, dans tous les cas, la faire remonter, de sorte que c'est à ce moment qu'il fallait se reporter pour apprécier les titres des divers prétendants à la succession; qu'il était nécessaire, mais suffisant que leur capacité existât à cette époque, et qu'en les supposant décédés dans l'intervalle des dernières nouvelles au jugement de déclaration d'absence, ils transmettaient, dans leur propre hérédité, à leurs divers successeurs, le droit conditionnel né en leur personne de demander l'envoi en possession.

C'est aussi à ce jour des dernières nouvelles que nous nous reporterons pour savoir quels biens doit comprendre l'envoi en possession. Il comprendra donc tous les droits réels et personnels dont l'absent était alors nanti : et il n'y a pas à distinguer si ces droits sont purs et simples ou conditionnels ; car les droits conditionnels, tout imparfaits qu'ils sont, constituent dès à présent un bien acquis dont on peut disposer, qui figure dans notre patrimoine, et qui, par conséquent, passe avec lui à nos héritiers provisoires ou définitifs. Il faut toutefois excepter les droits dont la nature est telle qu'ils ne peuvent s'ouvrir que si la personne qui a l'espoir de les recueillir a survécu à l'événement qui leur a donné naissance : ainsi, une succession échue à l'absent depuis ses dernières nouvelles, le legs conditionnel à lui fait, ne sont compris dans l'envoi en possession qu'autant que les envoyés établissent que l'absent existait lorsque la succession s'est ouverte, lorsque la condition mise au legs s'est réalisée (art. 136 et 1040). Les envoyés pourraient donc invoquer la possession d'une chose que l'absent aurait commencée. Ils auraient l'exercice des actions en réméré et en rescision que l'absent avait à sa disposition.

Que décider relativement aux actions que les envoyés auraient à exercer contre des tiers? Les envoyés provisoires, par exemple, sont héritiers à réserve ; leur réserve a été entamée : auront-ils l'action en réduction contre les donataires entre-vifs de l'absent, pour faire rentrer les libéralités qui dépassent la quotité disponible? Cette question ne paraît pas avoir fixé l'attention du législateur, qui s'est bien préoccupé des biens qui appartenaient à l'absent lors de son départ ou de ses dernières nouvelles (articles 120, 123), des droits éventuels qui peuvent s'ouvrir à son profit (art. 135, 136) ; mais qui semble avoir oublié les biens qui appartiennent à des tiers sous une condition résolutoire subordonnée à la mort de l'absent; quoiqu'il fût pourtant bien naturel, au moment où on réglementait une sorte d'ouverture provisoire de la succession, de penser à tous les intérêts que cette ouverture allait mettre en jeu. Ce n'est donc qu'indirectement, et en s'inspirant des principes généraux du droit et de l'esprit du législateur en matière d'absence, qu'on peut essayer de résoudre cette question.

Deux systèmes ont été proposés. Le premier accorde aux envoyés provisoires le droit d'intenter leur action contre les tiers et invoque les considérations suivantes : il s'appuie d'abord sur le texte même de l'art. 123, qui donnant, dès la déclaration d'absence, ouverture à tous les droits subordonnés à la condition du décès de l'absent, doit conséquemment ouvrir l'action en réduction, qui a tout à fait ce caractère (art. 1090); il faut remarquer que, l'envoi provisoire tendant à établir un état de choses qui deviendra définitif, si l'absent ne reparaît pas ou ne donne jamais de ses nouvelles, il faut, à ce point de vue encore, accorder l'action en réduction aux héritiers réservataires; que comme on doit accorder cette action un jour ou l'autre, il vaut mieux et il est moins arbitraire de l'accorder au jour de l'envoi provisoire qu'au jour de l'envoi définitif, puisqu'à cette époque, la loi, à part la disposition de l'art. 124, ne fait qu'affermir et consolider la situation établie par l'envoi provisoire, sans ouvrir des droits nouveaux : ce qui résulte notamment de l'identité d'expression des art. 120 et 123 d'une part, et d'autre part de l'art. 129; enfin, dit-on, il y aurait une grande injustice à laisser un donataire entre-vifs tranquillement jouir d'une fortune qu'il tiendrait de l'absent, alors que les enfants mêmes de l'absent seraient, au moment de la déclaration d'absence, dans un état voisin de la misère.

Nous ne partageons pas cette opinion et, avec les partisans du deuxième système, nous refusons aux envoyés l'action en réduction contre les tiers. On nous reproche d'être injustes : mais dans le système adverse, n'y a-t-il pas une fraude à redouter ; ne peut-on craindre le dangereux concert des envoyés et du donateur qui disparaîtrait, afin de faire réduire la libéralité excessive qu'il a faite et dont il se repent ? A quoi d'ailleurs s'appliquent les art. 120 et 123? aux biens de l'absent ; or, les biens donnés par lui sont sortis de son patrimoine et ne peuvent faire partie de l'envoi provisoire. L'esprit de la loi n'est-il pas aussi de faire succéder un système général d'administration des biens à des mesures provisoires et décousues? les biens donnés sont possédés et administrés par leurs propriétaires ; que peut-on désirer de mieux? ils y ont un droit certain et inattaquable, tandis que celui des envoyés est incertain et problématique : c'est une nouvelle raison de préférer et de maintenir les donataires en possession. Sans doute, il pourra arriver que l'action en réduction leur enlève tout ou partie des biens donnés ; mais cela n'aura lieu qu'au décès du donateur, et ce décès n'est nullement prouvé ; la loi le présume bien contre l'absent qui a le tort de disparaître et qui peut par sa présence faire tomber cette présomption défavorable ; mais contre les tiers elle ne présume ni la vie ni la mort, et alors, pouvons-nous dire à nos adversaires : vous, demandeurs contre eux en cette qualité, vous devez, tout au moins jusqu'à l'envoi définitif, prouver le fondement de votre droit, selon la maxime : *Onus incumbit ei qui dicit;* et comme vous ne pouvez fournir cette preuve, abstenez-vous! La caution, la loi ne l'établit qu'en faveur de l'absent; vous l'allez donc établir au profit des donataires? Les fruits de la portion réduite, vous les laisserez aux envoyés, et s'il est prouvé que l'absent vivait encore, vous aurez dépouillé sans justice et sans raison les donataires, pour en faire profiter, à leur préjudice, ceux qui les auront indûment dépossédés!

On objecte que nous tombons dans l'arbitraire en fixant l'ouverture de ces droits au jour de l'envoi définitif! Ce n'est pourtant pas au hasard et par caprice que nous nous arrêtons à cette époque. Dans l'ancien droit, l'absent était en général présumé mort, lorsqu'il s'était écoulé cent ans depuis sa naissance : c'est à ce moment que l'action en réduction était ouverte contre les donataires, ainsi qu'il résulte d'un arrêt du Parlement de Paris, du 13 juillet 1654; or, les rédacteurs du Code Napoléon n'ont certainement pas voulu diminuer les droits des successeurs de l'absent ni leur enlever une action que l'ancien droit leur conférait; et comme c'est la même chose dans notre Code, qu'il se soit écoulé cent ans depuis la naissance de l'absent ou trente ans depuis l'envoi provisoire (art. 129), nous sommes bien fondé d'accorder l'action en réduction aux envoyés à l'époque de l'envoi définitif. D'ailleurs, l'art. 124 nous montre que l'époux commun en biens peut, en optant pour la continuation de la communauté, retarder pendant trente ans l'envoi en possession provisoire, pendant trente ans tenir en échec les droits des envoyés; jusqu'à ce que l'envoi définitif dissolvant la communauté, il est obligé de les laisser s'exercer : or, ces droits sont subordonnés au décès de l'absent, ils s'exercent contre un tiers, contre l'époux survivant ; cela nous permet donc de raisonner *a pari* et à la même époque d'accorder à ces mêmes héritiers de l'absent l'ouverture de leurs droits contre d'autres tiers, contre les donataires entre-vifs de l'absent.

A ceux qui nous reprochent de retarder ainsi de trente ans, au préjudice des héritiers réservataires, l'action en réduction, sacrifiant ainsi leurs droits évidents à l'éventualité improbable du retour de l'absent ; car, dit-on, le retour d'un absent déclaré est presque une résurrection, un miracle ! nous répondons que leur raisonnement est dangereux, qu'il méconnaît le véritable système de la loi qui n'a créé qu'un état de doute et d'incertitude plus ou moins grave seulement eu égard à la durée de l'absence ; et qu'il ne tend rien moins qu'à faire tout de suite de l'envoi provisoire un envoi définitif.

Enfin, quand nous accordons, lors de l'envoi définitif, ce droit de réduction que nous refusions aux envoyés trente ans auparavant, on nous reproche d'être en contradiction avec l'esprit de la loi qui à ce moment ne fait que maintenir et consolider la situation faite par l'envoi en possession provisoire, sans créer de droits nouveaux. Sans doute l'art. 129 emploie les mêmes expressions que les art. 120 et 123 ; il se réfère, lui aussi, *aux biens de l'absent ;* mais, comme le fait remarquer M. Demolombe (II, n° 140), voyez quelle différence sépare l'envoi provisoire de l'envoi définitf ! rien alors, aucune résistance ne peut arrêter l'exercice des droits subordonnés à la condition du décès et l'époux commun en biens est obligé lui-même de se rendre! Pendant l'envoi provisoire, les droits subordonnés au décès n'ont pas assez d'énergie encore pour s'exercer contre des tiers sans la preuve du décès, puisqu'il dépend de l'époux présent de les tenir en échec pendant trente ans, mais après l'envoi définitif, ces sortes de droits pourront s'exercer contre l'époux survivant, contre les tiers : c'est alors qu'il est vrai de dire que la loi veut établir une situation qui devra demeurer définitive, si on n'a pas de nouvelles de l'absent : elle doit donc aussi nous permettre de tout régler définitivement à cette époque, comme si le décès de l'absent était prouvé. De nombreux arrêts ont consacré ce deuxième système : le plus récent est un arrêt de la Cour de cassation, du 23 janvier 1865.

Nous avons jusqu'ici supposé le cas où les héritiers de l'absent voudraient exercer l'action en réduction contre des donataires entre-vifs; mais d'autres hypothèses peuvent se présenter : l'absent a, par exemple, vendu le bien qui lui avait été donné avec stipulation de retour, le bien grevé dans ses mains de substitution, ou même l'usufruit qui lui appartenait sur la chose d'autrui... La situation nous paraît la même que dans le cas précédent et nous refuserons encore l'envoi en possession provisoire des biens donnés, grevés de substitution ou d'usufruit, au donateur, aux appelés et au nu-propriétaire. Si au lieu de les aliéner, l'absent avait seulement hypothéqué ces biens-là, l'envoi en possession aurait lieu : car ces biens appartiennent toujours à l'absent ; mais les hypothèques ne seraient pas résolues pour cela comme en cas de décès prouvé.

Autrement ce serait faire produire à l'envoi provisoire un effet contre les tiers ; ce serait sacrifier à la prétention incertaine des envoyés le droit certain des créanciers hypothécaires. Ceux-ci pourront donc faire vendre les biens ; mais, comme si l'absence se prolonge il serait prouvé rétroactivement que l'absent était mort à l'époque même des dernières nouvelles, les envoyés devront faire leurs réserves et stipuler, dans l'acte d'adjudication, la résolution à leur profit du droit de l'adjudicataire pour le cas où l'on n'aurait aucune nouvelle de l'absent.

Quid juris des fruits produits par les biens de l'absent depuis son départ ou ses dernières nouvelles jusqu'à l'envoi en possession? Pas de difficulté pour ceux provenant des biens qui doivent échoir aux héritiers présomptifs de l'absent ou à ses successeurs universels. Perçus et capitalisés au nom et dans l'intérêt de l'absent, soit par son mandataire, s'il en avait laissé un, soit par l'administrateur nommé par le tribunal, ils sont compris dans l'envoi et passent aux héritiers présomptifs. Mais la question est plus délicate en ce qui concerne les fruits des choses léguées à titre particulier par l'absent, ou données avec clause de retour, ou dont encore il n'avait que l'usufruit : à qui faut-il les attribuer? aux héritiers légitimes ou successeurs universels de l'absent, ou bien au légataire, au donataire, ou au nu-propriétaire? Il nous semble qu'ils doivent être remis aux divers ayants droit envoyés en possession de ces biens, puisque l'effet de la déclaration d'absence est de faire supposer l'absent mort dès le moment du départ ou des dernières nouvelles et que, par conséquent, ce sont eux qui en doivent rester propriétaires, si l'absent ne reparaît pas. Opposerait-on spécialement au légataire l'art. 1014, qui ne lui accorde les fruits de la chose léguée qu'à compter du jour de sa demande en délivrance? Mais cet article n'est applicable qu'au cas de décès, et les considérations qui l'ont fait naître ne se rencontrent pas ici, à savoir : la négligence du demandeur retardataire et l'injustice qu'il y aurait à exposer l'héritier en possession et administrateur des biens légués à restituer des fruits qu'il a peut-être consommés de bonne foi. Dans notre hypothèse, l'héritier n'ayant rien possédé, rien administré, n'a pu gagner les fruits; et de quel droit en priverait-on le légataire qui était dans l'impossibilité de former sa demande en délivrance, parce que peut-être il ne connaissait même pas son titre, et quand au surplus ces fruits lui appartiennent par la double raison qu'ils proviennent de sa chose et que c'est la volonté du testateur?

Mais ces fruits seront-ils donnés aux héritiers présomptifs ou aux divers ayants cause comme fruits, de telle sorte qu'ils en seraient tout à fait maîtres et propriétaires, sauf la légère réduction indiquée par l'art. 127; ou bien leur seront-ils seulement confiés comme capital, des intérêts duquel ils jouiront, avec obligation de rendre ce capital entier, ainsi qu'une fraction des intérêts, si l'absent revient ou que son existence soit prouvée? C'est certainement cette dernière idée qu'il faut prendre. L'art. 127 en effet n'attribue aux envoyés une part des fruits que comme salaire de l'administration confiée à leurs soins; or, jusqu'à la déclaration d'absence ils n'ont rien administré : de telle sorte que si on avait immédiatement des nouvelles de l'absent, ils ne pourraient rien conserver de ces fruits, tandis que sa non-réapparition faisant réputer les possesseurs provisoires propriétaires dès le départ de l'absent, ces fruits leur appartiendraient en entier comme les autres biens. Cela est si bien dans la pensée du législateur qu'il exige que, lors de l'envoi provisoire, il soit fait emploi des fruits échus, ainsi que de la vente du mobilier (art. 126). Si l'absent revenait dans la suite ou qu'on eût de ses nouvelles, les divers ayants droit ne garderaient donc les intérêts de ce capital que dans la proportion déterminée par l'art. 127.

§ 4. *Quels sont les effets de l'envoi en possession provisoire?*

Ces effets peuvent être envisagés à trois points de vue différents :

1° Dans les rapports des envoyés envers l'absent, en cas qu'il reparaisse ou donne de ses nouvelles.

2° Dans les rapports des envoyés entre eux.

3° Dans les rapports des envoyés avec les tiers.

1° *Rapport des envoyés avec l'absent.*

L'absence peut être une présomption de la mort, disait Tronchet, mais la loi n'admet de certitude que sur des preuves (Fenet, 8, p. 373). Aussi en ouvrant provisoirement la succession de l'absent, en appelant les héritiers, légataires et autres intéressés, à se partager ses biens, le législateur n'a pas perdu de vue les intérêts de cet absent ; il a dû penser et il a pensé qu'il pourrait revenir un jour, et comme il était juste de lui rendre alors le patrimoine qui ne lui avait été enlevé que sur une présomption de mort que l'événement est venu démentir, il a cherché tous les moyens propres à lui en assurer le facile recouvrement. Dans cette pensée, il a exigé ou prescrit certaines mesures conservatoires, certaines garanties de restitution, et il a sagement limité les pouvoirs des envoyés; mais comme toute peine mérite salaire et qu'il fallait intéresser les envoyés à bien administrer le patrimoine confié à leurs soins, il leur a donné le droit de retenir une certaine fraction des fruits qu'il produirait. Ces garanties de restitution, cette limitation des pouvoirs des envoyés, cette attribution d'une partie des fruits : ce sont là les trois points que nous allons successivement examiner.

1° *Garanties et mesures conservatoires.*

De ces garanties ou mesures conservatoires, les unes sont obligatoires, les autres laissées à l'appréciation du tribunal ; une dernière mesure est facultative.

Sont obligatoires le cautionnement et l'inventaire.

Tous les envoyés, quels qu'ils soient, même les enfants de l'absent, doivent la caution. C'est en effet le seul moyen d'arriver au résultat que se propose la loi, qui est que l'absent puisse retrouver tous ses biens à son retour (C. d'Agen, 16 avril 1822).

La caution devra précéder l'entrée en jouissance effective des biens de l'absent; elle sera reçue par le tribunal et ce sera au ministère public chargé de veiller aux intérêts des absents, d'examiner si la caution offerte présente les garanties nécessaires. A cet égard on observera les règles écrites dans les art. 517 et suiv. du Code de procédure civile ; et quand le tribunal, sur les conclusions conformes du ministère public, l'aura acceptée, personne ne pourra se prévaloir de son insuffisance ou de son insolvabilité. La personne qui sera présentée comme caution devra d'ailleurs réunir les conditions prescrites par les art. 2018 et 2019 du Code Napoléon.

On a contesté à notre matière l'application de l'article 2041, et, avec une sévérité bien grande, Merlin (*Rép.*, t. XVI, art. 120, n° 5) et de Plasman (t. I, p. 194-5), au cas où les envoyés en possession ne trouveraient pas de caution, ont dit que le jugement demeurerait alors sans effet, et que les choses resteraient, quant à l'administration des biens, dans le même état où elles étaient avant la déclaration d'absence ; mais ces auteurs ne semblent avoir prévu que le cas où il n'y aurait qu'un héritier présomptif, lequel ne pourrait donner caution, et on se demande ce qu'ils décideraient si, de plusieurs héritiers présomptifs un seul ne pouvait fournir cette caution, ou si c'était un légataire ou tout autre ayant droit de l'art. 123? n'appliqueraient-ils cette solution que dans un cas et pas dans l'autre? où puisent-ils le germe d'une pareille distinction ? Dalloz, tout en partageant cette opinion, la corrigeait par un tempérament d'équité, et si la gestion entraînait peu de soins et que l'héritier fût dans le besoin, il autorisait en sa faveur la perception de partie des fruits qui devraient appartenir à l'envoyé en possession ; c'est aussi dans son intérêt que la gestion serait censée avoir lieu (*Dict. rais.*, v° *Abs.*, n° 184). Dalloz, on le voit, remplaçait par de l'arbitraire une excessive sévérité.

Le but que poursuivait le législateur en exigeant caution des envoyés, nous conduit à une autre solution que nous croyons meilleure. Le législateur a évidemment voulu garantir les intérêts de l'absent ; or, à défaut de caution, ces intérêts ne seront-ils pas tout aussi bien garantis par un gage, par une hypothèque : qu'importe le moyen, si le but est rempli ? D'ailleurs, la caution des art. 120 et 129 est une caution légale, et l'art. 2041 fait partie d'un ensemble de dispositions qui s'appliquent à la caution légale : pourquoi en excepter précisément le cas qui nous occupe ? Cela est si bien dans la pensée du législateur que dans la loi du 13 janvier 1817 sur les militaires absents, il autorise justement les envoyés provisoires, qui posséderaient des immeubles suffisants, à se cautionner sur leurs propres biens (art. 9). Quoi ! l'envoi en provision est fait dans l'intérêt évident des envoyés ; et l'on priverait de cet avantage celui d'entre eux qui en aurait le plus besoin ? Nous pensons même qu'on pourrait aller plus loin dans cette voie : et pour le cas où l'envoyé n'aurait à sa disposition ni caution, ni gage, ni hypothèque, nous serions d'avis d'appliquer en sa faveur les art. 602 et 603, c'est-à-dire de donner à ferme ou mettre en séquestre les immeubles de l'absent, vendre les denrées et les meubles se dépérissant par l'usage ; faire emploi du prix de ces ventes et des sommes comprises dans l'envoi ; et dans les intérêts, les prix des fermages, les revenus provenant du séquestre, attribuer à l'envoyé la fraction à laquelle il a droit. Sans doute, c'est en faveur de l'usufruitier qui n'a pas trouvé de caution que les art. 602 et 603 sont édictés ; mais il nous semble que l'envoyé provisoire a aussi et par *a fortiori* le droit de les invoquer, lui qui réclame la succession d'une chose dont il sera plein propriétaire si l'absent ne reparaît pas !

On a aussi contesté cette extension à notre cas des art. 602 et 603. Aussi M. Valette a-t-il cherché et trouvé un moyen ingénieux de trancher la difficulté en restant dans la lettre et dans l'esprit de l'art. 2041. Voici comment il raisonne : une fois l'absence déclarée, les héritiers présomptifs de l'absent ont droit à une portion considérable de fruits et revenus des biens : ce droit leur est acquis dès à présent et ils peuvent certainement en disposer au profit d'un tiers : pourquoi alors ne pas les admettre à l'affecter en nantissement pour la sûreté de leur administration ? En cas de faute ou de malversation, les revenus attribués aux envoyés répondraient du dommage causé. Dans ce système, le tribunal en ordonnant l'envoi, devrait dire d'une part, que les revenus attribués aux envoyés, le prix des baux, les intérêts des capitaux, etc., étant engagés à la garantie de l'absent, devront être versés, non point entre les mains des envoyés, mais à la caisse des consignations, pour être remis à qui de droit ; d'autre part, que le prix provenant du mobilier dont la vente aura été ordonnée (art. 126), ainsi que les sommes qu'auront à payer les débiteurs, devront également être déposés à la caisse, jusqu'à ce qu'il en soit fait emploi, sous la surveillance du ministère public, protecteur légal des intérêts de l'absent (*Rev. prat.*, t. I, p. 141-142).

En même temps que le cautionnement, le Code dans l'art. 126 oblige l'envoyé à faire un inventaire du mobilier et des titres de l'absent. Ce sont là en effet choses faciles à détourner, et il est prudent d'en faire constater l'existence, pour que l'absent ou ses héritiers puissent, le cas échéant, en demander la restitution. Cet inventaire a lieu en présence du procureur de la République ou d'un juge de paix requis par ce magistrat et qui représente l'absent dans cette opération. Le défaut d'accomplissement de cette formalité aurait éventuellement pour résultat d'autoriser les personnes intéressées à faire preuve, même par commune renommée, de la consistance du mobilier non inventorié.

Il est une autre série de mesures conservatoires, qui sont laissées à l'appréciation du tribunal, mais qui, ordonnées par lui, deviennent obligatoires pour les envoyés : nous voulons parler de la vente du mobilier de l'absent et de l'emploi du prix en provenant et des fruits échus.

« Le tribunal, dit l'art. 126, ordonnera, s'il y a lieu, de vendre tout ou partie du mobilier. Dans le cas de vente, il sera fait emploi du prix ainsi que des fruits échus. » Cette règle n'aura rien d'absolu et la décision que prendra le tribunal dépendra toujours des circonstances. Il aura égard à la nature des meubles et à la qualité des envoyés en possession ; il devra s'efforcer de concilier les intérêts souvent opposés de l'absent et des envoyés, mais, autant que possible, il devra assurer à l'absent la conservation de la substance même de sa chose, du fonds, du capital. C'est ainsi qu'il pourra se garder de faire vendre une collection de médailles, une galerie de tableaux, auxquels on doit supposer l'absent fort attaché ; tandis qu'au contraire, il devrait ordonner la vente de denrées, des meubles sujets à dépérissement, dont la conservation serait difficile ou dispendieuse, comme chevaux, voitures, ameublement de luxe... quelque envie qu'auraient les envoyés de les conserver et d'en jouir en nature.

Les meubles non vendus seront estimés. Les envoyés seront quittes en payant à l'absent de retour cette estimation, ou bien en lui restituant lesdits objets dans l'état où ils se trouveront quand naîtra l'obligation de les rendre, pourvu qu'ils ne soient détériorés ni par son dol ni par sa faute (art. 589). Mais seront-ils soumis à une indemnité quelconque pour l'usage qu'ils auront fait de ce mobilier? Oui, sans doute, si la chose est frugifère; sinon, ils n'en devront point : aussi bien l'art. 127 n'oblige-t-il à restituer que des revenus, ce qui ne peut évidemment s'appliquer qu'aux choses frugifères. Les intérêts de l'absent n'en seront pas compromis pour cela; car si l'on suppose que de cet usage il doive résulter pour lui quelque préjudice, quelque dommage, le tribunal n'aura pas manqué, — c'est son droit et ce serait son devoir, — d'ordonner la vente de ces meubles et l'emploi du prix en provenant.

Quelles formes emploiera-t-on pour la vente du mobilier? C'est là encore un point laissé à l'appréciation et à la prudence des magistrats. D'après Locré, la Cour de Paris avait demandé que ce fût en la manière prescrite pour la vente du mobilier des mineurs, c'est-à-dire aux enchères, après affiches; mais cette fixation trop précise de formes pouvant compromettre les intérêts de l'absent, on a laissé toute latitude aux magistrats, qui devront se décider suivant les circonstances, et avoir toujours égard à la nature des choses à vendre, à leur importance et à la qualité des envoyés en possession.

Les envoyés n'auront pas manqué de demander

aux personnes qui auraient géré les biens de l'absent pendant la période de présomption d'absence, compte de leur administration. Ils seront tenus de faire emploi du reliquat de ce compte, ainsi que du prix du mobilier vendu, des fruits échus au moment de leur entrée en possession, et de toutes les sommes capitales qui deviendraient disponibles pendant le cours de leur propre gestion. Cela leur est imposé par l'art. 126; mais de quelle manière, à quelle époque doivent-ils faire cet emploi? La loi n'en dit rien, et nous pensons que c'est encore un point abandonné à la sagesse du tribunal, qui restera souverain appréciateur. Il pourra indiquer qu'il sera fait emploi selon le mode et aux dates indiquées par les articles 1065, 1066 et 1067; mais, dans son silence, ce sera à la prudence des envoyés d'apprécier ce qu'il est convenable de faire. Comme ils donnent caution pour la sûreté de leur administration et qu'ils sont responsables de toute négligence, ils ont intérêt à bien placer ces capitaux : ils pourront à cet effet acquérir des immeubles, des rentes sur l'État, ou placer sur hypothèque; mais, avant tout, ils devront payer les dettes de l'absent et entretenir ses biens en bon état de réparation : c'est là leur première obligation. S'ils laissaient trop longtemps oisifs les capitaux de l'absent, ils seraient en faute, et considérés comme les ayant employés à leur profit, leur responsabilité, sous ce rapport, pourrait se déterminer par les règles du droit commun applicables au mandataire, qui, d'après la nature de son mandat, est tenu de faire emploi des sommes par lui touchées.

Il est enfin une dernière mesure conservatoire, facultative pour les envoyés, qui nous est indiquée par l'article 126, *in fine* : « Ceux qui auront obtenu l'envoi provisoire pourront requérir, pour leur sûreté, qu'il soit procédé, par un expert nommé par le tribunal, à la visite des immeubles. Son rapport sera homologué (c'est-à-dire approuvé par le tribunal) en présence du procureur de la République. » Faute par eux d'avoir pris cette précaution, les envoyés seront présumés avoir reçu les immeubles en bon état. Ils pourront toutefois, lors de la restitution à l'absent, administrer la preuve contraire; mais cette preuve restera à leur charge, puisqu'ils l'auront rendue nécessaire en ne dressant pas, lors de leur entrée en possession, ce procès-verbal que la loi les invitait en quelque sorte à dresser.

L'art. 126 termine en disant que « les frais (de l'état des immeubles) en seront pris sur les biens de l'absent; » mais il néglige de nous dire qui supportera les frais des autres mesures conservatoires prises depuis la déclaration d'absence jusqu'à l'envoi en possession; et, comme toujours, son silence a été diversement interprété. Les uns ont dit avec Merlin : ces frais sont faits dans l'intérêt des envoyés; ils touchent, à titre d'indemnité, une part considérable des fruits : il est donc naturel et juste de les leur faire supporter en totalité (*Rép.*, t. XVI, p. 26). D'autres les partagent par moitié entre l'absent et les envoyés, sous prétexte que les deux parties tirent profit chacune de la déclaration d'absence et de l'envoi provisoire (de Plasman, t. I, p. 217-218). Mais ces décisions amènent ce résultat inique, au cas où l'absent reparaîtrait de suite, de faire supporter aux envoyés, sans indemnité, en totalité ou en partie, les frais nécessairement faits dans un intérêt commun. Cela est en opposition manifeste avec les principes, soit de la tutelle, soit de la gestion d'affaires, soit du mandat, où nous voyons que le tuteur, le gérant d'affaires, le mandataire, ne doivent jamais rien mettre *de suo* (art. 471, 1375, 1999). Un gérant peut très-bien tirer un profit de sa gestion, dit Marcadé, mais il ne doit jamais rien payer pour l'exercer (t. I, n° 408). Aussi nous rangeons-nous à l'avis plus généralement adopté, notamment par M. Demolombe (II, n° 99), Duranton (t. I, n° 476), etc., qui met tous les frais à la charge exclusive de l'absent. Si la loi, en effet, met à sa charge les dépenses occasionnées par la visite des immeubles, mesure purement facultative et uniquement dans l'intérêt des envoyés, à bien plus forte raison devra-t-on leur faire supporter celles faites dans une utilité commune.

2° *Nature du droit des envoyés; limitation de leurs pouvoirs.*

« La possession provisoire, dit l'art. 125, ne sera qu'un dépôt qui donnera à ceux qui l'obtiendront l'administration des biens de l'absent, et qui les rendra comptables envers lui, en cas qu'il reparaisse ou qu'on ait de ses nouvelles. »

Cette assimilation de la possession provisoire au dépôt ne doit pas être prise à la lettre. Comme déjà nous l'avons remarqué, il s'en faut de beaucoup que les caractères du dépôt ordinaire se rencontrent dans notre hypothèse. Le dépôt véritable ne s'applique qu'aux choses mobilières; il est essentiellement gratuit; il n'emporte que l'obligation de garder et restituer en nature la chose qui fait l'objet du dépôt. Au contraire, l'envoi en possession provisoire comprend même des immeubles; il attribue aux envoyés une certaine part dans les fruits et leur donne le droit d'administrer, et conséquemment l'obligation de rendre compte. C'est donc ici un mandat plutôt qu'un dépôt : si le Code a préféré cette dernière appellation, c'est probablement pour indiquer que la possession provisoire est une possession précaire en vertu de laquelle le détenteur ne prescrit jamais.

Faut-il, en ce qui concerne l'appréciation des fautes qui pourront engager la responsabilité personnelle des envoyés, tirer quelque conséquence de l'assimilation de l'envoi provisoire au dépôt, et n'exiger des envoyés dans la garde des biens de l'absent, que les mêmes soins qu'il apporte dans la garde des choses qui lui appartiennent (art. 1927)? Non, certes; car si l'envoi, pas plus que le dépôt véritable, ne constitue un acte forcé, il est, contrairement au dépôt véritable, un acte non gratuit; et, à ce point de vue, il faudrait peut-être traiter les envoyés comme des mandataires salariés, et exiger d'eux les soins d'un père de famille très-diligent; mais on ne doit pas perdre de vue que l'envoi est prononcé dans l'intérêt commun des envoyés et de l'absent : c'est pourquoi il suffira d'exiger d'eux les soins qu'un bon père de famille d'une prudence commune apporte à ses biens personnels. Du reste, on comprend que c'est là surtout une question de fait à décider par les magistrats, qui devront avoir égard aux circonstances de chaque espèce, à la durée plus ou moins longue de l'absence, etc. (Zach., Aub. et Rau., I, p. 604).

Les envoyés ne sont donc pas propriétaires des biens qu'ils possèdent : ce sont des gardiens chargés d'administrer sous l'obligation de rendre compte, mais sous la réserve, à leur profit, d'une forte portion des fruits qu'ils perçoivent. On pourrait les appeler des dépositaires, administrateurs salariés et comptables.

Les actes qu'ils font en qualité d'administrateurs, et dans la limite des pouvoirs que cette qualité comporte, devront être respectés, même par l'absent de retour : ils sont valables *erga omnes*; les actes qui dépassent ces limites, comme les aliénations, les constitutions d'hypothèques, sont bien valables entre les parties desquelles ils émanent, mais ils sont nuls quant à l'absent; de sorte que leur validité ou leur nullité dépend tout à fait de l'avenir. A-t-on des nouvelles de l'absent avant l'envoi en possession définitif, revient-il, ou vient-on à savoir que sa succession s'est ouverte par son décès, à une époque où les envoyés en possession provisoire n'étaient pas ses héritiers présomptifs? Ils n'ont été que des mandataires, des administrateurs des biens d'autrui; en conséquence, tous les actes de disposition qui émanent d'eux sont nuls, à moins pourtant qu'ils n'aient été faits avec l'autorisation préalable du tribunal et avec les formalités voulues. Au contraire, arrive-t-on à l'envoi définitif sans recevoir aucune nouvelle de la personne disparue, les envoyés provisoires étant réputés avoir été personnellement propriétaires du moment même de l'envoi provisoire, tous les actes qu'ils auront passés sont réguliers et valables. Ils étaient en effet propriétaires, sous la condition suspensive que la vie de l'absent resterait au moins incertaine jusqu'à l'envoi en possession définitif, et cette condition se réalisant remonte, quant à ses effets, au jour auquel l'engagement a été contracté, c'est-à-dire au jour de l'envoi provisoire (art. 1179).

Mais quels actes sont d'administration? quels actes de disposition? Là est la difficulté. La loi, il faut bien le dire, n'a pas réglé d'une manière ni bien complète ni bien précise les pouvoirs des envoyés, et il nous faudra le plus souvent résoudre par analogie les nombreuses questions qui vont surgir. Leur administration participe tout à la fois des règles de la tutelle, de la gestion d'affaires et du mandat : c'est donc aux règles de ces diverses gestions que nous devons recourir.

Parcourons les principales hypothèses.

Réparations. — L'administration entraîne, pour les envoyés, l'obligation de faire toutes les réparations dont besoin sera. Mais qui en payera les frais? A cet égard il faut distinguer, d'une part, les réparations locatives, ou menues réparations, et les réparations d'entretien ; et, d'autre part, les grosses réparations. Celles-ci retomberont en entier à la charge de l'absent, s'il reparaît ou donne de ses nouvelles, car ses capitaux lui sont intégralement restitués; celles-là, au contraire, étant une charge des revenus, sont prises sur les fruits et sont conséquemment supportées par l'absent et les envoyés, dans la proportion de la part de fruits qu'ils touchent respectivement, en conformité de l'art. 127. La quantité de fruits à laquelle les envoyés ont droit ne se calculera donc pas ni ne se prendra sur le produit brut des biens de l'absent, mais sur leur revenu net, puisqu'on en aura d'abord déduit ce qu'on peut appeler les revenus passifs, c'est-à-dire les frais d'exploitation, de réparations, les intérêts des capitaux dus, les arrérages des rentes dont l'absent était grevé, l'acquittement des impôts, etc. (art. 548, 608, 610).

Les envoyés se trouveront même supporter, quoique dans une faible proportion, les grosses réparations (art. 606); car, de quelque manière qu'on s'y prenne pour faire face à la dépense, il y aura toujours pour eux diminution de jouissance. Ainsi, qu'on emploie dans ce but des capitaux disponibles de l'absent, qu'on emprunte la somme nécessaire, que les envoyés l'avancent de leurs propres deniers ou que, pour se la procurer, l'on doive vendre une portion des biens de l'absent : les envoyés perdront les intérêts des capitaux dépensés, empruntés ou prêtés, et dans la dernière hypothèse, les fruits de la portion vendue.

Baux. — Les envoyés peuvent bien passer les baux de tous les biens, maisons ou fermes, en se conformant, pour la durée et l'époque des renouvellements, aux règles généralement tracées à ceux qui passent des baux comme administrateurs des biens d'autrui (art. 595, 1429, 1430, 1718). Mais s'ensuit-il qu'un bail de plus de neuf ans ne serait pas obligatoire pour l'absent de retour ou pour ses héritiers, si les envoyés n'étaient pas les parents les plus proches au jour du décès prouvé? Duranton (t. I, p. 490) et Marcadé (t. 1, n° 426) l'ont prétendu; mais nous nous refusons à limiter à ce point les pouvoirs des envoyés, et, si le bail avait été fait de bonne foi, si des motifs légitimes expliquaient sa durée, nous voudrions le voir maintenu. Sans doute l'envoyé est un administrateur, mais c'est plus qu'un administrateur ordinaire; il a quelque raison de se croire propriétaire du patrimoine qu'il gère et il serait dur de lui faire subir la peine de la conviction où il est de la mort de l'absent; est-ce que souvent un long bail ne sera pas un acte d'excellente administration? Nous maintiendrons également les renouvellements qui auraient eu lieu plus de deux ou trois ans avant l'expiration du bail courant : les juges auraient aussi à rechercher s'il y avait de justes motifs à ces renouvellements hâtifs.

Autres actes d'administration. — L'envoyé reçoit les capitaux et donne bonne et valable quittance aux débiteurs de l'absent. S'il lui doit lui-même des sommes exigibles, il est tenu d'en opérer le versement à leur compte; à l'inverse, s'il est son créancier, il peut se payer; il doit même le faire, si sa créance comporte des intérêts onéreux pour l'absent : dans ce cas, il dirigera son action contre un curateur nommé à cet effet (*Anal.*, art. 996, Code pr. civ.). Comme nous l'avons vu précédemment, il place les fonds disponibles, et les risques sont pour lui, si le placement est fait en son nom, car il est censé alors s'être fait l'emprunteur des deniers de l'absent et avoir agi pour son propre compte; tandis que si le placement a été fait par lui, en sa qualité d'envoyé, mais au nom et pour le compte de l'absent, il n'est responsable qu'autant que le tribunal, après examen des faits, déclarerait qu'il doit l'être. Nous verrons qu'il exerce encore, en sa qualité d'administrateur, les actions actives et passives de l'absent (art. 120 et 134) et qu'il a le droit de provoquer seul l'action en partage (art. 817).

Actes de disposition. — « Tous ceux qui ne jouiront qu'en vertu de l'envoi provisoire ne pourront aliéner ni hypothéquer les immeubles de l'absent ». Tel est le principe posé dans l'art. 128. Toutefois, nous croyons que ce principe souffrirait exception au cas où l'aliénation ou l'hypothèque constituerait un acte nécessaire et conservatoire du patrimoine de l'absent. Dans les cas d'utilité absolue, et même s'il ne s'agissait que d'un intérêt évident, nous pensons que la justice pourrait autoriser la vente ou l'hypothèque : elle en déterminerait d'ailleurs les conditions et ne permettrait la vente que suivant les formes prescrites pour l'aliénation des immeubles des mineurs ou des successions vacantes ou bénéficiaires. L'envoyé pourrait sans doute vendre ou hypothéquer en se portant fort pour l'absent, ou comme son gérant d'affaires; mais, outre qu'il pourrait ne pas vouloir engager sa responsabilité personnelle envers les tiers, il est possible que ceux-ci ne veuillent pas courir les chances d'un contrat subordonné à la ratification de l'absent (art. 1120) ou à l'utilité de la gestion (art. 1375). Une prohibition radicale nous paraîtrait donc rigoureuse et servirait mal les intérêts de l'absent. Pourquoi la loi refuserait-elle, dans le cas d'absence, ce qu'elle permet dans des hypothèses analogues, par exemple, lorsqu'il s'agit d'immeubles appartenant à des mineurs (art. 457), ou des immeubles dotaux (art. 1554, 1558, 1559)? Il y a plus : dans la période de présomption d'absence, elle donne au tribunal le pouvoir d'ordonner toutes les mesures qu'il jugera nécessaires, conséquemment l'aliénation et l'hypothèque, et il perdrait ce pouvoir dans la deuxième période, alors que la mort est devenue beaucoup plus probable? Si l'on avait encore des doutes, il suffirait de se reporter à l'art. 2126 ainsi conçu : « Les biens des..... absents, tant que la possession n'en est déférée que provisoirement, ne peuvent être hypothéqués qu'..... en vertu de jugements ». Or, quel peut être le but de ces mots : « en vertu de jugements », si ce n'est de permettre, avec autorisation de justice, l'hypothèque conventionnelle des biens de l'absent? Il est vrai qu'on pourrait objecter que cet art. 2126 ne s'applique qu'à l'hypothèque judiciaire; mais, comme le démontre clairement M. Demolombe, cela ne saurait être : d'abord, parce qu'il était évident que l'hypothèque judiciaire frappe les immeubles de l'absent comme ceux de tous les autres contre lesquels une condamnation est rendue; et cela n'avait pas besoin d'être dit (art. 2123); ensuite, parce que l'art. 2126 se trouve, en effet, placé dans la section relative aux hypothèques conventionnelles. Or, si le tribunal peut autoriser l'hypothèque il est raisonnable que, selon les cas, il puisse autoriser aussi l'aliénation (II, n° 111).

Si maintenant l'envoyé en possession provisoire, en dehors de toute autorisation de justice, et de sa propre autorité, vend ou hypothèque un immeuble de l'absent : cette aliénation ou cette hypothèque sera certainement nulle à l'égard de l'absent; mais quel en sera l'effet *inter partes?* Il faudra distinguer selon que l'envoyé a vendu l'immeuble comme bien d'absent, en sa qualité d'envoyé, ou s'il l'a vendu comme bien lui appartenant. Dans le premier cas, il est réputé avoir cédé à l'acheteur son droit éventuel à la propriété; l'acheteur a pris, quant à la chose vendue, la place de l'envoyé ; il a les mêmes droits et est soumis aux mêmes obligations : c'est en un mot un contrat aléatoire dont chaque partie a volontairement accepté les chances; observons toutefois que l'envoyé pourra être déclaré responsable envers les créanciers de l'absent de la valeur de l'immeuble, et envers l'absent de retour, de la gestion de l'acquéreur qui ne sera en réalité qu'un sous-mandataire de l'art. 1994, l'envoyé n'ayant pu transférer plus de droits qu'il n'en avait lui-même. Si l'envoyé, au contraire, a vendu l'immeuble comme sien : l'acheteur, qui a cru acquérir un droit irrévocable et qui n'a en réalité acquis en échange de son prix qu'un droit éventuel, peut demander la nullité de la vente; il en serait autrement de l'envoyé qui, garant de son propre fait, s'est par là même virtuellement interdit en vendant d'attaquer la vente. *Quem de evictione tenet actio, eumdem agentem repellit exceptio.* Mais il est évident que l'aliénation serait valable, si l'absent l'avait faite pour son propre compte, sous cette condition que l'absent ne revînt pas ou qu'on n'eût pas de ses nouvelles avant l'envoi définitif. Au surplus, l'acquéreur des biens d'absent, vendus par l'envoyé sans autorisation de justice, peut prescrire dans tous les cas par trente ans, par vingt ans s'il était de bonne foi, et même par dix ans, remarque avec raison M. Valette, dans l'hypothèse extraordinaire où l'absent serait demeuré caché par un motif quelconque, et ne serait jamais sorti du ressort de la Cour d'appel, dans l'étendue duquel l'immeuble est situé. (Val. sur Proudh., t. I, p. 346).

L'hypothèque consentie par l'envoyé en possession provisoire sans autorisation de justice, nulle à l'égard de l'absent, est au contraire valable entre le créancier et l'envoyé. Que ce dernier ait ou non déclaré sa qualité : il n'importe; l'art. 2125 subordonnant l'hypothèque au droit de celui qui la consent. Mais le créancier au profit duquel elle existe, peut-il dès à présent saisir l'immeuble et le faire vendre? Nous ne le pensons pas : l'hypothèque n'est pas nulle actuellement, mais elle n'est pas non plus actuellement valable : il est donc nécessaire d'attendre. Que saisirait-il en effet? le droit éventuel de l'envoyé? Mais ce droit, n'étant pas compris parmi les biens qui sont susceptibles d'expropriation forcée (art. 2204), ne peut pas être saisi. Pour que l'envoyé fût exproprié, a-t-on très-justement ajouté, il faudrait donc que la justice elle-même, en prononçant l'adjudication, sanctionnât ainsi l'aliénation que l'envoyé ferait des biens de l'absent : or, il ne paraît pas possible que la justice prête son concours et son autorité à un acte qui dépasse les pouvoirs légaux de l'envoyé.

Nous avons vu que l'art. 128 n'édicte de prohibition de vente que pour les immeubles et ne dit rien des meubles : en faut-il conclure que l'envoyé peut les aliéner seul et sans autorisation? Écartons d'abord du débat certains objets de très-peu de valeur que l'envoyé pourra très-certainement aliéner sans autorisation du tribunal; écartons également les fruits des biens de l'absent et les intérêts de ses capitaux, dont l'art. 127 laisse évidemment la libre disposition à l'envoyé; ajoutons enfin que, quelque parti qu'on prenne dans la question, l'aliénation qu'il aurait faite des meubles corporels de l'absent ne pourra presque jamais être critiquée contre l'acquéreur, parce qu'en vertu de l'art. 2279, celui-ci, s'il est de bonne foi, deviendra évidemment propriétaire, la possession en fait de meubles constituant un titre vis-à-vis des possesseurs de bonne foi. Mais s'il est de mauvaise foi, s'il a su en recevant le meuble qui lui a été livré, que l'aliénateur n'était qu'un envoyé ; ou si étant de bonne foi, c'est une chose incorporelle qu'il a reçue (dans ce cas nous savons que l'art. 2279 ne s'appliquerait pas) : l'absent de retour peut-il demander la nullité de la vente et reprendre la chose vendue? La solution de cette question dépend de celle que nous avons posée : l'envoyé peut-il valablement faire seul et sans autorisation du tribunal des ventes de meubles?

Les partisans de la négative argumentent de l'article 126 et disent : Cet article autorise le tribunal à ordonner la vente de tout ou partie du mobilier, s'il y a lieu : c'est donc que le tribunal est seul juge de l'utilité de l'aliénation et que l'envoyé doit conserver en nature la partie du mobilier dont il n'a pas ordonné la vente. On ajoute : au regard de l'absent, l'envoyé n'est qu'un dépositaire; si on lui laisse la faculté de disposer du mobilier, il devient propriétaire et alors il y a violation manifeste de cette pensée de protection et de conservation des biens de l'absent, sur laquelle toute la loi repose ; pensée qui veut que l'envoyé soit, suivant l'expression de M. de Plasman, un administrateur essentiellement conservateur.

Cependant nous admettons, avec la majorité des auteurs et avec la jurisprudence, que l'envoyé peut, au cours de son administration, vendre le mobilier dont le tribunal n'aurait pas autorisé l'aliénation. D'abord, l'art. 126 le lui défend-il? Nullement; cet article, qui concerne exclusivement les rapports de l'absent et des envoyés en possession, a pour unique objet de prévenir les discussions qui pourraient s'élever entre eux sur la question de savoir s'il convenait ou non de vendre le mobilier. L'art. 125 est-il un obstacle à ce pouvoir d'aliénation? pas davantage; car nous savons que l'expression de dépôt dont se sert la loi dans cet article n'est pas employée dans son vrai sens et que ce même art. 125 déclare lui-même que le dépôt confié à l'envoyé en possession provisoire lui donne l'administration des biens de l'absent. Or, la qualité d'administrateur est-elle dans l'envoyé en possession provisoire nécessairement exclusive de la faculté d'aliéner? Pour les immeubles, oui, répond Merlin (*Rép.*, v° *Abs.*) : l'art. 128 le dit en termes exprès; mais, en fait de meubles, on ne raisonne pas toujours juste en disant : vous n'êtes qu'administrateur, donc vous ne pouvez pas aliéner! Et Justinien établit nettement le contraire dans ses Instituts (liv. II, tit. 7). Or, puisque les art. 125 et 126 sont muets sur la question qui nous occupe, il faut nécessairement en revenir à la maxime : tout ce qui n'est pas défendu est permis, *inclusio unius est exclusio alterius*, et dire que l'art. 128, ne prohibant que l'aliénation des immeubles, permet par cela seul l'aliénation des objets mobiliers. D'ailleurs (V. Locré, p. 454), la possession de l'envoyé est en général réglée par les mêmes règles que les tutelles et les curatelles; or, il est constant que le tuteur peut aliéner le mobilier du mineur, et nul ne saurait lui contester cette faculté qui résulte par induction de la prohibition qui lui est faite de disposer des immeubles (art. 457, 464). Comment donc la contesterait-on à l'administrateur des biens d'un absent, dont l'administration doit être encore plus large, plus libre, puisque, quoiqu'éventuellement comptable, il est très-probablement propriétaire? N'est-il pas évident au contraire qu'il y a lieu, par un *a for-*

tiori nécessaire, de la lui accorder? Les garanties exigées de lui sont plus efficaces ; son intérêt est en jeu, et il n'est guère à craindre qu'il dilapide des biens qui doivent être un jour sa propriété? Comment au surplus pourra-t-il faire réparer les biens, comment soutiendra-t-il les procès, si, en cas d'insuffisance des revenus, il ne peut vendre les meubles ? Lui faudra-t-il conserver en nature les meubles dont l'aliénation, lors de l'inventaire, n'a pas été ordonnée par le tribunal et qui dépérissent entre ses mains? Ou lui faudra-t-il, à chaque pas, dans son administration, recourir à l'autorisation de justice? Qui ne sait que les recours coûteux et pleins de lenteurs s'accommodent mal avec les exigences et les détails d'une administration même peu compliquée? Que craindre d'ailleurs, et quel danger sérieux menace les intérêts de l'absent? Le possesseur provisoire est comptable, sa gestion est garantie par une caution, et si l'aliénation est mauvaise, si elle est faite à de mauvaises conditions, il sera responsable envers l'absent ; aussi pour qu'on ne puisse lui reprocher une vente à vil prix, l'envoyé fera-t-il toujours bien de recourir aux formalités de l'art. 452 (Merlin, *loc. cit.;* Zach., Aub. et Rau, I, p. 606).

Nous ne faisons aucune distinction à cet égard entre les meubles corporels et incorporels. L'envoyé provisoire est en effet chargé par l'inventaire du montant de toutes les créances : il en a donc la libre disposition sauf à en tenir compte lors de la cessation de l'envoi provisoire. Cette aliénation peut d'ailleurs être un acte d'excellente administration : et on trouve dans ce système des analogies déduites de la tutelle, du bénéfice d'inventaire et du régime dotal.

Nous savons que les envoyés transmettent, dans leur succession *ab intestat*, avec leurs biens personnels tous les biens compris dans l'envoi en possession; mais, bien entendu, c'est à la charge pour leurs héritiers ou autres successeurs d'accomplir les conditions de l'envoi. Ils pourraient même en disposer par donation ou legs, et leurs héritiers seraient tenus d'exécuter ses dispositions, sauf à demander caution. Ils pourraient enfin vendre, échanger, céder de quelque manière que ce soit les droits et espérances qu'ils ont sur les biens composant l'envoi : ici, selon l'expression de Marcadé, c'est en quelque sorte un coup de dé qui est vendu; c'est une chance que courent les deux parties (I, n° 423).

Exercice des actions actives et passives. — Tous les auteurs sont d'accord sur ce principe que les envoyés en possession ont toutes les actions passives et les actions actives purement mobilières de l'absent.

A l'égard des actions passives, la loi est formelle. Pendant la période de présomption d'absence, les tiers qui avaient des droits à exercer contre l'absent devaient agir contre lui-même; ses créanciers l'assignaient à son domicile et faisaient exécuter, suivant les voies ordinaires, les jugements par défaut qu'ils obtenaient contre lui. Que si le tribunal, usant des pouvoirs que lui confère l'art. 112, avait nommé un curateur, chargé d'administrer les biens de l'absent et de le représenter, il est certain que c'est contre ce curateur qu'il fallait agir. Mais après la déclaration d'absence et l'envoi provisoire, il n'en est plus de même : l'absent a désormais dans la personne de son héritier présomptif, c'est-à-dire dans la personne de l'envoyé, un mandataire légal; c'est contre ce mandataire que doivent être dirigées les demandes ; c'est lui qu'on assigne ; c'est contre lui que sera prononcée la condamnation, s'il y a lieu ; contre lui enfin qu'elle s'exécutera. « Après le jugement de déclaration d'absence, toute personne qui aurait des droits à exercer contre l'absent, ne pourra les poursuivre que contre ceux qui auront été envoyés en possession des biens, ou qui en auront l'administration légale » (art. 134).

A l'égard des actions passives, l'art. 134 est muet, mais déjà l'art. 120 en avait accordé l'exercice à l'envoyé, en lui accordant la possession provisoire des biens de l'absent qui précisément comprennent ces droits actifs. Il était juste en effet que l'envoyé soumis aux actions des tiers eût, par une réciprocité nécessaire aux intérêts mêmes de l'absent, les actions de cet absent contre les tiers ; il était raisonnable que la loi, le reconnaissant comme administrateur, lui laissât un pouvoir suffisant pour satisfaire au vœu qu'elle exprime et à la qualité qu'elle lui confère ; mais comme sur ce point la loi n'est pas suffisamment explicite, on l'a diversement interprétée, et des auteurs ne permettent pas à l'envoyé d'exercer de sa propre autorité, et sans l'autorisation préalable du tribunal, les actions immobilières de l'absent.

Cette négative, ils la tirent par analogie de l'art. 464, aux termes duquel aucun tuteur ne peut introduire en justice une action immobilière sans l'autorisation du conseil de famille. Autrement, dit-on, il serait possible à l'envoyé de déguiser une aliénation volontaire sous l'apparence d'un procès ; il mettrait d'abord l'acquéreur en possession de l'immeuble et ne l'attaquerait ensuite que pour le faire gagner ; et la loi serait violée d'autant plus aisément que l'intervention du ministère public n'est exigée que dans les causes concernant ou intéressant les personnes présumées absentes (art. 83, 7° C. pr. c.); ici l'autorisation de justice remplacerait l'autorisation du conseil de famille dont les absents sont privés. Nous ne partageons pas cette opinion, et nous reconnaissons à l'envoyé le droit de figurer dans toute action, mobilière ou immobilière, soit comme demandeur, soit comme défendeur. Aucun texte ne s'y oppose; et même la loi dans l'art. 817 consacre notre système en accordant à l'envoyé un droit qu'elle refuse au tuteur seul (art. 465), celui d'exercer de leur propre autorité l'action en partage. Or, pourquoi cette disposition serait-elle spéciale? Il n'y a d'ailleurs aucune objection à tirer de l'art. 134, qui semblerait ne lui conférer que l'exercice des actions passives ; car déjà l'art. 120 avait pourvu à l'exercice de tous les droits actifs de l'absent, l'envoi en possession comprenant les actions immobilières, comme tous les autres droits; et la possession d'une action ne consiste-t-elle pas précisément dans son exercice? D'ailleurs plaider n'est pas aliéner : c'est souvent au contraire un acte de nécessité et de conservation ; et puis, à qui l'autorisation serait-elle demandée? Ce ne sera pas au conseil de famille, comme en cas de tutelle, puisqu'il n'y en a pas. Sera-ce alors au tribunal? Mais c'est le tribunal qui sera saisi du procès et devra le juger : est-ce que l'instruction et les débats de la cause engagée devant lui ne seront pas, mieux que tout examen antérieur et superficiel, une garantie suffisante de toute fraude, de toute collusion, tentée en vue d'éluder la prohibition de l'art. 128 (Demol., n° 114; Duv. à son cours)?

Dans l'exercice de ces diverses actions, l'envoyé étant le mandataire légal de l'absent, il en résulte que tout ce qui sera jugé avec lui le sera contradictoirement avec l'absent; que les jugements rendus contre l'envoyé en sa qualité d'envoyé emporteront hypothèque judiciaire sur les biens de l'absent ; enfin, que l'envoyé ne doit pas être condamné personnellement aux dépens, dans les procès qu'il soutient en cette qualité, à moins que le tribunal ne lui fasse spécialement l'application de l'art. 132, Code proc. civ.

Transaction. — *Compromis.* — *Acceptation de succession.* — L'art. 2045 porte : « Pour transiger, il faut avoir la capacité de disposer des objets compris dans la transaction. » — « Toutes personnes, dit aussi l'article 1003 du Code de procédure civile, peuvent compromettre sur les droits dont elles ont la libre disposition. » Nous permettrons donc à l'envoyé de transiger et de compromettre sur les actions mobilières, puisque nous lui avons reconnu le droit d'aliéner le mobilier de l'absent; mais si la transaction ou le compromis porte sur une action ayant le caractère immobilier, il sera nécessaire que l'envoyé se fasse autoriser en justice, parce que nous avons admis qu'il pouvait avec l'autorisation de justice aliéner les immeubles de l'absent.

Il pourrait arriver qu'une succession fût échue à l'absent avant sa disparition ou ses dernières nouvelles, et sur laquelle il n'eût pas été pris parti avant l'envoi provisoire ; le cas sera rare, car le plus souvent l'option aura été faite pendant la période de présomption d'absence ; mais s'il se présentait, nous ne permettrions à l'envoyé d'accepter cette succession purement et simplement ou sous bénéfice d'inventaire, ou d'y renoncer, qu'avec l'autorisation du tribunal. Quant à l'acceptation d'une succession échue à l'absent, son effet devant être d'incorporer définitivement au patrimoine de l'absent un ensemble de biens qui jusqu'alors en étaient séparés, du moins en fait, elle ne constitue pas un acte d'administration proprement dite des biens que l'absent possédait au jour de sa disparition. Quant à la renonciation, — et il en serait de même d'emprunts contractés au nom de l'absent, — comme ces actes constituent une aliénation gratuite fort préjudiciable à l'absent, ou sont de nature à grever son patrimoine entier, ils sont à considérer comme excédant les pouvoirs des envoyés en possession. Il est vrai, font remarquer MM. Aubry et Rau, que certains actes d'administration, tels que des traités faits pour la réparation des bâtiments, peuvent également avoir pour résultat de grever le patrimoine tout entier de l'absent, et cependant nous reconnaissons aux envoyés en possession le droit de les faire sans avoir besoin de l'autorisation de justice. Mais s'il en est ainsi des actes dont la nature même démontre la nécessité et qui ont un rapport direct et certain avec l'administration des biens délaissés par l'absent, il ne saurait en être de même des emprunts, dont la nécessité ne peut être reconnue que par l'examen de l'état dans lequel se trouvent les affaires de l'absent et dont l'utilité ne peut résulter que de l'emploi qu'on se propose de donner aux fonds empruntés (*Sur Zach.*, I, note 11, p. 607).

Enfin, pour les partages dans lesquels l'absent serait intéressé, une loi positive, l'art. 817, donne formellement l'action aux envoyés en possession, et en la leur donnant, elle les soumet, comme les tuteurs, à toutes les formes du partage judiciaire (art. 840). Les formalités qui sont tracées par le Code Napoléon et le Code de procédure civile sont une suffisante garantie que les intérêts de l'absent ne seront pas sacrifiés par la fraude et la connivence ; en effet, aux termes de l'art. 840, le partage pour être définitif doit être fait conformément aux règles prescrites par les art. 819 et suiv.; sinon, il n'est que provisionnel.

Prescription. — L'envoyé peut avoir des droits contre l'absent ou l'absent contre l'envoyé; la prescription court-elle entre eux pendant l'envoi provisoire? Il est évident qu'elle ne court pas contre l'absent au profit de l'envoyé: car, administrateur comptable de la fortune qui lui est confiée, ce dernier est tenu, en cette qualité, de faire tous les actes qui en assurent la conservation et conséquemment d'en interrompre la prescription qui la compromet ; il doit donc, s'il est débiteur, se payer à lui-même ce qu'il doit, et s'il ne l'a pas fait, il est en faute ; personne ne doit argumenter de l'inobservation de son devoir pour en tirer profit. La réciproque est-elle vraie? Nous le pensons. La prescription ne court pas contre l'héritier bénéficiaire à l'égard des créances qu'il a contre la succession : il doit en être de même des créances de l'envoyé contre l'absent; il y a entre ces deux situations une grande analogie. Si la loi l'a décidé ainsi à l'égard de l'héritier bénéficiaire, ce n'est pas par application de la maxime *contra non valentem agere non currit præscriptio*, car si cet héritier créancier de la succession ne peut agir contre lui-même, il le pourrait contre ses cohéritiers ou contre un curateur nommé *ad hoc* (art. 966 C. pr. civ.); la loi a voulu éviter des frais inutiles; elle a pensé que, nanti des biens qui composent son gage, sûr d'obtenir le dividende auquel il a droit, l'héritier bénéficaire n'aurait aucun intérêt à exercer des poursuites contre la succession : est-ce que tous ces motifs ne s'appliquent pas, par voie d'analogie, à l'envoyé en possession provisoire, créancier de l'absent?

3° *Attribution aux envoyés d'une partie des fruits.*

Il peut arriver que les envoyés en possession provisoire (et sous cette dénomination nous comprenons ici non-seulement les héritiers présomptifs de l'absent, mais encore les légataires, donataires, etc.), soient obligés de restituer à certaines personnes les biens qu'ils ont administrés. Nous verrons plus tard dans quels cas et à quelles personnes se fait cette restitution. Nous remarquons seulement en ce moment qu'elle n'est jamais complète. Sans doute elle comprend toujours les capitaux qui constituaient le patrimoine de l'absent au moment de sa disparition, mais les envoyés sont autorisés à garder, sur les intérêts et revenus de ses biens, une part qui grandit, à mesure que l'absence se prolonge, et qui peut arriver à comprendre la totalité de ces fruits et revenus. Telle est la disposition écrite dans l'article 127 : « Ceux qui, par suite de l'envoi provisoire ou de l'administration légale, auront joui des biens de l'absent, ne seront tenus de lui rendre que le cinquième des revenus, s'il reparaît avant quinze ans révolus depuis le jour de sa disparition ; et le dixième, s'il ne reparaît qu'après les quinze ans. Après trente ans d'absence, la totalité des revenus leur appartiendra. Observons toutefois qu'en paraissant subordonner la restitution d'une partie des fruits au retour de l'absent, « s'il reparaît », dit l'art. 127, le texte commet une inexactitude ; il est clair qu'il en sera ainsi quand de toute autre manière l'existence de l'absent sera prouvée.

Quel est le fondement de cette attribution des fruits aux envoyés ? Les auteurs ne s'entendent pas là-dessus : la question est importante, car d'elle dépend la solution de plusieurs difficultés. Les uns y voient une juste rémunération des soins donnés : il serait injuste, disent-ils, que l'absent s'enrichît au profit des envoyés, qu'il profitât, sans rien payer, de leur travail et de leur temps. L'intérêt de l'absent exigeait d'ailleurs qu'il en fût ainsi, et loin de détourner les héritiers présomptifs de l'envoi en possession, si utile à l'absent, en en faisant une charge onéreuse, un fardeau sans compensation, il fallait les y attirer par l'appât d'une équitable rémunération. Mais, outre qu'on pourrait contester l'utilité de l'envoi en possession au point de vue des intérêts de l'absent, n'est-il pas évident que la portion des fruits qu'on accorde ainsi aux envoyés (les quatre cinquièmes au minimum) est trop forte pour qu'on la puisse considérer uniquement comme un salaire : ce n'est pas ainsi qu'on indemnise un administrateur d'une gestion, si longue et si difficile qu'elle soit ; une telle indemnité est exorbitante et ne se conçoit point. Aussi d'autres auteurs ont-ils cherché à cette attribution un autre motif et reconnu avec raison que l'art. 127 est fondé principalement sur les mêmes motifs qui ont fait accorder au possesseur de bonne foi les fruits par lui perçus sur la chose d'autrui (art. 138, 549). L'assimilation entre les envoyés en possession provisoire et le possesseur de bonne foi n'est évidemment pas parfaite ; les envoyés n'ignorent pas que peut-être ils auront à restituer le patrimoine qu'ils administrent ; mais quand l'absence a duré plusieurs années, la réalisation de ce *peut-être* est si peu probable qu'ils finissent par l'oublier ; la force même de leur situation les porte à se croire définitivement propriétaires ; ils perçoivent les fruits en quelque sorte comme leurs et convaincus qu'ils ont le droit d'en disposer ; ils les consomment au jour le jour, *bona adhuc aliena sed tamen jam sua;* ils vivent plus largement, *lautius vivunt*. Or ne serait-ce pas les appauvrir, les ruiner peut-être, que de les forcer, après plusieurs années, à restituer les fruits qu'ils ont ainsi perçus et consommés ? Fallait-il défendre aux envoyés de consommer les revenus ? Mais, comme l'exprime M. Demolombe, se serait exiger d'eux un trop grand effort, sinon de probité, du moins de prudence, de prévoyance, et il y aurait là une lutte, uns séduction trop forte à laquelle on ne devait pas les exposer. Aussi l'art. 127 a-t-il sagement fait en légitimant par avance cette acquisition des revenus : la fraction qui en revient à l'absent suffit pour maintenir son droit et protester contre toute prétention trop envahissante de la part des envoyés ; elle lui permet aussi de parer aux premières nécessités de la vie en cas de retour (II, n° 120).

Cette discussion, loin d'être purement théorique, a au contraire une importance pratique considérable. Supposons, par exemple, que l'absent reparaisse la veille de la récolte ; les fruits sont là pendants par branches ou par racines : à qui les attribuerons-nous ?

Si nous admettions la première des explications que nous avons données, c'est-à-dire si nous reconnaissions que l'envoyé acquiert les fruits *pro cultura et cura*, nous devrions décider qu'il aura droit à une portion des fruits encore pendants en proportion du temps qu'a duré l'envoi pendant la dernière année (arg. par anal. de l'art. 1571) et selon les distinctions établies par l'art. 127. Mais nous avons traité l'envoyé comme un possesseur de bonne foi ; nous lui refuserons donc tout droit sur cette récolte encore sur pied et nous l'attribuerons tout entière à l'absent de retour, sous la seule déduction des frais de labour et de semences (art. 548, 1381). Quelle raison aurait l'envoyé de prétendre à des fruits qui sont là, dont le compte n'est pas difficile à faire et ne peut en rien lui être préjudiciable ; des fruits qui, encore attachés au sol, n'ont pas une existence distincte et indépendante du sol lui-même, comme lui sont immeubles et par droit d'accession appartiennent au même propriétaire ? A ceux qui se récrient et trouvent injuste de refuser à l'envoyé le droit aux fruits, parce que l'absent est revenu la veille au lieu du lendemain, nous répondons : que s'il était revenu vingt-quatre heures après la récolte, l'envoyé aurait eu sur cette récolte toute la part de fruits déterminée par l'art. 127 ; qu'il y a ainsi pour lui une alea ; que sa situation est celle du possesseur de bonne foi, dont il a les bonnes et les mauvaises chances. Le texte d'ailleurs ne corrobore-t-il pas cette interprétation, quand il dit : « Ceux qui..... auront joui des biens de l'absent ne seront tenus *de lui rendre* que le cinquième des *revenus*.....? » Il suppose donc qu'ils en étaient déjà nantis ; d'où cela ne peut s'appliquer qu'aux fruits perçus. Est-ce que les fruits encore pendants sont des revenus? Enfin, pour lever à cet égard toute espèce de doute, ne lisons-nous pas dans l'art. 132 que l'absent recouvre ses biens *dans l'état où ils se trouvent?* (Demol., II, nº 121).

Nous savons que selon le droit commun les fruits naturels s'acquièrent par la perception et les fruits civils jour par jour (art. 585, 586). Appliquerons-nous cette distinction à l'art. 127, et reconnaîtrons-nous un droit à l'envoyé sur des loyers échus ou non échus, mais non encore payés? Cela devrait être pour les auteurs qui voient dans l'attribution des fruits à l'envoyé la juste rémunération de ses soins; mais à nous qui avons admis que ce droit avait un autre fondement la négative s'impose; l'art. 127, en effet, supposant des fruits perçus en la possession de l'envoyé, ne peut s'appliquer à des fruits civils non encore perçus; et l'absent de retour ira en demander compte, non pas à l'envoyé qui n'a rien reçu, mais aux débiteurs eux-mêmes.

Nous avons vu précédemment que la portion de fruits attribuée aux envoyés se calcule sur le revenu net des biens. Ajoutons qu'elle doit être calculée d'une manière uniforme d'après la durée de la possession, c'est-à-dire que si la restitution des biens était faite après plus de trente ans d'absence, *tous* les revenus perçus par l'envoyé provisoire lui seraient acquis, et non pas seulement les quatre cinquièmes de ceux perçus dans la première période, les neuf dixièmes de ceux perçus dans la deuxième période et la totalité de ceux perçus dans la troisième. Le texte de la loi est manifestement rédigé dans ce sens.

Quel est le point de départ de ces diverses périodes? Le point de départ des quinze ans qui attribuent à l'envoyé provisoire les quatre cinquièmes ou les neuf dixièmes des fruits, suivant que la restitution des fruits doit avoir lieu avant ou après l'expiration de ces quinze ans, est fixé par la loi à la disparition, ou bien, quoiqu'elle ne le dise pas, aux dernières nouvelles de l'absent. L'art. 127 ajoute que c'est « après trente années d'absence » que la totalité des fruits appartient à l'envoyé. Mais le peu de précision des termes employés a donné naissance à une controverse, et on se demande si c'est du jour de la disparition ou du jour de la déclaration d'absence que court ce délai de trente ans? Quelques auteurs s'appuient sur l'art. 127 lui-même pour soutenir que c'est du jour de la déclaration d'absence; car, dit-on, la loi parle de trente ans d'*absence*; or, jusqu'à la déclaration il y a non pas absence, mais simplement présomption d'absence. Mais la majorité des auteurs rejette cette manière de voir, faisant remarquer que le mot absence a quelquefois dans ce titre un sens large qui embrasse même la simple présomption d'absence, et que c'est précisément cette signification étendue qu'il faut lui reconnaître ici, pour conserver à l'article 127 toute son harmonie. Les travaux préparatoires nous montrent bien que, dans l'esprit des rédacteurs du Code, il a été accordé aux envoyés une portion des revenus plus ou moins forte suivant la longueur de l'absence; on a adopté, selon l'expression du Tribunat, une échelle graduée sur trois temps; et puisque c'est le même fait qui donne cours au délai relativement aux deux premiers temps, pourquoi s'attacherait-on à un autre fait à l'égard du troisième? Ajoutons enfin que c'est à l'envoyé provisoire qu'est attribuée la totalité des fruits après trente ans d'absence : or, si ces trente ans ne commençaient à courir que du jour de la déclaration, l'attribution en aurait lieu au profit de l'envoyé définitif, car l'envoyé provisoire ne manquerait jamais, le pouvant, de demander l'envoi définitif, qui lui est bien plus avantageux, et on ne peut supposer que la loi ait prévu le cas, excessivement rare, où l'envoyé provisoire négligerait de le faire (Valette sur Proud., I, p. 288, note *a;* Duverger à son Cours; Demol., II, n° 125.)

Observons en terminant sur cet art. 127 que la deuxième disposition ne dit pas encore tout ce qu'elle aurait pu dire. A côté de l'hypothèse de trente ans d'absence, la seule qu'elle prévoit comme donnant lieu à la retenue de la totalité des fruits, il s'en place une autre, celle de l'envoi définitif prononcé après l'expiration du délai de cent ans écoulés depuis la naissance de l'absent. Dans ce cas, quand bien même la disparition ne remonterait pas à plus de quinze ou vingt ans, il est évident que, si pour une cause ou pour une autre, l'envoyé est obligé de restituer les biens, il ne sera comptable d'aucune portion des fruits. En effet, l'art. 129 assimile l'expiration du délai de trente ans depuis l'envoi provisoire à l'expiration des cent ans écoulés depuis la naissance et lui fait produire à l'égard des envoyés les mêmes effets; et il serait étrange que l'envoyé dût rendre compte d'une portion quelconque des fruits, quand l'envoi définitif lui reconnaît même le droit d'aliéner le fonds et le capital.

II° *Rapports des envoyés les uns envers les autres.*

Du principe que la succession de l'absent est réputée ouverte découlent plusieurs conséquences :

Si plusieurs cohéritiers se sont fait envoyer en possession provisoire : chacun d'eux peut contraindre l'autre à sortir d'indivision et à demander le partage du patrimoine de l'absent, en suivant les règles relatives au partage d'une hérédité (art. 815 à 842); ils pourraient même faire liciter les objets compris dans le patrimoine; mais ils devraient exclure les étrangers de cette licitation, puisqu'aux termes de l'art. 128, les envoyés provisoires ne peuvent aliéner les immeubles de l'absent. L'art. 129 semble, il est vrai, n'autoriser le partage qu'après l'envoi définitif; mais, d'un autre côté, les art. 120 et 123 autorisent très-nettement les divers ayants droit à exercer, lors de l'envoi provisoire, tous les droits qui leur appartiennent et qui sont subordonnés à la condition du décès de l'absent; et l'esprit de la loi, ne l'oublions pas, est de créer dès maintenant un état de choses, provisoire sans doute, mais qui deviendra incommutable, définitif, si l'absent ne reparaît pas ou ne donne jamais de ses nouvelles. On peut au surplus prétendre que l'art. 129 se réfère à certaines hypothèses où l'envoi définitif est prononcé sans que préalablement on ait passé par l'envoi provisoire, et qu'ainsi il ne contredit nullement notre solution ; cela aurait lieu, par exemple, s'il s'était écoulé, lors de la déclaration d'absence, plus de cent ans depuis la naissance de l'absent, ou si le conjoint présent, commun en biens, avait opté pour la continuation de la communauté. Objectera-t-on enfin que ce partage viole les dispositions du Code qui prohibent tout pacte sur succession future (articles 791, 1130, 1600)? Ce sera sans raison, croyons-nous; puisqu'on ne rencontrerait dans l'espèce aucun des motifs sur lesquels sont fondés ces art. 791, 1130 et 1600, c'est-à-dire le défaut d'objet, l'immoralité de la convention et le *votum mortis* qu'elle témoigne, puisque les biens sont là, mis par la loi elle-même, et dès actuellement, à la portée des divers ayants droit, qu'elle appelle et invite en quelque sorte à se les partager.

La question la plus grave qui s'élève, dans les rapports respectifs des envoyés provisoires, est celle de savoir s'ils peuvent se contraindre réciproquement au rapport des libéralités qu'ils tiennent de l'absent sans clause de préciput?

La négative repose sur de puissants arguments. Les art. 120, 123, l'intitulé de la section 1re du chapitre 3, à notre titre, dit-on, supposent tous que l'envoi en possession ne comprend que des biens appartenant à l'absent; or, les biens par lui donnés sont sortis de son patrimoine, ils ne peuvent donc être compris dans l'envoi provisoire. Décider autrement serait reconnaître à l'envoyé qui représente l'absent plus de droits sur les biens donnés que n'en a l'absent. Enfin, le but de la loi étant de pourvoir à l'administration des biens abandonnés de l'absent, l'envoi provisoire n'a pas à s'appliquer à ces biens-là, qui ne sont pas abandonnés, mais possédés et administrés par le donataire propriétaire. Tous ces arguments sont ceux que nous avons mis en avant, pour refuser aux envoyés provisoires, héritiers à réserve, l'action en réduction contre les donataires entre-vifs de l'absent; et cependant nous les écartons ici pour reconnaître aux cohéritiers envoyés provisoires le droit de se contraindre réciproquement au rapport. Ce n'est pas seulement parce qu'ils conduisent à un résultat inique en détruisant l'égalité qui est la base de notre régime successoral; mais parce que l'héritier présomptif, qui s'appuie sur la mort de l'absent pour obtenir sa part dans l'envoi en possession provisoire de ses biens, ne nous paraît pas pouvoir répudier cette même supposition, qui est indivisible, lorsqu'un autre héritier, ayant les mêmes droits que lui à la possession provisoire, vient exiger qu'il rapporte les avantages dont l'avait gratifié l'absent. Dans la question de réduction, on ne peut opposer aux tiers cette supposition de mort, puisqu'ils ne l'invoquent pas; ils sont, eux, étrangers à l'envoi provisoire; pour eux la succession n'est pas ouverte; la donation qui leur a été faite sera sans doute réductible, si lors du décès du donateur elle excède la quotité dont il pouvait valablement disposer, mais ce n'est qu'en cas de mort que cette action s'ouvrira contre eux, et précisément cette mort n'est pas prouvée! La présomption de mort, que la loi tire de la déclaration d'absence, doit se borner dans ses effets à l'absent et aux envoyés en possession dans leurs rapports respectifs : elle ne doit jamais aller au delà. Est-il du reste nécessaire de répéter ce que nous avons dit bien souvent, que l'envoi provisoire n'est que l'ouverture d'une succession anticipée et se règle d'après les principes de la succession véritable? Or, dans le cas d'une succession ordinaire, il est manifeste que l'héritier qui serait en même temps donataire ou légataire sans clause de préciput, ne pourrait cumuler sa part héréditaire avec les objets donnés ou légués : comment donc pourrait-il obtenir, à titre d'envoyé en possession, ce qu'il n'obtiendrait pas à titre d'héritier?

III° *Rapports des envoyés à l'égard des tiers.*

Dans leurs rapports avec les tiers, les envoyés en possession provisoire ont un caractère qu'il n'est pas facile de déterminer. Il est certain que si l'absent reparaît ou qu'il soit établi que son décès a eu lieu à une époque postérieure à l'envoi en possession, les envoyés auront été jusqu'à ce jour de simples mandataires à leur égard; et qu'au contraire, ils devront être considérés, avec effet rétroactif au jour de l'envoi, comme de véritables propriétaires, si l'absent ne donne jamais de ses nouvelles. Mais en attendant la réalisation de l'une ou de l'autre alternative, il est difficile de formuler en un principe général et absolu leur situation et leur rôle précis. Le mieux semble donc de passer en revue certaines hypothèses qui peuvent alors se présenter et d'en chercher les solutions les plus satisfaisantes.

Déjà, en nous occupant des pouvoirs des envoyés en possession provisoire, nous avons examiné un certain nombre de ces questions; nous nous bornerons maintenant à l'examen des deux points suivants: 1° Dans quelle limite les envoyés sont-ils tenus des dettes de l'absent; 2° en ce qui concerne la prescription, doit-on considérer la personne de l'absent ou celle des envoyés.

1° Dans quelle limite les envoyés sont-ils tenus des dettes de l'absent? Rappelons d'abord que les envoyés provisoires sont tenus de faire, dans les six mois de l'envoi en possession, la déclaration à laquelle ils auraient été soumis, s'ils avaient été appelés à recueillir par suite de décès l'hérédité de l'absent, et d'acquitter les droits de mutation sur la valeur entière des biens qu'ils possèdent. Tout doute a cessé sur ce point depuis la loi du 18 avril 1816. « En cas de retour de l'absent, dit l'art. 40, les droits payés sont restitués, sous la seule déduction de celui auquel aura donné lieu la jouissance des héritiers... ». S'il y a plusieurs envoyés, les biens et les dettes de l'absent se partagent entre eux ; chacun d'eux ne peut être actionné par les créanciers que proportionnellement à la part active qu'il a reçue : car ce n'est que dans cette mesure qu'il représente l'absent. Mais ces envoyés devront-ils déclarer au greffe du tribunal qu'ils n'acceptent la succession que sous bénéfice d'inventaire et à défaut de cette déclaration, seront-ils tenus des dettes de l'absent *ultra vires bonorum ?* Lorsqu'ils n'en sont tenus que jusqu'à concurrence des biens qu'ils recueillent, le payement n'en peut-il être poursuivi que sur les biens qu'ils tiennent de l'absent ? Nous n'hésitons pas à déclarer que les envoyés, alors même qu'ils n'ont point déclaré au greffe qu'ils n'acceptent la succession de l'absent que sous bénéfice d'inventaire, ne sont tenus que dans la limite des biens qu'ils possèdent et sur ces biens seulement. En effet, la succession n'est pas réellement ouverte et les envoyés ne sont encore qu'héritiers présomptifs et non pas héritiers réels ; ils ne continuent donc pas la personne de l'absent, et comme l'obligation de payer les dettes *ultra vires* est un effet de la fiction juridique, par suite de laquelle l'héritier est le continuateur de la personne elle-même du défunt, nous devons décider qu'ils ne sont tenus qu'*intra vires*. Le Parlement de Paris l'avait déjà jugé par arrêt du 5 juillet 1741 ; c'était l'avis de Pothier ; et en imposant aux envoyés l'obligation de faire inventaire (art. 126), il semble que la loi ait voulu déterminer ainsi l'étendue de leurs obligations. Aussi bien les envoyés peuvent-ils, comme l'héritier bénéficiaire, réclamer sur les biens de l'absent le payement de leurs créances personnelles (art. 802-2°) ; comme l'héritier bénéficiaire, ils ne devront donc pas être tenus sur leurs biens personnels, à condition toutefois de représenter fidèlement tous les biens compris dans l'envoi. S'il en était autrement, fait remarquer M. Demolombe, l'envoi provisoire deviendrait une source d'embarras et de difficultés de toutes sortes; car enfin, il faudrait donc des expertises, des évaluations, pour connaître la valeur des biens de l'absent, jusqu'à concurrence de laquelle les envoyés pourraient être poursuivis sur leurs biens propres?...(II, n° 136 C.).

2° En ce qui concerne la prescription, doit-on considérer la personne de l'absent ou celle des envoyés? La prescription, comme nous l'avons établi, ne court pas entre l'absent et l'envoyé ; mais du principe que les actions actives et passives de l'absent sont transmises à l'envoyé, et de cette circonstance décisive que l'absence n'a été nulle part mise, comme la minorité et l'interdiction, au rang des causes qui suspendent la prescription, il faut tenir pour constant, — et cela n'est en effet contesté par personne, — que les actions de l'absent peuvent être prescrites par les tiers. Cette règle existait déjà dans le droit romain, mais mitigée par d'assez nombreuses exceptions: on accordait en effet la *restitutio in integrum* à certaines personnes énumérées par les lois, *ne decipiantur per justissimam absentiæ causam* (loi 28, *princ.*, Dig., IV, 6). Les causes de restitution contre la prescription furent multipliées à l'infini par nos anciens auteurs; l'exil, l'excommunication, un procès, l'absence; autant de motifs pour être relevé contre elle; au point que Dunod nous apprend que, pour rapporter toutes celles qui étaient relatives au seul cas d'absence, il faudrait faire tout un volume. Aussi la plupart des parlements jugèrent-ils bon d'écarter par leurs arrêts le principe de la restitution pour cause d'absence, et le Code imita ce sage exemple. Une loi toute spéciale, du 6 brumaire an V, avait seulement suspendu la prescription en faveur des défenseurs de la patrie. Aujourd'hui, c'est aux personnes éloignées de leur domicile à se donner des mandataires qui pourvoiront à leurs intérêts; quant à celles dont l'existence est incertaine, la loi les garantira suffisamment en les faisant représenter par ceux-là mêmes qui sont les plus intéressés à veiller sur les biens qu'on leur confie. Mais contre qui la prescription doit-elle courir : est-ce contre l'absent? est-ce contre l'envoyé? C'est là ce qui divise les auteurs; et on pressent toute l'importance de la question. En effet, il se peut que l'envoyé soit mineur et l'absent majeur, ou réciproquement, que l'absent soit mineur tandis que l'héritier présomptif serait majeur, lorsque intervient le jugement d'envoi en possession provisoire: la prescription sera donc suspendue ou suivra son cours, suivant qu'elle courra contre l'un ou contre l'autre. Contre qui court-elle donc? M. Duranton enseignait qu'il faut considérer uniquement la qualité de l'absent; car le véritable adversaire des tiers est toujours l'absent, tandis que l'envoyé n'est jamais qu'un dépositaire avec mandat. Or, comme les tiers pourraient, on le suppose, opposer la prescription à lui-même, si c'était lui qui formait la demande, par la même raison, ils doivent pouvoir l'opposer à son mandataire, tout mineur qu'il soit: le fait de l'absence ne doit pas changer leur position (I, n° 295).

Cela serait exact en effet si l'absent revenait au moment où les actions sont intentées; mais s'il ne reparaît pas ou ne donne jamais de ses nouvelles, la solution nous paraît contestable. Aussi, selon nous, tout doit-il dépendre de l'état où seront les choses au moment où les actions seront intentées. Si l'absent est alors de retour, si par suite c'est lui-même qui les intente, c'est envers lui-même que devra être appréciée la question de prescription; car l'héritier n'aura été qu'un administrateur, et ce n'est jamais du chef de l'administrateur, c'est toujours uniquement du chef de celui dont les affaires ont été administrées que l'on juge si la prescription court ou est suspendue. S'il ne reparaît pas, elle sera appréciée du chef de l'envoyé qui aura formé la demande, car il sera réputé propriétaire des biens de l'absent, à compter de sa disparition. Mais que décider éventuellement? La plupart des auteurs reconnaissent que, du principe que provisoirement et sauf preuve contraire, l'absent est réputé mort, provisoirement et sauf preuve contraire c'est contre l'envoyé que la prescription devra courir. C'est lui en effet qui jouit quant à présent; c'est lui qu'on veut dépouiller. Si donc cet envoyé est mineur ou interdit, la prescription sera suspendue, mais sauf à dire sa suspension non avenue, s'il est prouvé plus tard que l'absent vivait et que c'est contre lui qu'a couru la prescription (Valette sur Proud., I, p. 289, note *a*; Marcadé, I, n° 458).

§ 5. *Comment prend fin l'envoi en possession provisoire.*

L'envoi provisoire cesse :

1° Par le retour de l'absent : les envoyés lui rendent alors compte de leur administration, et lui restituent ses biens, sous la déduction de la part de fruits ou revenus à laquelle leur donne droit l'art. 127.

2° Par la réception de ses nouvelles : alors les effets de l'envoi en possession cessent avec ceux du jugement qui a déclaré l'absence (art. 131). Mais si le retour de l'absent ne suit pas de près la réception de ses nouvelles, ou si ses nouvelles sont déjà, quand on les reçoit, d'une date reculée : comme il y a encore incertitude sur l'existence actuelle de l'absent, on retombe dans la présomption d'absence et il y a lieu d'invoquer les art. 112 et 113, si l'administration des biens est en souffrance. Si même un nouveau délai de quatre ans s'est écoulé depuis la date de ses nouvelles (ou de dix ans pour le cas où elles contiendraient nomination d'un mandataire), on se retrouverait dans le cas prévu par l'art. 115 et on pourrait demander une nouvelle déclaration d'absence. Il se pourrait même que de très-anciennes nouvelles, tout en faisant cesser la première déclaration d'absence, permissent d'en solliciter immédiatement une seconde.

3° Par le décès prouvé de l'absent ; le provisoire devient alors définitif au profit de ceux qui ont été envoyés en possession provisoire, pourvu qu'ils soient encore les plus proches héritiers au moment du décès qui donne ouverture à la succession. Si les envoyés ou partie d'entre eux ne se trouvent plus héritiers présomptifs à cette époque, les biens doivent être rendus à ceux qui les excluent, et ils gardent les fruits, non à titre d'héritiers, mais à titre de possesseurs de bonne foi (art. 130).

4° Par l'envoi en possession définitif (art. 129). Ce sera la l'objet de notre chapitre deuxième.

SECTION II. — ADMINISTRATION LÉGALE DE L'ÉPOUX COMMUN EN BIENS

§ 1er. *Dans quels cas elle a lieu.*

L'absence la plus longue, se fût-elle prolongée au delà de cent ans à partir de la naissance de l'absent, ne peut jamais arriver à dissoudre le mariage, et conséquemment elle n'autorise jamais l'époux présent à contracter une nouvelle union. C'était la règle admise dans notre ancien droit, et elle a passé dans notre droit moderne. Un article du projet de Code civil permettait au conjoint présent de convoler dans le cas où l'absent serait centenaire; mais il a été positivement repoussé, et avec raison (liv. I, tit. 4, art. 27). Des vraisemblances, des probabilités, si puissantes qu'on les suppose, dit M. Demolombe (II, n° 260), ne peuvent suffire pour opérer la rupture d'un tel lien; et quelque fâcheuse que puisse être la position de l'époux présent, ainsi retenu dans une sorte de veuvage indéfini, le bon ordre, la morale publique, c'est-à-dire l'intérêt suprême de la société, s'opposaient à une dissolution qui n'aurait pu être que définitive, et qui, par cela même, serait devenue la source d'erreurs et de scandales déplorables, et même entre les époux un moyen de divorce purement volontaire (Avis du Conseil d'État du 12 germinal an XIII).

Si le mariage subsiste malgré la présomption de mort qui résulte de l'absence, il semblerait logique de maintenir aussi le contrat accessoire du mariage, réglant les intérêts pécuniaires des époux. C'est en effet ce qui se produit durant la période de présomption d'absence, alors que la loi, cherchant avant tout à maintenir le *statu quo*, n'autorise, relativement aux biens de l'absent, que les mesures exigées par la nécessité, les mesures, autant que possible, simplement conservatoires et provisoires. Mais avec la déclaration d'absence le système de la loi change : le mariage se maintient bien toujours sans aucune atteinte, mais le contrat de mariage est provisoirement dissous, et l'époux présent, comme toutes les autres personnes ayant des droits subordonnés au décès de l'absent, est autorisé à les faire valoir.

Cette règle souffre une seule exception : elle est écrite dans l'art. 124, ainsi conçu : « L'époux commun en biens, s'il opte pour la continuation de la communauté, pourra empêcher l'envoi provisoire et l'exercice provisoire de tous les droits subordonnés à la condition du décès de l'absent, et prendre ou conserver par préférence l'administration des biens de l'absent. Si l'époux demande la dissolution provisoire de la communauté, il exercera ses reprises, et tous ses droits légaux ou conventionnels, à la charge de donner caution pour les choses susceptibles de restitution. La femme, en optant pour la continuation de la communauté, conservera le droit d'y renoncer ensuite ». Ainsi, cet article permet à l'époux commun en biens, en optant pour la continuation de la communauté, d'empêcher l'envoi provisoire de tous les droits subordonnés à la condition du décès de l'absent, et de prendre ou conserver par préférence l'administration des biens de l'absent. Hors ce cas, et lorsque le conjoint présent est marié sous tout autre régime, le droit commun conserve son empire et le contrat de mariage est lui-même provisoirement dissous.

On comprend que cette faculté soit laissée à l'époux commun en biens, car il importe même aux intérêts de l'absent que le gouvernement de sa fortune soit concentré dans une même main. Il était juste aussi, puisqu'on retenait l'époux présent dans les liens du mariage, de lui permettre de faire durer les conventions matrimoniales et de garder une administration qui est la juste compensation de la situation pénible où il se trouve placé, du veuvage forcé qu'on lui impose. Cette préférence, a dit encore Bigot-Préameneu, a pour cause la faveur du titre, contrat synallagmatique qui s'est formé avec le mariage et ne saurait être détruit contre la volonté de l'une des parties et à son préjudice. — Mais ces sages considérations, elles existent également sous les régimes sans communauté et dotal, et à part le régime de séparation de biens, où cette différence peut jusqu'à un certain point s'expliquer : on se demande en quoi le régime matrimonial adopté par les époux peut exercer quelque influence sur l'ouverture des droits des tiers intéressés au décès de l'absent. On est forcé de reconnaître que dans le fait d'accorder à un régime et de refuser aux autres une pareille faculté, il y a une injustice et une inconséquence; il y a de plus une bizarrerie, car sous les régimes autres que celui de communauté, l'absent se trouve à la fois réputé comme vivant et mort; vivant, à l'effet de maintenir dans toute sa force son mariage avec son conjoint; mort dans ses rapports avec tous les tiers qui ont sur ses biens des droits subordonnés à la condition de son décès. Cette inégalité de position embarrasse la raison, écrit Dalloz, et on en chercherait vainement soit dans le texte de la loi, soit dans les discussions qui l'ont précédée, une explication complète et satisfaisante (*Rép.*, v° *Absence*, n° 381).

Quoi qu'il en soit, l'art. 124 ne s'applique qu'à l'époux commun en biens, mais à tout époux commun en biens, que cette qualité résulte de la communauté légale ou de toute autre communauté conventionnelle, établie conformément aux modes énumérés dans l'art. 1497; il y a plus : l'époux absent pourrait avoir des biens qui ne fissent point partie de cette communauté, ni quant à la propriété, ni quant à la jouissance et à l'administration; par exemple, les époux étaient mariés sous le régime dotal avec société d'acquêts (art. 1581), mais la femme a des paraphernaux dont elle s'est réservé la jouissance et l'administration, eh bien! il serait contraire à l'esprit de la loi de scinder les mesures provisoires auxquelles l'absence peut donner lieu, et le mari devrait prendre l'administration même des paraphernaux de sa femme absente; le vœu de la loi n'est-il pas en effet, comme l'indique l'art. 124, que l'époux présent, qui opte pour la continuation de la communauté, puisse empêcher l'exercice provisoire *de tous les droits* subordonnés au décès de l'absent, et prendre ou conserver par préférence l'administration *des biens de l'absent ?*

Nous savons dans quels cas a lieu l'administration légale, recherchons-en maintenant les effets, et distinguons les deux hypothèses qui sont faites par la loi elle-même, celle de l'option par l'époux présent de la continuation provisoire de la communauté, et celle où l'époux présent demande au contraire la dissolution provisoire de cette communauté.

§ 2. *Quels sont les effets de l'administration légale ?*

Première hypothèse. — Option pour la continuation provisoire de la communauté.

1° *Effets de la continuation de communauté. — Garanties de restitution. — Pouvoirs de l'époux administrateur légal.*

L'époux qui fait cette option *prend* ou *conserve* l'administration des biens de l'absent. La femme, lorsque son mari est déclaré absent, si elle opte pour la continuation de communauté, *prend* une administration qu'elle n'avait pas et qui appartenait au mari, chef de la société conjugale ; le mari, en cas d'absence déclarée de la femme, s'il fait la même option, *conserve*, lui, son ancienne administration, mais il prend en même temps, comme nous l'avons vu, celle des biens appartenant à sa femme et dont elle s'était réservé la jouissance et la possession.

Dans quel délai se fait cette option? la loi n'en fixe aucun, pas plus qu'elle n'indique les formes à suivre pour y arriver. Le mari sans doute pourra faire cette option soit en la notifiant à ceux qui ont sur la femme des droits subordonnés à la condition de son décès, soit en intervenant en cause afin de s'opposer à l'exercice de leurs droits s'ils avaient formé une demande d'envoi en possession provisoire; soit enfin, en réclamant les biens en question à ces tiers qui auraient obtenu l'envoi sans le mettre en cause et à son insu. Pour la femme, il lui faudrait former une demande en justice, car l'incapacité dont elle est frappée ne lui permet évidemment pas de faire sans autorisation du tribunal un acte de cette importance. Dans tous les cas, l'option sera possible, tant que l'époux présent n'aura pas, soit expressément, soit tacitement, renoncé au droit de la faire.

Quel que soit l'époux présent, il y a certaines mesures de précaution à prendre afin de sauvegarder les droits des tiers pour le cas où l'absent ne reparaîtrait pas. Comme il serait nécessaire de procéder alors à une liquidation et à un partage de la communauté, d'après sa consistance au jour de la disparition ou des dernières nouvelles, il faut sans retard constater l'état actuel de cette communauté. C'est dans ce but que l'art. 126 impose au conjoint présent l'obligation de « faire procéder à l'inventaire du mobilier et des titres de l'absent, en présence du procureur de la République près le tribunal de première instance, ou d'un juge de paix requis par ledit procureur ». Quelques auteurs, il est vrai, distinguent à cet égard entre le mari et la femme, et sont d'avis que le mari ne devra faire inventaire que des meubles et titres restés propres à sa femme absente, et non du mobilier de la communauté qui n'est pas à proprement parler le mobilier de l'absent, et sur lequel le mari présent doit en sa qualité de chef conserver tous ses pouvoirs; mais nous pensons que c'est là méconnaître les termes mêmes de la loi et son esprit. C'est, nous le répétons, dans la prévoyance d'un compte à faire pour le cas où la dissolution de la communauté remonterait au jour des dernières nouvelles, que cette disposition a été édictée ; il faut donc savoir de quoi se composait la communauté à cette époque. Sans doute la précaution aura été inutile si la femme reparaît ; mais la femme peut ne jamais reparaître, et le mari éventuellement comptable envers ses représentants, ne doit rien négliger pour arriver à une liquidation facile et exacte de leurs droits respectifs (Zach., Aub. et Rau., I, p. 617 ; Demo., II, n° 281).

L'art. 126 continue : « Le tribunal ordonnera de vendre, s'il y a lieu, tout ou partie du mobilier. Dans le cas de vente, il sera fait emploi du prix et des fruits échus. » Mais cela ne doit certainement pas s'appliquer au mari présent relativement aux biens communs, car le tribunal ne peut réduire ses pouvoirs de chef, mais il en serait autrement par rapport à ceux de ses biens personnels dont la femme se serait réservé la possession et la jouissance.

C'est un point très-controversé que celui de savoir si l'époux qui a opté pour la continuation de communauté doit fournir caution ? Quatre systèmes ont été proposés ; l'un distingue encore entre le mari qui en serait dispensé et la femme qui en serait tenue ; l'autre exige dans tous les cas la caution ; le troisième ne l'exige jamais ; il en est enfin un dernier, d'après lequel la loi étant muette, on pourrait, sans violation et sans excès de pouvoir, décider diversement, suivant les circontances.

Le premier système ne veut pas que les droits du

mari soient altérés par l'absence de la femme. M. de Moly qui professe le deuxième et qui exige la caution dans tous les cas, fait observer que son utilité la justifie suffisamment; il s'appuie de plus sur l'art. 129 qui, comprenant les deux hypothèses d'envoi provisoire et d'administration légale, déclare qu'après un certain temps les cautions sont déchargées : ce qui suppose qu'elles ont dû être données dans les deux cas (*De l'absence*, n°s 580-587).

Nous ne nous arrêterons pas au quatrième système présenté par M. Demante (*Encycl.*, n° 84), qui investit le juge d'une sorte d'arbitrage souverain : un tel pouvoir devrait nécessairement être conféré par la loi, or M. Demante reconnaît que la loi est muette! Quant au premier système, il a le grave tort de faire une distinction qui n'est pas dans la loi; et l'argument principal du second, l'art. 129, n'est pas aussi concluant qu'il paraît. Cet article, en effet, se réduit à indiquer comment les cautions sont déchargées, lorsqu'elles auront été fournies conformément aux articles qui précèdent, mais il n'a évidemment pas pour but de déterminer dans quels cas elles devront être données. Aussi, sans méconnaître ce que pourrait avoir d'utile cette obligation de donner caution, nous préférons décider que ce serait ajouter à la loi que de l'imposer aux époux, et en aucun cas nous ne la leur imposerons; l'art. 124 nous offre d'ailleurs un argument puissant : car il prend soin de déclarer expressément qu'en cas d'option pour la dissolution de communauté l'époux présent devra donner caution, tandis qu'il est muet au contraire dans le cas d'option pour la communauté continuée; or, *qui dicit de uno negat de altero;* d'autant plus que la dispense de fournir caution a pu être une faveur spéciale que la loi a voulu accorder à l'administration légale du conjoint pour encourager l'époux présent à s'en charger (Valette sur Proudh., I, p. 317; Duverger à son cours; Demol., II, n° 283).

Le Code, qui applique formellement à l'administrateur légal l'art. 126 relatif à certaines garanties de restitution, l'art. 127 relatif aux fruits, ne parle plus au contraire de l'administrateur légal dans les articles 125 et 128, quand il détermine les pouvoirs des envoyés en possession. Dans cet ordre d'idées, nous ne rencontrons que l'art. 134, qui porte qu' « après le jugement de déclaration d'absence, toute personne qui aurait des droits à exercer contre l'absent, ne pourra les poursuivre que contre ceux qui auront été envoyés en possession des biens, ou qui en auront l'administration légale »; de sorte que pour combler les lacunes qui sur ce point existent dans la loi, il faut recourir aux principes généraux du droit.

Il ne paraît pas douteux que l'époux présent, que ce soit le mari, que ce soit la femme, puisse faire tous les actes de simple administration : cela résulte du titre même que leur confère la loi. Mais quant aux actes de disposition, il importe de distinguer entre le mari et la femme : les choses se passeront bien différemment, suivant que ce sera l'un ou l'autre qui aura disparu.

Supposons d'abord l'absence du mari. La femme, qui a opté pour la continuation de la communauté, *prend*, dit l'art. 124, l'administration des biens de l'absent. C'est une administration à laquelle, dans l'état ordinaire des choses, elle ne devait pas être appelée : aussi est-ce en général au titre même de l'absence qu'elle devra se référer, en ce qui concerne les règles de cette administration; c'est dire qu'en général elle n'aura pas d'autres droits que ceux qui sont accordés aux envoyés provisoires; et que c'est dans les art. 125 et 128 qu'elle puisera ses pouvoirs. Ainsi, elle ne pourra ni aliéner ni hypothéquer aucun des immeubles sur lesquels s'étend son administration; pour le faire, il lui faudrait l'autorisation de justice; mais si elle avait aliéné sans cette autorisation, elle-même pourrait, à la différence des envoyés provisoires, invoquer cette nullité aux termes de l'art. 225 : car le mariage n'est pas dissous, et les tiers acquéreurs auraient toujours à s'imputer d'avoir traité avec une femme non autorisée alors qu'elle devait l'être. Comme eux au contraire, elle pourra aliéner le mobilier; là en effet où la loi met le droit d'administrer, elle place ordinairement le droit d'aliéner les meubles, soit directement, soit virtuellement, en n'interdisant que l'aliénation des immeubles; et il ne nous paraît pas qu'on doive s'écarter ici de cette règle, que nous appliquons d'ailleurs aux biens meubles de la communauté comme au mobilier personnel du mari. Au surplus, la femme reste soumise à la nécessité de l'autorisation maritale, à donner par le tribunal, au lieu et place du mari absent, pour ester en justice sur toutes les actions, tant mobilières qu'immobilières, relatives soit aux biens communs, soit à ceux du mari, soit même à son propre patrimoine. Sous ce rapport, la position de la femme diffère encore de celle d'un envoyé ordinaire : cela tient toujours à ce que l'absence n'a pas pour effet de dissoudre le mariage ni même d'en relâcher les effets : il subsiste toujours avec l'incapacité qu'il entraîne pour la femme.

Remarquons bien que la femme n'est pas liée à tout jamais par l'option qu'elle a faite : l'art. 124, *in fine*, lui conserve encore le droit de renoncer à la communauté, lors de sa dissolution réelle : et cela était de toute justice. Il est possible, disait à ce sujet Bigot-Préameneu, dans son discours au Corps législatif, que des affaires, entreprises avant le départ du mari, réussissent mal; et d'ailleurs, les droits que lui donne l'administration des biens de la communauté, ne sont pas aussi étendus que ceux du mari. Elle ne peut ni les hypothéquer, ni les aliéner; leur administration, occasionnée par l'absence, n'est pour elle qu'une charge qui ne doit pas la priver d'un droit acquis, avant le départ de son mari, par contrat de mariage, ou par la loi. La même faculté appartiendrait aux héritiers de la femme (art. 1453, 1466). Il était utile que le législateur reproduisît au titre de l'Absence ce privilége consacré en principe par l'art. 1453; on aurait pu croire que la participation de la femme à l'administration de la communauté continuée l'en aurait déchue, et cette erreur aurait pu détourner la femme de la pensée d'opter pour la continuation, tandis que le but de la loi est au contraire de l'y encourager; l'assurance qu'elle garde intact son droit de renonciation favorisera précisément le vœu de la loi.

Tout autres sont les droits du mari présent. En cas d'absence de sa femme, il conserve, s'il opte pour la continuation de communauté, une administration qu'il avait déjà en vertu d'autres dispositions de la loi et il reste plus particulièrement soumis aux règles tracées dans ces dispositions mêmes. Ainsi l'art. 128 ne lui enlève nullement le droit qu'il a d'aliéner ou hypothéquer tous ses propres, meubles ou immeubles, non plus que ceux de la communauté, puisque ce droit de les vendre, de les dissiper, il le tient des dispositions portées ailleurs, au titre du Contrat de mariage (art. 1421); mais relativement aux biens communs, il devra respecter l'art. 1422 qui lui défend d'aliéner, à titre gratuit, des immeubles, et la totalité ou une quotité du mobilier. Pour ce qui est des biens restés propres pour le tout à la femme, il puisera, selon nous, dans sa qualité d'administrateur le pouvoir d'en aliéner les meubles; mais si tout à l'heure nous lui permettions de disposer valablement des immeubles communs, qui ne pouvaient être considérés comme ces *immeubles de l'absent* dont parle l'art. 128, parce que tant que dure la communauté le patrimoine commun et celui du mari n'en font qu'un dont le mari est regardé comme le maître unique; nous lui interdirons, au contraire, l'aliénation des immeubles de la femme : ce sont bien là des *immeubles de l'absent;* et les art. 128 et 1428 se prêtent un mutuel et énergique appui pour en prohiber au mari l'aliénation ou l'hypothèque.

Mais n'oublions pas que la faculté laissée au mari d'aliéner les biens de la communauté, en cas d'absence de la femme, ne protége réellement que les tiers acquéreurs. Quant au mari lui-même, sa responsabilité peut se trouver engagée vis-à-vis des héritiers de la femme. Supposons par exemple que le décès prouvé de celle-ci fasse remonter la dissolution de la communauté à une époque antérieure à la vente : il est alors démontré qu'à l'époque où il a aliéné l'immeuble commun, le mari n'avait plus les pouvoirs d'un mari, c'était un administrateur ordinaire du bien d'autrui qui se trouve avoir dépassé ses pouvoirs ; et les héritiers de la femme pourront critiquer cet acte de disposition ainsi que tous les autres du même genre faits de sa propre autorité sur les biens communs. Ils ne pourront au contraire inquiéter les tiers avec qui le mari aurait traité, et vis-à-vis d'eux la vente serait valable pour le tout, puisque le mari pouvait vendre pendant la continuation de la communauté, et que, tant que la mort de la femme n'était pas certaine, il avait vis-à-vis des tiers un droit apparent qui équivalait au droit réel lui-même (Valette sur Proud., I, p. 315).

2° *Durée et causes de cessation de l'administration légale. — Attribution des fruits à l'administrateur légal.*

La continuation provisoire de la communauté résultant de l'option de l'époux présent et l'administration légale qui en est la suite, peuvent finir de six manières :

1° Par la preuve de l'existence du conjoint absent;

2° Par la preuve de son decès ;

3° Par l'envoi en possession définitif résultant, soit du laps de trente ans depuis la déclaration d'absence, ou de cent ans depuis la naissance de l'absent ;

4° Par la mort de l'époux présent;

5° Par la renonciation que l'époux, qui avait d'abord opté pour la continuation de communauté, fait à cette continuation;

6° Enfin, par la déclaration d'absence de ce deuxième époux d'abord présent et qui viendrait aussi à disparaître.

1° *Preuve de l'existence du conjoint absent.* — Alors l'administration exceptionnelle qui résultait de l'option de l'éponx présent cesse et fait place à l'administration ordinaire. La femme, si c'est elle qui administrait, rend ses pouvoirs au mari; le mari, si c'est lui qui était présent, conserve ses droits, non plus comme chef apparent, mais comme chef réel de la société conjugale; et dans les deux cas, la communauté qui n'avait eu un moment qu'une continuation apparente, se trouve avoir continué réellement.

2°-3° *Preuve du décès de l'absent; envoi définitif.* —La communauté continuée finit aussi par le décès de l'absent, quant il vient à être prouvé, et par l'envoi en possession définitif, c'est-à-dire, lorsqu'il s'est écoulé trente ans depuis l'époque où l'époux présent a pris l'administration de la communauté ou bien cent ans révolus depuis la naissance de l'époux absent. Les héritiers de ce dernier peuvent alors exercer tous leurs droits; seulement dans le cas de dissolution par le décès de l'époux absent, la communauté est partagée entre l'époux présent et les héritiers de l'époux absent, telle qu'elle était au moment de la mort de celui-ci, et sans aucun égard à ce qu'elle a été plus tard pendant la durée de l'administration provisoire. Dans le cas de dissolution par l'effet de l'envoi en possession définitif, l'absent est réputé mort du jour de sa disparition ou de ses dernières nouvelles; car, ainsi que nous avons eu maintes fois l'occasion de le constater, c'est la conséquence d'une règle invariablement applicable à tous les cas d'absence; à savoir, que l'incertitude de la vie de l'absent, une fois qu'elle prend naissance, remonte au jour même de sa disparition ou de ses dernières nouvelles, et date toujours de cette époque à mesure qu'elle se fortifie et s'aggrave avec le temps; si bien que, lorsqu'il y a lieu de présumer le décès, c'est à cette même époque qu'on doit dans tous les cas le reporter. C'est donc d'après sa consistance lors des dernières nouvelles que la communauté sera partagée, sauf à faire un nouveau partage, si la dissolution réelle par le décès peut, par l'effet des nouvelles reçues, être placée à un autre moment.

4° *Décès de l'époux présent.* — La communauté continuée se dissout définitivement par la mort de l'époux présent. Mais ce ne sera pas seulement du jour de son décès que comptera la dissolution; ce sera du jour de la disparition de l'époux absent. En effet, la communauté continuée ne pouvant plus durer, les effets de la déclaration d'absence, que cette continuation de communauté empêchait de se produire, reprennent leur force : or, le principal de ses effets est de faire supposer l'absent mort du jour même où il a disparu, et par conséquent la communauté dissoute à ce moment. C'est donc la communauté, telle qu'elle se comportait à cette époque, qui sera partagée entre les héritiers de l'absent à ce moment et les héritiers de l'époux décédé ; mais ce partage ne sera que provisoire, si l'on apprend plus tard que l'époux absent a survécu à son conjoint ou qu'il est mort postérieurement à sa disparition; dans le premier cas, le partage serait fait d'après la consistance de la communauté au jour du décès du conjoint administrateur légal; dans le second, d'après son état au moment exact du décès de l'époux absent.

5° *Renonciation de l'époux présent à la continua-*

tion de communauté. — La communauté se dissout encore par la renonciation de l'époux présent à la continuation de communauté qu'il a d'abord voulue. Ce droit est implicitement reconnu à la femme par l'art. 124, car on ne peut supposer que le législateur ait admis, en faveur de la femme, le droit de renoncer à une communauté dissoute, alors qu'elle l'a d'abord provisoirement acceptée et administrée, sans qu'il ait voulu, par cela même, et *a fortiori*, lui donner le droit de renoncer à la continuation de la communauté, qu'elle avait d'abord demandée et obtenue. Quant au mari, l'art. 124 lui est sans doute bien étranger, mais des considérations, d'ailleurs communes à l'un et à l'autre époux, ne permettent pas d'établir entre eux une différence quelconque. Le droit d'option de l'art. 124 constitue une faveur pour l'époux commun en biens; il est établi pour le mari aussi bien que pour la femme, dans leur intérêt propre à chacun; or, si ce droit est une faveur, on peut y renoncer à toute époque. *Quilibet juri in favorem suum introducto renuntiare potest.* D'ailleurs, comme on l'a dit avec raison, cette renonciation ramène le droit commun en matière d'absence; elle ouvre l'exercice provisoire de tous les droits que la continuation de communauté paralysait injustement peut-être; elle satisfait tout le monde, celui qui la fait, les tiers intéressés dont elle ouvre les droits; quant à l'absent, il serait difficile d'admettre qu'elle lui enlève un droit acquis, puisque la loi établit précisément l'envoi en possession provisoire comme la règle générale et la continuation de la communauté comme un événement qui vient exceptionnellement mettre obstacle à cet envoi (Valette sur Proudhon, I, p. 317; Demolombe, II, nº 290).

Si donc cette renonciation a été faite, la communauté sera réputée dissoute du jour de la disparition, et le partage en sera fait d'après l'état où elle se trouvait alors; sauf à refaire un nouveau partage, s'il est établi qu'elle n'a été dissoute que postérieurement, et sauf au contraire à continuer la communauté et à demander restitution aux héritiers présomptifs, s'il apparaît que la communauté a toujours duré.

6º *Absence déclarée du conjoint administrateur légal.* — Lorsque le conjoint présent, administrateur légal, vient lui-même à disparaître, son absence, tant qu'elle n'est que présumée, ne change rien aux mesures prises. Mais s'il vient lui-même à être déclaré absent, il est par là supposé mort; la continuation de communauté s'arrête donc, et c'est au jour de la disparition du premier absent que remontera pour le partage la dissolution provisoire de la communauté. Que si maintenant on venait à apprendre ou que les deux absents existent, ou qu'ils sont morts, ou qu'un seul existe tandis que l'autre est mort, la communauté serait définitivement continuée ou dissoute à partir de ces différentes époques; si, au contraire, l'un des conjoints restant absent, on connaissait seulement l'existence ou la mort de l'autre, il y aurait lieu à une nouvelle liquidation de la communauté, mais elle ne serait que provisoire, puisque la connaissance postérieurement acquise, soit de l'existence, soit de la mort de l'absent, peut venir prouver que la communauté, qu'on avait présumée dissoute à telle époque, ou dure encore, ou n'a été dissoute qu'à une époque différente.

On vient de voir que parmi les causes de dissolution de la communauté continuée, figuraient les causes de dissolution de la communauté ordinaire, celles, du moins, qui sont compatibles avec l'état d'absence; on s'est demandé, à ce sujet, si la séparation de biens qui, aux termes de l'art. 1441, opère la dissolution de la communauté, serait également applicable à la communauté continuée? Ainsi l'époux présent dilapide les biens de la communauté; il est en faillite ou en déconfiture; la séparation de bien pourra-t-elle être demandée au nom de l'absent? Nous ne le pensons pas; car le droit de demander la séparation est personnel à la femme (art. 1446); et il n'y a pas ici de raison pour protéger un époux plutôt que l'autre. Nous ne laisserions pas pour cela sans secours, à la merci de l'époux dissipateur, les droits des intéressés. D'abord le nu-propriétaire d'un bien dont l'absent avait l'usufruit pourrait invoquer contre l'époux présent les dispositions de l'art. 618; quant aux héritiers, aux légataires, donataires de biens à venir, etc. ils pourraient demander des mesures conservatoires (art. 1180), et même, comme l'époux présent viole les conditions sous lesquelles il doit administrer, le faire condamner à fournir caution (arg. d'anal. des art. 1188 et 2131); mais ce serait, selon nous, forcer les principes du droit que d'aller plus loin, et d'accorder à ces intérêts, tout respectables qu'ils soient, la grave protection de la séparation de biens : le texte et l'esprit de la loi nous paraissent s'y opposer.

Toutes les fois donc que pour une des causes que nous venons d'énumérer, les héritiers présomptifs de l'époux absent, mort ou réputé mort, viennent partager la communauté avec l'époux présent ou ses héritiers, ils prennent les biens propres de l'absent et sa part dans la communauté. Le partage de celle-ci se fait, d'après son état au jour du déces de l'absent, s'il est prouvé; sinon, au jour de sa disparition ou de ses dernières nouvelles; car, ainsi que nous l'avons vu, la dissolution remonte rétroactivement à l'époque à laquelle, selon les principes généraux, se reporte invariablement la présomption de mort, pour le règlement des droits des parties intéressées (articles 120, 123, 129). Et ce qui montre que telle est en effet la pensée de la loi, c'est qu'elle oblige l'époux présent à faire inventaire, lorsqu'il opte pour la continuation de la communauté : cela ne suppose-t-il pas la nécessité d'un règlement et la liquidation de la communauté d'après son état à cette époque ? D'après cela, l'époux présent sera fondé à garder pour lui les acquêts qu'il aurait faits, et ce qui lui serait échu par succession, donation ou autrement, soit depuis l'époque que nous venons d'indiquer, soit en cas de décès prouvé depuis la date de ce décès.

Mais les héritiers peuvent-ils, en demandant les biens personnels de leur auteur et sa part de la communauté, en demander aussi les fruits perçus ? Il semble que seuls ils devraient y avoir droit à partir du décès ou de la disparition, puisque dès ce jour ils ont été ou sont censés avoir été propriétaires de ces biens; mais l'art. 127, qui assimile aux envoyés provisoires l'époux administrateur légal, vient singulièrement restreindre leur part, puisqu'il autorise ce dernier à retenir les quatre-cinquièmes des fruits, si le partage a lieu dans les quinze ans de la disparition, les neuf-dixièmes, s'il a lieu avant l'expiration de trente ans et la totalité s'il ne se fait qu'après les trente ans. On ne peut se dissimuler ce qu'il y a de peu logique dans cette assimilation de l'administrateur légal avec les envoyés en possession. On conçoit bien, en effet, que ces derniers prennent dans les fruits une part de plus en plus considérable à mesure que l'absence se prolonge, car avec le temps le décès de l'absent devient de plus en plus probable et les envoyés finissent de très-bonne foi par se croire propriétaires. Au contraire l'administrateur légal, dont le droit ne repose que sur la présomption de vie de son conjoint, voit cette présomption diminuer de force chaque jour; ses droits vont chaque jour en s'affaiblissant; et pourtant c'est dans une proportion croissante qu'il perçoit, lui aussi, les fruits : il eût été évidemment plus logique et plus équitable de les lui attribuer dans une proportion décroissante.

D'un autre côté, cette application de l'art. 127 à l'époux administrateur légal ne laisse pas que d'être très-délicate à faire : car il y a à concilier la règle qu'il édicte, d'une part avec le principe que le mari a le droit de dissiper, comme chef de la communauté, tous les revenus provenant des biens communs et même des propres de sa femme (art. 1421), et d'autre part, avec le principe que les fruits échus ou perçus pendant le mariage tombent dans l'actif de la communauté (art. 1401-2°). A cet égard nous distinguerons trois hypothèses.

Première hypothèse. — Lorsque l'absent vient à reparaître ou donne de ses nouvelles, les fruits des biens dont la jouissance appartenait à la communauté, tombent dans cette dernière, et pour la portion restituable à l'absent et pour celle que l'époux présent est autorisé à retenir en vertu de l'art. 127.

Quant aux fruits des biens de l'absent, dont la jouissance se trouvait exclue de la communauté, ils tombent dans cette dernière pour la part revenant à l'époux présent; car, bien qu'exclus de la communauté d'après les règles du contrat de mariage, ils sont gagnés pour elle du chef de l'époux qui les a acquis, conformément à l'art. 127; au contraire, ils restent propres à l'absent pour la portion qui doit lui être restituée d'après le même article. Mais bien entendu si c'est le mari qui est présent, il n'a rien à rendre quant aux fruits tombés en communauté qu'il a dissipés : l'article 1421 le décharge de toute responsabilité.

Certains auteurs n'admettent pas notre manière de voir et prétendent que l'art. 127, en autorisant l'époux présent à retenir suivant les cas la totalité ou une portion des fruits par lui perçus, avait, pour cette hypothèse, dérogé à l'art. 1401-2°; la loi aurait ainsi donné ces fruits à l'époux présent, sous la condition qu'ils ne tomberaient pas en communauté : ce serait en considération de l'intérêt que mérite le conjoint présent et en dédommagement de la situation pénible qui lui est faite. Mais cette dérogation ne nous paraît pas justifiée : ces fruits que perçoit l'absent sont des acquêts et doivent tomber dans la communauté; autrement, l'équité serait blessée, car l'absent de son côté aurait pu faire des acquisitions ou des économies qui profiteraient incontestablement à la communauté. D'autres auteurs font une distinction qui est encore moins admissible, et disent : si l'époux présent a conservé les revenus, on appliquera 1401 et la communauté en profitera; s'il a dépensé la part de fruits que lui attribuait l'art. 127 : que ce soit le mari, que ce soit la femme, peu importe : il sera dispensé de les rendre. Ce système ne tient pas compte des pouvoirs limités de la femme, qui n'est en réalité qu'un mandataire et qui doit compte à la communauté de tous les acquêts qu'elle a faits ; il favorise plus la prodigalité que l'économie, et doit pour ces raisons être écarté. Quelque restreinte que soit l'application que nous faisons de notre art. 127, au cas où l'absent reparaît ou donne de ses nouvelles, notre système est de tous le plus satisfaisant; c'est du reste le plus généralement répandu (Valette sur Proud., I, p. 319; Duverger à son cours; Zach., Aub. et Rau, I, p. 619; Demol., II, n° 288).

Deuxième hypothèse. — Lorsque le décès de l'absent vient à être prouvé, on doit appliquer aux fruits perçus jusqu'au moment du décès les règles posées pour l'hypothèse précédente. Quant aux fruits perçus à partir du décès jusqu'au moment de la cessation de l'administration légale, l'art. 127 recevra sans peine son application : l'époux qui les a perçus restituera aux héritiers de l'absent la part de fruits que cet article détermine, il gardera l'excédant pour lui; mais, bien entendu, cette restitution n'est relative qu'aux fruits perçus sur les propres de l'époux décédé et sur sa part des biens communs ; il est en effet bien évident que ceux qui proviennent de ses biens personnels lui restent en totalité.

Troisième hypothèse. — Enfin, lorsque la communauté provisoirement continuée se dissout par la mort de l'époux présent, par sa renonciation à la continuation de communauté, ou par l'envoi en possession définitif, l'attribution des fruits ou, le cas échéant, leur partage entre l'époux présent ou ses héritiers et les envoyés en possession, se règle encore d'après les dispositions de l'art. 127. Dans ces divers cas, en effet, la communauté, provisoirement continuée, est réputée dissoute à partir de la disparition ou des dernières nouvelles, et dès lors, il ne peut plus être question de faire tomber dans cette communauté tout ou partie des fruits perçus par l'époux présent. Ce point une fois établi, disent MM. Aubry et Rau (sur Zach., I, p. 620, note 16), il ne reste plus que l'alternative, ou de régler le sort de ces fruits conformément à l'art. 127, ou d'obliger l'époux présent à les restituer en totalité aux ayants droit de l'absent. Or, ce dernier parti serait si manifestement contraire à l'esprit de faveur dans lequel a été rédigé l'art. 124, et aux motifs sur lesquels reposent les art. 127 et 130, qu'il est impossible de s'y arrêter; et l'on ne doit pas hésiter à étendre, par analogie, à l'hypothèse actuelle, les dispositions de ces derniers articles qui ne s'y appliquent pas textuellement (Valette, *ibid.*, Duv., Demol., II, nos 285-7).

Observons toutefois que ce ne sera pas toujours sur les fruits produits par les biens pendant *tout* l'intervalle entre la dissolution et le moment où se fait le partage, que l'époux présent ou ses héritiers pourront prendre une partie ou la totalité. En effet, cet époux n'a droit à ces fruits, en vertu de l'art. 127, qu'autant qu'il a été administrateur légal; or, l'administration légale ne commence qu'après la déclaration d'absence. Lors donc que la dissolution, soit réelle, soit présumée, de la communauté remontera à une époque antérieure à la déclaration d'absence, tous les fruits produits par les biens dans cet intervalle appartiendront exclusivement aux héritiers de l'absent et leur seront remis avec les biens eux-mêmes, et au même titre, c'est-à-dire, soit définitivement, soit provisoirement, selon les circonstances. L'époux présent pourra seulement en exiger une petite portion, *pro cultura et cura*, si c'est lui qui avait administré pendant la présomption de l'absence, car il se pourrait aussi que ce fût un mandataire de l'absent ou un curateur nommé par le tribunal.

Deuxième hypothèse. — Option pour la dissolution provisoire de la communauté.

« ..:.. Si l'époux demande la dissolution provisoire de la communauté, dit l'art. 124-1°, *in fine*, il exercera ses reprises et tous ses droits légaux et conventionnels à la charge de donner caution pour les choses susceptibles de restitution. »

Tout à l'heure nous voyions l'époux présent opter pour la continuation de la communauté et empêcher par cette option l'exercice provisoire de tous les droits subordonnés au décès de l'absent; maintenant qu'il opte au contraire pour sa dissolution, les règles ordinaires de l'envoi provisoire reprennent leur empire, et aucun obstacle n'existant plus, tous ceux ayant des droits subordonnés à la condition du décès de l'absent sont admis à les exercer. L'art. 124 ne fait en cela que confirmer les art. 120 et 123 : fût-il muet sur ce point que le droit serait resté le même; sa disposition n'est qu'une application particulière de la règle et de la disposition générale écrites dans l'art. 123.

Ainsi, la communauté est réputée dissoute; mais cette dissolution, on le comprend, n'a jamais à ce moment qu'un caractère provisoire; car si plus tard il vient à être prouvé que la dissolution réelle n'a eu lieu que postérieurement, il faudra faire un nouveau calcul et partager la communauté en y comprenant tout ce qui lui appartenait à cette époque de la dissolution réelle ; ce provisoire deviendra, au contaire, définitif, si le décès de l'absent reste perpétuellement ignoré.

Comme tous les autres envoyés, l'époux présent exerce dès lors sur les biens de son conjoint les droits qu'il exercerait en cas de décès prouvé. Sa condition ressemble d'ailleurs assez bien à celle de ces envoyés ; il a en principe les mêmes pouvoirs ; il est soumis aux mêmes obligations, sauf les quelques différences que nous allons signaler.

1° *Garanties de restitution.* — Les envoyés donnent caution pour tous les biens qui leur sont confiés, car l'obligation de restitution les embrasse tous (art. 120) ; l'époux présent ne donne caution que *pour les choses susceptibles de restitution* (art. 124) ; il y a donc des biens que l'époux pourra conserver, d'autres qu'il devra rendre ? Nous allons, pour répondre à cette question, distinguer deux hypothèses ; celle où c'est la femme qui est présente, celle au contraire où c'est le mari. Rappelons auparavant le but essentiel que poursuit la loi en exigeant une caution des envoyés ou de l'époux présent ; cela nous guidera dans l'examen des diverses questions qui vont se présenter. M. Demolombe à cet égard, s'exprime ainsi : Le but de la loi me paraît être de ne point compromettre par le règlement provisoire auquel donne lieu la déclaration d'absence les droits qui pourraient résulter plus tard d'un règlement définitif, auquel donnerait lieu la preuve de l'existence de l'absent ou de son décès à une autre époque que celle des dernières nouvelles (II, n° 298); et il en tire cette conséquence générale que, lorsqu'un droit éventuel quelconque pourrait être compromis par ce règlement provisoire, il doit être garanti par la caution. Appliquons successivement ce principe au cas d'absence du mari et de la femme.

Le mari est absent. La femme, optant pour la dissolution de la communauté, a le droit de reprendre ses biens propres, mobiliers ou immobiliers, ou bien le prix de ceux qui ont été aliénés sans remploi ; sa part dans la communauté et les indemnités qui lui sont dues par cette communauté ; le préciput qu'elle s'est réservé ; tout ce qu'elle a porté à la communauté en en stipulant la reprise au cas de renonciation, lorsqu'elle y renonce en effet; enfin les donations de biens à venir qui lui ont été faites par son conjoint, soit dans son contrat de mariage, soit depuis. Quels sont parmi ces biens ceux susceptibles de restitution, a raison desquels la femme devra fournir caution? Si elle renonce à la communauté, elle devra caution pour ses biens personnels, ses récompenses, les apports dont elle aurait stipulé la reprise en cas de renonciation, pour le préciput et les autres gains de survie. Si elle accepte, la caution serait due pour sa part dans la communauté, les indemnités qu'elle y a prises et ses gains de survie ; elle serait également due pour ses biens personnels, dont la jouissance appartiendrait à la communauté, si celle-ci venait à se rétablir, mais comme précisément il n'y a que cette jouissance qui serait compromise par la reprise qu'aurait exercée la femme, nous déciderons avec M. Duranton, que la jouissance seule devrait être prise en considération dans la prestation de la caution (I, n° 469). Dans aucun cas, la caution ne serait due pour les biens dont la femme se serait réservé la jouissance exclusive; car ils ne sont point susceptibles de restitution.

La femme est absente. Sans difficulté, le mari n'est pas plus que la femme obligé de donner caution pour ceux de ses biens dont la communauté n'avait ni la propriété ni la jouissance; au contraire, il devra certainement caution pour ses gains de survie, car ses héritiers devraient les restituer, s'il était établi que la femme lui eût survécu. Mais que décider relativement à ceux de ses biens personnels dont la communauté avait la jouissance et relativement à sa part de la communauté? Pour ceux de ses biens personnels dont la communauté avait la jouissance, on décide communément que le mari ne doit pas fournir caution; car en aucun cas, dit-on, ces biens ne peuvent être l'objet d'une restitution, puisque la propriété lui en appartient, et que, s'il peut en disposer de la manière la plus absolue, il ne peut *a fortiori* être tenu de rendre compte des revenus à la femme ou à ses représentants. S'agit-il, en effet, des fruits perçus avant le décès de sa femme, alors que durait encore la communauté, il a eu le droit de les dissiper; ceux qu'il a perçus postérieurement lui appartiennent exclusivement, puisqu'au moment de leur perception la communauté n'existait plus : quel compte pourrait-il donc avoir à rendre? (Demol., II, n° 301; Valette sur Proud., 1, p. 322). Nous pensons, au contraire, que pour ces biens-là, la caution est due; parce qu'il y a une restitution possible; parce que le règlement qui se fait alors n'a toujours qu'un caractère provisoire et que « lorsqu'un droit éventuel quelconque pourrait être compromis par ce règlement provisoire, il doit être garanti par la caution. » Il est à craindre, en effet, que le mari ne dissipe, après la dissolution réelle arrivée (c'est-à-dire après la mort de la femme) et alors qu'il n'en avait plus le droit, des choses dont la restitution conséquemment peut lui être demandée par les héritiers de la femme. Marcadé, qui enseigne cette opinion, fait ressortir l'utilité de la caution dans l'exemple suivant : La dissolution provisoire remonte à 1820; le revenu des biens personnels du mari est de 5,000 fr. par an; la dissolution réelle n'a lieu, par la mort de la femme, qu'en 1852; voici donc 25,000 francs de revenus qui appartiennent à la communauté. En 1826 et 1827, ces 25,000 francs sont dissipés par le mari à qui ils n'appartiennent que pour moitié, et qui ne pouvait plus, la communauté étant dissoute, dissiper que cette moitié à lui appartenant. C'est en 1828 qu'on apprend la dissolution réelle, arrivée en 1825 : eh bien! les héritiers de la femme auront alors le droit de demander au mari la restitution de 12,500 francs. Donc, il y a restitution possible, et, par conséquent, la caution est due (I, n° 401).

En ce qui concerne sa part des biens communs, les auteurs encore se partagent. La plupart n'exigent pas que le mari donne caution : car, disent-ils, comment concevoir qu'il se trouve obligé de donner caution pour rendre à la femme, au retour de celle-ci, des biens sur lesquels il a une maîtrise entière, quand elle n'est point absente? (Proudhon, I, p. 323.) D'autres auteurs exigent la caution : car il pourrait arriver qu'il y eût lieu à restitution, par exemple, au cas où la femme absente mourrait et où, dans l'intervalle de la dissolution provisoire à la dissolution réelle, la part prise provisoirement par les héritiers de la femme serait diminuée par cas fortuit (Valette sur Proud., I, p. 323, note *a*; Marcadé, I, n° 401). Nous partageons plus volontiers cette deuxième opinion; toutefois, comme jusqu'à la dissolution réelle la communauté a duré, que pendant ce temps le mari a pu comme chef de cette communauté aliéner et dissiper les biens communs, et que, pour être dispensé de rien rendre, il lui suffirait de répondre aux héritiers de la femme qu'il a dissipé les biens auxquels ils prétendent : nous pensons, avec M. Demolombe, que la caution n'aurait d'utilité qu'au cas où il serait prouvé qu'au moment du décès de la femme le mari avait encore ces biens communs. Cette preuve sera souvent difficile à faire et les héritiers de la femme verront souvent leurs intérêts compromis, mais ils portent la peine de la disparition de leur auteur; et il suffit que le mari présent ait agi sans fraude, pour que l'on maintienne les actes par lesquels, en sa qualité de chef de la communauté, il aurait valablement diminué le fonds social, quelque préjudice qui en résulte pour les ayants cause de la femme.

Dans tous les cas où il y a lieu, pour le mari ou la femme, de donner caution, comme il s'agit d'une caution légale, il faudra qu'elle réunisse les conditions exigées par les art. 2018 et 2019, C. N.

L'art. 124 n'établit, de la part du conjoint qui opte pour la dissolution de la communauté, d'autre garantie de restitution que la nécessité de donner caution ; il ne parle ni de l'inventaire, ni de la vente du mobilier, ni de l'emploi des capitaux, ni de l'état des immeubles : s'ensuit-il donc que cet époux soit dispensé de toutes ces mesures conservatoires? L'affirmative semble bien résulter de cet art. 124 qui n'exige que la caution et de l'art. 126 qui, en prescrivant ces mesures à ceux qui auront obtenu l'envoi provisoire, les recommande également à l'époux, mais seulement dans le cas où il opte pour la continuation de la communauté : d'où l'on pourrait conclure *a contrario* que, dans l'hypothèse de l'option pour la dissolution provisoire, l'époux est virtuellement dispensé de l'observation de ces diverses mesures. Pourtant nous ne saurions nous ranger à cette opinion. Que l'art. 126 ait imposé l'inventaire au conjoint présent en cas d'option de la communauté, cela se comprend, parce qu'il n'est pas dans l'ordre naturel des choses d'inventorier les biens d'une personne qui n'est ni morte, ni présumée telle. Que la loi n'ait pas parlé de l'inventaire en cas d'option pour la dissolution de la communauté, on ne peut guère non plus s'en étonner; car cette obligation résultait du fait même de la dissolution de communauté, où nous voyons le défaut d'inventaire entraîner de graves responsabilités pour l'époux survivant (art. 1442, 1483, 1456, 1459). Peut-être dans la pensée des rédacteurs du Code Napoléon, cet art. 1442 devait-il suppléer sur ce point à l'art. 126. Mais, même en dehors de l'art. 1442, nous pensons que l'obligation d'un inventaire et des autres mesures conservatoires existe pour l'époux qui a opté pour la dissolution de la communauté. Cet époux, en effet, se présente comme ayant des droits subordonnés au décès de l'absent; il fait partie des intéressés dont parle l'article 123; comme eux il est un envoyé provisoire : il suit donc que les règles qui s'appliquent aux envoyés provisoires doivent s'appliquer à lui et que l'art. 126 doit être observé dans toute son étendue. Loin de nous incliner devant l'argument *a contrario* tiré de l'art. 124, nous nous emparons de la disposition de cet article pour dire, avec plus de raison encore, que si la caution est exigée, *a fortiori* l'inventaire doit l'être. Et en effet, n'est-il pas évident que pour savoir ce que l'époux présent devra restituer, il faut qu'on sache ce qu'il a reçu? Et, dans ce cas, l'inventaire, la constatation de l'état des immeubles ne sont-ils pas presque aussi nécessaires que la caution elle-même? N'est-ce pas encore l'inventaire qui fixera l'étendue de l'obligation de la caution?

2° *Pouvoirs de l'époux présent.* — La dissolution de communauté, résultant de l'option de l'époux présent est purement provisoire; par suite, la communauté se rétablit *ipso facto*, si l'absent reparaît ou donne de ses nouvelles; elle est même censée n'avoir jamais été dissoute; de telle sorte que les biens échus à l'un ou à l'autre époux depuis l'option doivent être rapportés à la communauté, s'ils sont de nature à y tomber. Pendant ce temps, le mari aurait pu aliéner valablement ses biens personnels et ceux de la communauté, tout comme en cas d'option de sa part pour la continuation de communauté : quitte à compter avec les héritiers de la femme, à raison des actes qu'il aurait faits depuis la dissolution réelle en dehors des pouvoirs d'un administrateur ordinaire. Pour la femme, elle n'a jamais que les pouvoirs d'un envoyé en possession : même pour aliéner ses biens personnels il lui faudrait l'autorisation de justice, conformément aux art. 217 et 219; en effet, la supposition de mort, qui résulte de la déclaration d'absence, n'existe que quant aux biens et aux intérêts pécuniaires; elle ne brise pas la puissance maritale.

3° *Attribution des fruits.* — Quant aux fruits perçus jusqu'à la dissolution réelle, ils tombent sous l'application de l'art. 1401-2°. Sur ceux perçus postérieurement, l'époux présent prendra la fraction que lui attribue l'art. 127, à l'encontre des héritiers ou ayants cause de l'héritier prédécédé.

CHAPITRE II

ENVOI EN POSSESSION DÉFINITIF

« Si l'absence a continué pendant trente ans depuis l'envoi provisoire, ou depuis l'époque à laquelle l'époux commun aura pris l'administration des biens de l'absent, ou s'il s'est écoulé cent ans depuis la naissance de l'absent, les cautions seront déchargées; tous les ayants droit pourront demander le partage des biens de l'absent, et faire prononcer l'envoi en possession définitif par le tribunal de première instance » (art. 129).

Trente ans se sont écoulés depuis la déclaration d'absence, ou bien cent ans ont passé depuis la naissance de l'absent : alors commence la troisième période, celle de l'*envoi définitif*. Il est un terme, disait Bigot-Préameneu dans son Exposé des motifs au Corps législatif, au delà duquel il ne serait ni juste ni conforme à l'intérêt public de laisser les héritiers dans un état aussi précaire.

Ainsi, l'idée fondamentale sur laquelle vont reposer dès lors les mesures à prendre, c'est la supposition de la mort de l'absent ; et quand l'art. 129 fait courir du jour de l'envoi en possession provisoire, les trente ans après lesquels pourra être prononcé l'envoi définitif, il commet une inexactitude, car évidemment ce délai doit partir du jour de la déclaration d'absence. Si la loi a désigné comme point de départ l'envoi provisoire, c'est que le plus habituellement il a lieu en même temps que la déclaration d'absence ; mais si le contraire se présentait, si par aventure l'envoi était postérieur à la déclaration, nous n'hésiterions pas, nous inspirant de l'esprit du législateur, à décider que c'est trente ans après la déclaration d'absence que doit être prononcé l'envoi définitif. La présomption de décès est en effet fondée, non pas sur l'envoi définitif, mais sur le laps de temps plus ou moins long écoulé depuis la disparition ; or, elle n'a pas moins de force, dans le cas où ceux qui ont provoqué l'absence n'ont pas immédiatement demandé l'envoi que dans l'hypothèse contraire : que peut même y ajouter le fait de l'envoi provisoire ? Rien, assurément ; puisque nous voyons la loi permettre l'envoi définitif dès la centième année accomplie de l'absent, sans qu'il y ait eu d'envoi provisoire ou d'administration légale ?

En tenant compte du temps qu'aura duré la période de présomption d'absence, c'est donc au bout de trente-cinq ou de quarante et un ans, à compter du jour où l'absent a donné pour la dernière fois signe de vie, que l'envoi définitif pourra être prononcé ; après trente-cinq ans, si l'absent n'avait avant son départ laissé aucune procuration ; après quarante et un ans, s'il avait laissé un procureur. Alors la situation de l'envoyé change profondément : tout à l'heure il n'avait à l'égard de l'absent et des tiers qu'une propriété très-précaire ; propriétaire incontestable, si l'absent ne reparaissait pas ou qu'on n'eût jamais de ses nouvelles, il était, au cas de son retour, assimilé à un mandataire et ses pouvoirs étaient limités à ceux d'un administrateur des biens d'autrui, tandis qu'une fois l'envoi définitif prononcé, il est plein propriétaire ; tous les actes qu'il fait sont valables ; sans doute il restituera encore à l'absent de retour tous ses biens, mais il les restituera dans l'état où ils se trouveront ; il aura bien encore été son mandataire, mais mandataire avec les pouvoirs les plus étendus : il aura pu disposer des biens à titre onéreux, même à titre gratuit, et les droits qu'il aura ainsi conférés à des tiers ne seront plus résolubles, mais deviendront inattaquables et définitifs. L'intérêt des tiers et l'intérêt social le voulaient ainsi ! Après si longtemps, il ne fallait pas induire en erreur les tiers sur le caractère précaire du droit des envoyés : c'eût été porter une atteinte grave au crédit public ; il fallait faire rentrer dans le commerce des biens qui en étant trop longtemps distraits, nuisaient aux intérêts du Trésor ; d'ailleurs tant d'années d'absence avaient donné à la présomption de mort une si grande probabilité qu'elle était presque arrivée à la certitude !

Nous nous demanderons, relativement à l'envoi définitif, comme nous l'avons fait pour l'envoi en possession provisoire :

§ 1er. Par qui peut-il être demandé?

§ 2. Suivant quelles formes?

§ 3. Quels en sont les effets?

§ 4. Comment il prend fin; et sous ce paragraphe, nous rechercherons dans quels cas naît pour les envoyés l'obligation de restituer les biens, et quels sont les effets de cette obligation?

§ 1er. *Par qui peut être demandé l'envoi définitif?*

L'envoi en possession définitif peut être demandé par les héritiers de l'absent ou par tous autres ayants droit qui auraient obtenu légitimement l'envoi provisoire; ou qui, ayant le droit de l'obtenir, ne l'auraient pas demandé, soit qu'ils fussent absents eux-mêmes, soit qu'éloignés du domicile de l'absent, ils aient ignoré ce qui s'est passé, soit enfin qu'ils n'aient pas voulu le demander : toutefois, dans ces divers cas, ils devaient agir avant que leur droit fût prescrit.

Ici encore on appliquera la règle que nous avons rappelée au sujet des envoyés provisoires : c'est-à-dire que, pour déterminer si ceux qui réclament l'envoi définitif sont ou non dans la classe des ayants droit, c'est à l'époque de la disparition de l'absent ou de ses dernières nouvelles qu'on devra se reporter. Ce point a été consacré par la Cour de cassation qui a décidé spécialement que lorsque cent ans se sont écoulés depuis la naissance de l'absent, et qu'ainsi il y a présomption qu'il est décédé, la date de sa mort doit être fixée au jour de la disparition ou des dernières nouvelles (*Req.*, 22 décembre 1813).

Du reste, s'il n'est pas nécessaire qu'il y ait eu envoi provisoire en faveur de tel ou tel héritier pour que l'envoi définitif puisse être demandé, il est indispensable au contraire que la déclaration d'absence ait été prononcée : et cela s'appliquera, selon nous, aussi bien au cas où la demande d'envoi définitif serait fondée sur l'expiration des cent années de l'absent, qu'au cas où elle le serait sur les trente ans écoulés depuis la déclaration d'absence. Autrement, on violerait le vœu de la loi qui est de protéger l'absent par ces formes solennelles si bien faites, par leur lenteur et leur publicité, pour l'instruire s'il vit encore et le mettre en quelque sorte en demeure de faire cesser l'incertitude qui existe sur lui ; autrement encore on pourrait dépouiller de tout ou partie de ses biens un centenaire qui vivrait ignoré ou retiré peut-être à une distance peu considérable du tribunal auquel l'envoi serait demandé.

§ 2. *Suivant quelles formes?*

La loi n'en a déterminé aucune : l'art. 129 se borne à déclarer que la demande d'envoi définitif devra être portée devant le tribunal de première instance qui aura déclaré l'absence et prononcé l'envoi en possession provisoire des biens. Voici comment en pratique on procède : les ayants droit présentent requête à cet effet, en y joignant les pièces et documents, c'est-à-dire soit l'expédition du jugement déclaratif d'absence, soit l'acte de naissance de l'absent ; sur ces pièces, il est fait rapport à l'audience et le jugement est prononcé, le procureur de la République préalablement entendu.

Le tribunal ne devrait-il pas ordonner une enquête, comme il l'a fait avant d'ordonner la déclaration d'absence? La loi ne l'exigeant pas, nous laisserons le tribunal juge de son opportunité; ce sera pour lui non pas une obligation, mais une simple faculté, dont il usera le plus souvent : car pour que l'envoi définitif puisse être prononcé, il faut que l'absence ait continué sans interruption depuis la déclaration qui en a été faite, et quel moyen mieux qu'une enquête mettra le tribunal à même de s'éclairer et de statuer en connaissance de cause? Toutefois, dans le cas où il jugerait à propos de l'ordonner, elle serait faite contradictoirement avec le procureur de la République, tant dans l'arrondissement du dernier domicile de l'absent que dans celui de sa résidence; mais il n'y aurait pas à surseoir pendant le délai d'un an (art. 119), ni à communiquer l'enquête au ministre de la justice (art. 118), puisqu'il ne s'agit plus alors d'éclairer l'avenir par une grande publicité, mais de porter uniquement ses investigations dans le passé. Il nous semble même que cette enquête pourrait être ordonnée au cas où l'envoi définitif aurait pour base le siècle de vie, car la simple production de l'acte de naissance pourrait ne pas suffisamment établir cette condition essentielle de l'envoi définitif, que depuis sa disparition le centenaire n'a point donné de ses nouvelles.

§ 3. *Quels sont ses effets?*

A cet égard, nous distinguerons suivant qu'il s'agira des rapports des envoyés entre eux, de leurs rapports avec les tiers, ou de leurs rapports avec l'absent.

I. *Rapports des envoyés définitifs entre eux.*

Entre les divers envoyés, l'envoi définitif ouvre une véritable succession et met les choses dans l'état où elles seraient placées par le décès prouvé de l'absent. Alors expirent l'envoi provisoire et l'administration légale; tous les ayants droit peuvent demander le partage : rien ne le suspend plus. Ce partage, il est vrai, ne sera pas souvent nécessaire, car il aura été le plus ordinairement opéré à la suite de l'envoi provisoire; cependant la nécessité d'y procéder aura lieu dans les cas suivants :

1° Lorsque les ayants droit ont obtenu l'envoi définitif sans passer par l'intermédiaire de l'envoi provisoire : ce qui peut arriver, quand ils l'obtiennent sur le motif qu'il s'est écoulé cent ans depuis la naissance de l'absent, ou quand, après la déclaration d'absence, les héritiers présomptifs ne l'ont pas demandé, ou que l'époux présent y a mis obstacle en optant pour la continuation de la communauté; 2° lorsque l'envoi provisoire, ayant été demandé et obtenu, ne l'a été que par quelques-uns des ayants droit; 3° lorsque l'envoi définitif est conféré à des parents autres que ceux qui avaient obtenu l'envoi en possession provisoire; 4° lorsque les envoyés provisoires n'ont fait qu'un simple partage provisionnel, et de jouissance.

Les ayants droit universels ou à titre universel, autres que les héritiers présomptifs, pourraient également provoquer un partage définitif, s'il n'avait pas eu lieu; les ayants droit à titre particulier devraient simplement mettre en cause les héritiers présomptifs et se faire délivrer les biens qui leur reviennent et dont la possession ne leur aurait pas encore été remise.

II. *Rapports des envoyés définitifs avec les tiers.*

Vis-à-vis des créanciers de l'absent, les envoyés définitifs ne sont toujours qu'héritiers bénéficiaires, et si en fait ils n'ont pas, dans une administration générale et libre, confondu tous les biens, ils ne sont pas tenus *ultra vires* et sur leur propre patrimoine des dettes et charges grevant celui de l'absent : leur propriété est en effet révocable en un certain sens et l'envoi définitif ne peut être considéré comme opérant par lui-même une confusion absolue entre les deux patrimoines. Vis-à-vis des tiers avec qui ils contractent, ils sont au contraire réellement héritiers et propriétaires. On a pu le contester en théorie en disant que l'absence n'a jamais été une cause d'ouverture de la succession (art. 130, 718), ni l'envoi définitif un des modes, indiqués par les art. 711 et 712, d'acquisition de la propriété; mais il suffit que la loi présume la mort, — et lors de l'envoi définitif cette présomption en est arrivée à son maximum de force, selon l'expression du tribun Leroy, — or, la mort est la cause d'ouverture des successions; donc la succession de l'absent sera réputée ouverte, les envoyés deviendront héritiers et propriétaires, et s'il y a quelque restriction à faire à ce nouveau caractère de leur possession, nous verrons que cela ne regarde en rien les rapports des envoyés avec les tiers, mais les rapports des envoyés avec l'absent ou ses ayants cause.

Les envoyés ne seront plus de simples dépositaires des biens, disait Bigot-Préameneu : la propriété reposera sur leur tête ; ils pourront les aliéner (Exposé des motifs). Ils les aliènent en effet sans aucune condition, sans aucune formalité, non-seulement à titre onéreux, mais encore à titre gratuit : cela s'induit très-clairement, par *a contrario*, des art. 128 et 132, et les tiers n'ont à craindre de l'absent aucune action en revendication : il n'aurait contre eux que les droits qu'aurait l'envoyé lui-même, par exemple, les actions en payement, en résolution....., ainsi que nous le verrons sur l'art. 132.

C'est à partir de l'envoi définitif, on s'en souvient, que nous avons reconnu aux héritiers présomptifs de l'absent la faculté d'exercer de leur propre chef contre les tiers les actions auxquelles le décès prouvé de l'absent donnerait ouverture. C'est ainsi qu'ils pourraient maintenant, s'ils étaient héritiers réservataires, intenter contre un donataire entre-vifs l'action en réduction. Sans doute en règle générale toute personne, qui demande à exercer un droit subordonné au décès d'un tiers, est obligée de prouver ce décès. Mais la force des choses conduit à admettre une exception à cette règle après l'envoi définitif : autrement l'exercice du droit de réserve des héritiers pourrait se trouver paralysé d'une manière absolue. Toutefois, et par cela même que le titre des envoyés est sujet à révocation par le retour de l'absent, Zachariæ pense avec raison que les donataires actionnés en réduction pourraient demander caution pour la restitution éventuelle des biens et valeurs dont ils auraient à subir le retranchement (I, p. 627). Ce serait en pareil cas aux tribunaux à arbitrer le temps pour lequel la caution devrait être fournie. MM. Aubry et Rau trouvent qu'il serait peut-être rationnel d'admettre, au cas où il se serait écoulé cent ans depuis la naissance de l'absent, une présomption de mort suffisante pour remplacer la preuve même du décès (*Sur Zach.*, I, p. 628).

III. *Rapports des envoyés définitifs envers l'absent ou tout autre ayant droit.*

Vis-à-vis de l'absent ou de ses représentants, la possession des envoyés définitifs n'a pas un caractère aussi absolu de propriété que vis-à-vis des tiers : car si l'absent reparaît, nous verrons bientôt qu'ils sont tenus de lui restituer ses biens. Ils n'auront donc encore été que ses mandataires, mais mandataires avec des pouvoirs illimités, qui participent jusqu'à un certain point de la propriété, puisque, l'envoi définitif prononcé, ils ne sont astreints à aucune garantie de restitution; aucune restriction n'enchaîne leurs pouvoirs; aucune réserve, enfin, n'est faite, en faveur de l'absent, dans les fruits qu'ils ont perçus.

Il n'y a plus de réserve à l'égard des fruits : ceux que les envoyés ont perçus, soit avant, soit après l'envoi en possession définitif, leur appartiennent en totalité : cela est invinciblement établi par l'art. 127, *in fine* : « Après trente ans d'absence, la totalité des fruits leur appartiendra. »

Il n'y a plus de restrictions dans leurs pouvoirs : car ils peuvent dès à présent disposer des biens même à titre gratuit. Même tous les actes qu'ils ont faits en dehors de leurs pouvoirs pendant l'envoi provisoire, se trouvent rétroactivement confirmés, couverts par l'envoi définitif.

Enfin, il n'y a plus de garanties de restitution : plus d'inventaire à faire, plus de caution à fournir; les cautions qui ont été précédemment données par les envoyés provisoires sont déchargées, et cette décharge, effet direct de la durée de l'absence pendant trente ans ou de l'expiration des cent ans d'âge de l'absent, a lieu sans jugement, de plein droit, indépendamment de l'envoi définitif; d'autre part, elle est complète et absolue, en ce sens que les cautions sont libérées pour le passé comme pour l'avenir. On ne comprendrait pas, en effet, qu'elles demeurassent obligées pour le passé, car désormais les envoyés vont impunément tout faire sur le patrimoine de l'absent. Toutefois il n'en serait ainsi, bien entendu, observe Marcadé, qu'autant qu'on serait vraiment arrivé, sans nouvelles de l'absent, au moment marqué par notre art. 129; car, s'il se trouvait découvert que l'absent, avant cette époque, avait donné des nouvelles que les envoyés auraient tenues cachées par fraude, il est bien clair que, malgré les trente ou les cent ans expirés, ces envoyés resteraient soumis à toutes leurs obligations, et que dès lors leurs cautions ne seraient pas déchargées (I, n° 428).

§ 4. *Comment cesse l'envoi définitif? Dans quels cas l'envoyé doit-il restituer les biens de l'absent? Que doit-il restituer?*

L'envoi définitif ne peut cesser que de deux manières : 1° par la preuve de l'existence de l'absent, et alors ses biens lui sont restitués (art. 131, 132); 2° par la preuve de son décès, et alors les envoyés gardent les biens à titre de propriétaires incommutables, ou ils les restituent aux héritiers les plus proches de l'absent au jour de son décès (art. 130). On indique souvent comme troisième cause de cessation de l'envoi définitif l'apparition de descendants de l'absent, venant réclamer la restitution des biens en vertu de l'article 133; mais nous verrons que ce cas rentre et se confond dans les deux cas précédents : en effet, si ces descendants prennent l'action en pétition d'hérédité en se fondant sur le décès de l'absent, ils se trouvent invoquer la deuxième des manières que nous avons indiquées; ou bien, s'ils agissent simplement en vertu de l'art. 133, sans prouver qu'ils sont propriétaires, l'envoi définitif ne cesse pas, il ne fait que changer de main.

Quoi qu'il en soit, on voit que les envoyés peuvent être tenus de restituer les biens : 1° à l'absent qui reparaît; 2° aux parents qui, apportant la preuve de son décès, établissent qu'à cette époque ils étaient ses parents les plus proches, et par suite ses héritiers; 3° à ceux qui se trouvaient, à l'époque de la disparition ou des dernières nouvelles de l'absent, ses héritiers présomptifs, à l'exclusion de ceux qui ont obtenu ses biens, ou conjointement avec eux.

Sous ce triple rapport, l'envoi n'est donc pas, à proprement parler, définitif. Dans le projet de Code, il l'était, du moins en général, d'une manière plus effective; car, sauf une exception, ceux qui l'obtenaient n'avaient rien à restituer à l'absent de retour; la propriété qu'ils avaient acquise était incommutable. Avaient seuls droit à leur restitution les enfants et descendants de l'absent qui, aux termes de l'art. 19 du projet, auraient justifié de la mort de leur auteur à une époque certaine, et qu'à cette époque ils étaient mineurs (Fenet, 8, p. 360). Ce système a paru trop dur : on l'a rejeté. On doit donc corriger ce qu'a de trop absolu cette qualification de définitif donnée à la troisième période de l'absence : cet envoi est bien définitif, si l'on veut, en ce sens que, vis-à-vis des tiers, les droits et les pouvoirs des envoyés sont complets, en ce sens encore que cet envoi est le dernier, et que si l'absence continue, la loi ne revient plus sur la position qu'elle a faite à l'envoyé ; mais vis-à-vis des trois classes de personnes énumérées plus haut, il n'est en réalité que provisoire, puisque les envoyés peuvent être obligés de leur restituer aux uns et aux autres ce qu'ils auront conservé de la fortune de l'absent.

Demandons-nous successivement quelles sont les conditions de ces diverses actions en restitution et ce qu'elles comprennent.

Si l'absent reparaît, ou si son existence est prouvée, soit pendant l'envoi provisoire ou l'administration légale, soit pendant l'envoi définitif, les effets du jugement qui aura déclaré l'absence cesseront, « sans préjudice, s'il y a lieu, ajoute l'article 131, des mesures conservatoires prescrites au chapitre 1er du présent titre pour l'administration des biens. » Il est bien clair que de ce que la preuve de l'existence de l'absent est acquise, l'incertitude que le défaut de nouvelles avait répandue sur son sort cesse immédiatement, et avec elle son principal effet, la déclaration d'absence! Si donc la preuve de l'existence résulte du retour même de l'absent arrivé pendant l'envoi provisoire, il reprend ses biens aux envoyés en possession provisoire, respectant les actes d'administration qu'ils ont faits, ne tenant au contraire nul compte de leurs actes de disposition, leur abandonnant enfin la part de fruits déterminée par l'art. 127; puis il continue d'administrer lui-même sa propre fortune, comme avant sa disparition; mais il en est autrement, lorsque la preuve de l'existence de l'absent résulte simplement de la réception de ses nouvelles, si son retour ne les suit pas de près, ou si, quand on les reçoit, elles datent déjà d'une époque reculée : alors le jugement déclaratif et ses effets tombent bien *de plano;* mais comme l'existence actuelle de l'absent n'est pas certaine, on retombe dans la première période de l'absence, et, s'il y a nécessité de pourvoir à l'administration des biens, le tribunal y pourvoit, comme les art. 112 et 113 lui en font un devoir. Si quatre ans s'écoulent depuis la date des nouvelles, les intéressés pourront sans le moindre doute demander une deuxième déclaration d'absence; ils le pourraient même au jour où l'on reçoit des nouvelles de l'absent, qui font cesser les effets du jugement déclaratif d'absence, si, par exemple, à leur arrivée, elles avaient déjà quatre ou dix ans de date, suivant qu'elles portent ou non nomination d'un mandataire.

Lorsque c'est pendant l'envoi définitif que l'existence de l'absent est prouvée soit par son retour, soit par des nouvelles reçues de lui, les effets de l'absence cessent également de plein droit. A la vérité, l'art. 131 ne se réfère qu'à l'hypothèse de l'envoi provisoire, mais l'article suivant généralise le principe en l'appliquant même après l'envoi définitif. Si la preuve résulte de nouvelles reçues de l'absent, on peut encore retomber dans la présomption d'absence et au besoin on appliquerait les mesures conservatoires des articles 112 et 113. Si elle résulte au contraire de son retour, c'est l'art. 132 qui fait à cet égard la règle. Tout à l'heure l'absent reprenait en principe ses biens tels qu'il les avait laissés ; maintenant il les reprendra dans l'état où ils se trouveront : « Si l'absent reparaît ou si son existence est prouvée, même après l'envoi définitif, il recouvrera ses biens dans l'état où ils se trouveront, le prix de ceux qui auraient été aliénés, ou les biens provenant de l'emploi qui aurait été fait du prix de ses biens vendus (art. 132). »

Le but de la loi est donc alors, d'une part, de ne rien laisser entre les mains des envoyés de ce qui forme le patrimoine de l'absent, excepté les fruits par eux gagnés; et d'autre part, de ne pas néanmoins les constituer en perte sur leur patrimoine personnel ; ils ne sont tenus enfin envers lui que *quatenus locupletiores facti sunt.*

L'absent de retour a pour réclamer ses biens une véritable action en revendication. Cette action est imprescriptible soit quant à lui, soit même, s'il est mort avant de l'avoir exercée, quant à ceux qui la trouvent dans sa succession. Dans leurs rapports avec l'absent les envoyés ne sont en effet que des dépositaires, des détenteurs précaires: or, ceux qui possèdent à ce titre ne prescrivent jamais par quelque temps que ce soit (art. 2236) ; ils sont aussi administrateurs comptables des biens de l'absent, et tenus de ce chef d'interrompre toute prescription courant contre l'absent et responsables s'ils en laissaient s'accomplir une qu'ils auraient pu empêcher, on ne comprendrait pas qu'ils eussent pu prescrire eux-mêmes.

Nous aurons deux hypothèses à examiner ; l'article 132 fait allusion à chacune d'elles. Ou les biens se retrouveront encore en nature dans les mains des envoyés ; ou ils auront été aliénés.

Première hypothèse. — Les biens sont encore en nature entre les mains des envoyés. L'absent les reprend dans l'état où il les trouve sans qu'il ait droit à la moindre indemnité pour les détériorations ou dégradations qu'ils lui auraient fait subir, à moins que les envoyés n'aient tiré quelque profit de ces dégradations. C'est l'application d'une vieille règle du droit romain, qui a passé dans notre droit moderne (art. 1631) : *qui rem quasi suam neglexit nulli querelæ subjectus est* (loi 31, §3, Dig. V, 3). Il les reprend avec les accessoires ou améliorations qu'ils peuvent avoir reçues, soit par des événements de la nature, soit par le fait des envoyés en possession ; et relativement aux améliorations qui proviennent des envoyés, si ce sont des réparations locatives ou d'entretien, nul doute qu'il ne leur doive pour cela aucune récompense, puisque ce sont là charge des fruits et qu'ils ont gagné les fruits ; mais s'ils avaient fait des augmentations, des constructions nouvelles, il faudrait laisser de côté l'argument facile que nous offre l'art. 132, et appliquer le principe général écrit dans l'art. 555, à savoir, que celui qui a fait sur le bien d'autrui des travaux, des constructions, a droit à une indemnité ; l'art. 132 ne suffit pas pour écarter ici ce principe d'équité : fait exclusivement dans l'intérêt des envoyés, ce serait méconnaître la pensée qui l'a inspiré que de le retourner contre eux pour les priver d'un bénéfice du droit commun (Zach., Aub. et Rau, I, p. 624 ; Demol., II, n° 165). L'absent devrait même les dépenses faites par les envoyés sans nécessité ; car s'il est juste que ceux-ci ne retiennent rien de la fortune de l'absent, l'équité demande également que celui-ci ne s'enrichisse pas à leurs dépens.

Si les envoyés avaient commis d'une part des détériorations et d'autre part des améliorations, il semblerait équitable d'établir entre eux et l'absent une sorte de compensation; mais cela serait contraire à la loi qui exige, pour que la conpensation s'opère, qu'il y ait deux personnes débitrices l'une envers l'autre (art. 1289), car ici l'absent seul est débiteur des envoyés. En fait pourtant, les juges ne pourront pas s'empêcher d'apprécier la situation définitive qu'ont faite aux biens et les dégradations et les améliorations, et, sans qu'il soit question de compensation légale, décider en présence du résultat final que les biens n'ont pas été améliorés.

Deuxième hypothèse. — Les biens ont été aliénés. L'absent recouvre en ce cas « le prix de ceux qui auraient été aliénés ou les biens provenant de l'emploi qui aurait été fait du prix de ses biens vendus ». Ainsi, l'envoyé doit rendre la créance du prix, s'il est encore dû ; l'argent même, s'il l'a reçu et conservé entre ses mains, car l'art. 132 ne distingue pas; les biens acquis au moyen de ce prix ; les biens échangés contre ceux de l'absent auxquels ils demeurent subrogés réellement. Les actions en nullité ou en rescision qu'avait l'envoyé, par l'exercice desquelles il pourrait recouvrer un bien aliéné, passeraient également à l'absent ou à ses représentants, *qui habet actionem ad rem recuperandam, ipsam rem habere videtur*. En un mot les envoyés doivent rendre tout ce qu'ils ont conservé soit des biens de l'absent, soit de ce qui provient directement de l'aliénation de ses biens.

Il ne sera pas facile de décider si 40, 50, 60,000 fr. des biens de l'absent ayant été aliénés depuis un temps assez éloigné, et l'envoyé se trouvant avoir, lors de la restitution à faire, une valeur de 100,000 fr. et plus en numéraire, l'absent prétendait retrouver là les 60,000 fr. provenant de la vente de ses biens, tandis que l'envoyé soutiendrait que ce prix a été perdu, dissipé, et que les valeurs qu'il a aujourd'hui proviendraient d'autres sources. Pas de difficulté si l'argent provenant de la vente des biens a été placé par l'envoyé définitif en sa qualité d'envoyé, et au nom de l'absent; les chances bonnes ou mauvaises de ce placement seraient évidemment pour l'absent, qui n'aurait rien à réclamer de l'envoyé, quelque riche qu'il fût, si le placement avait été malheureux. Mais si cette précaution n'avait pas été prise, faudrait-il que l'absent prouvât que les 60,000 fr. se trouvent encore aux mains de l'envoyé? Pothier admettait la négative, disant qu'il y a présomption que le prix n'a pas été dissipé : et c'est la règle qu'il faut suivre, parce qu'en raison la perte ou la dissipation d'un capital, à la différence des fruits ou intérêts, ne doit jamais se présumer. Autrement, disait-il, il faudrait entrer dans le secret des affaires des particuliers, ce qui ne doit pas être permis. Il a fallu, dans notre pratique française, s'attacher à une règle sur cette matière, qui est que personne ne devant être présumé dissiper ce qui fait le fonds d'un bien qu'il croit lui appartenir, le possesseur de bonne foi des biens d'une succession est censé avoir profité de tout ce qui lui est parvenu des biens de cette succession et qui en compose le fonds mobilier, et en profiter encore au temps de la pétition d'hérédité. à moins qu'il ne fasse apparoir du contraire (*Droit de propriété*, n° 429). Nous autoriserions donc l'absent à conclure contre l'envoyé à la restitution de tout le prix qu'il a reçu, quitte, d'un autre côté, à autoriser l'envoyé à prouver que le prix n'est plus entre ses mains, qu'il l'a perdu en totalité ou en partie, et à faire toutes les justifications nécessaires. Nous pensons même que l'envoyé ne serait pas responsable de la perte du prix arrivée par sa faute ou sa négligence. C'était encore l'avis de Pothier; il disait tout à l'heure : « à moins qu'il ne fasse apparoir du contraire; » plus loin encore, il alloue au possesseur de bonne foi d'une hérédité (et, quant à l'étendue de la restitution, l'art. 132 traite l'envoyé définitif comme la loi romaine traitait le possesseur de bonne foi d'une hérédité) toutes les pertes qu'il justifiera avoir faites sur les biens qui lui sont provenus de la succession, sans examiner, lorsqu'elles sont survenues avant la demande, si c'est par son fait ou par sa faute qu'elles sont arrivées (*eod. loc.*); au surplus, l'article 132 prend soin de déclarer que l'absent recouvrera ses biens dans l'état où ils se trouveront, et la raison se refuse à croire qu'un envoyé, qui a fait un mauvais placement des sommes qu'il justifie provenir des biens de l'absent, soit responsable de ce capital, quand il aurait pu, sans encourir aucune responsabilité, dégrader et détériorer les immeubles (Proudhon, I, p. 329; Demol., II, n° 171).

L'envoyé aurait pu faire emploi du prix de vente et acheter d'autres biens; pour qui seront les risques de ces acquisitions nouvelles? Si l'envoyé a déclaré dans le contrat faire l'acquisition en remploi du prix des biens de l'absent, il est évident que ces biens seront sa propriété s'il revient, et que tous les risques le regardent (arg. 1434, 1435); il en serait de même en cas d'échange, où l'immeuble acquis en contre-échange de l'immeuble de l'absent prendrait sa place par l'effet d'une subrogation (arg. 1407, 1539). Mais *quid* si aucune déclaration de remploi n'avait été faite? Nous pensons qu'alors on devrait considérer l'envoyé comme ayant voulu acheter pour son compte, et rester débiteur du prix; il n'aurait alors qu'à restituer ce prix à l'absent de retour. Si pourtant les biens rachetés avaient diminué de valeur, et qu'il pût justifier que l'acquisition en avait été faite avec le prix des biens précédemment vendus, nous tiendrions l'envoyé quitte, en abandonnant à l'absent les biens acquis en remploi; car l'envoyé n'est jamais tenu envers l'absent de retour que *quatenus locupletior factus est*, et il ne doit supporter aucune perte sur ses propres biens, par suite de l'envoi en possession.

L'absent aurait-il quelque répétition à faire contre l'envoyé pour les donations de ses biens faites par cet envoyé? Nous savons que dans ce cas l'absent ne peut rien reprendre aux donataires qui, de même que les acquéreurs à titre onéreux, sont protégés contre toute éviction; mais *quid* de l'envoyé? En principe, il n'a aucune indemnité à payer, car il n'est jamais tenu que dans les limites de son enrichissement, et il n'a tiré aucun profit de ses libéralités. Il y a lieu pourtant d'admettre une exception à ce principe: c'est au cas où les biens auraient été donnés, par avancement d'hoirie, ou constitution de dot, aux enfants du donateur. Sans doute, le père ne devant rien à son enfant (art. 204) ne s'est point enrichi en le dotant avec les biens de l'absent; mais s'il est vrai qu'il n'y a pas là d'obligation civile, il y a une obligation morale; car, dit M. de Plasman, d'après les usages adoptés et l'ordre ordinaire des choses, le père se fait un plaisir et considère même comme un devoir de doter ses enfants, quand sa position de fortune le lui permet. Il est donc plus raisonnable de dire qu'en dotant ainsi l'enfant avec les biens de l'absent, le donateur *locupletior factus est quatenus propriæ pecuniæ pepercit*. Au surplus, les tribunaux devraient prendre en considération, non pas le montant intégral de la donation, mais ce que le donateur aurait pu vraisemblablement donner, s'il n'avait pas possédé les biens de l'absent (I, p. 233). Cela seul devrait être remboursé à ce dernier (Proudh. et Val., I, p. 330; Demo., II, n° 158). Tout ceci, si la question se présentait devant les tribunaux, offrirait de graves difficultés.

L'envoi définitif cesse, en second lieu, par le décès prouvé de l'absent. L'art. 130 qui règle cette hypothèse, est ainsi conçu : « La succession de l'absent sera ouverte, du jour de son décès prouvé, au profit des héritiers les plus proches à cette époque; et ceux qui auraient joui des biens de l'absent seront tenus de les restituer, sous la réserve des fruits par eux acquis en vertu de l'art. 127. » Ainsi, les biens de l'absent doivent être dévolus à ceux de ses héritiers qui sont les plus proches au jour de son décès prouvé : si donc ceux qui ont été envoyés en possession comme étant les plus proches héritiers au moment de la disparition ou des dernières nouvelles, le sont encore à cette époque du décès, ils garderont les biens à titre de propriétaires incommutables; sinon, ils les rendront aux nouveaux ayants droit.

Cette action en restitution appartient, non-seulement aux descendants, mais encore aux autres parents, c'est-à-dire aux ascendants et collatéraux de l'absent. L'art. 130 en effet ne distingue pas; la règle est générale : la succession ouverte par le décès de l'absent y est déclaré ouverte au profit de ses héritiers les plus proches à cette époque.

Cette solution a été contestée. L'art. 130, a-t-on dit, règle le cas où la restitution est exigée pendant l'envoi en possession provisoire : alors il est vrai que tous les parents quels qu'ils soient ont droit à la restitution des biens; les art. 132 et 133 au contraire règlent l'hypothèse où l'envoi est demandé après l'envoi en possession définitif, et à ce moment le droit à la restitution y est dit s'ouvrir au profit de l'absent qui reparaît ou de ses descendants; or, *qui dicit de uno negat de altero;* donc les parents autres que les descendants de l'absent n'ont jamais droit, après l'envoi définitif, à la restitution des biens. Cette opinion ne laisse pas que de s'appuyer sur de graves arguments : ce qui prouve, ajoute-t-on que l'art. 130 ne se réfère qu'à l'envoi en possession provisoire, c'est que dans le projet primitif du Code les envoyés définitifs étaient propriétaires incommutables à l'égard de tous, excepté des descendants de l'absent, or, l'art. 132 a étendu cette exception à l'absent lui-même, et non à ses héritiers quelconques qui conséquemment seraient non recevables à intenter cette action ; ce qui le prouve encore, c'est que l'art. 130 oblige les envoyés à restituer une partie des fruits, ce qui n'a pas lieu après l'envoi définitif; c'est qu'il les oblige à restituer les biens de l'absent, et que cette obligation ne tendrait rien moins qu'à donner aux collatéraux de l'absent, si cet article s'appliquait lors de l'envoi définitif, plus de droits que n'en ont ses enfants, plus de droits qu'il n'en a lui-même, puisqu'ils ne peuvent, eux, après l'envoi définitif, reprendre les biens qu'en l'état où ils se trouvent. Une raison décisive a fait rejeter ce système. L'art. 130, dans sa première rédaction, le consacrait implicitement : il y était dit, en effet, que le décès de l'absent n'ouvrirait sa succession au profit de ses parents les plus proches à cette époque, qu'autant que la preuve du décès serait apportée pendant l'envoi provisoire ; or, on a retranché ces derniers mots. Leur suppression montre clairement la pensée de la loi : la règle consacrée par l'art. 130 qui, dans l'origine, ne s'appliquait qu'à l'envoi en possession provisoire, a été, dans la rédaction définitive, généralisée et rendue commune à tous les cas. Maintenant, faut-il donc s'étonner si notre art. 130 porte encore quelques traces du projet abandonné, s'il parle de restitution de biens, de réserve de fruits ? Notre système n'est d'ailleurs que l'application du principe général, que la succession s'ouvre par la mort au profit des héritiers les plus proches à cette époque ; et il ne met pas en contradiction l'un avec l'autre les art. 130 et 133, ainsi qu'on l'a prétendu, puisqu'ils se réfèrent à des hypothèses différentes, l'art. 130 au cas où, le décès de l'absent prouvé, ses descendants viennent réclamer la propriété des biens de l'absent à l'encontre des envoyés définitifs, et l'art. 133, au cas où ils viennent simplement leur demander la possession des biens, comme nous le verrons tout à l'heure (Val. sur Proud., I, p. 336 ; Demol., II, n° 192).

Cette action en restitution est une véritable action en pétition d'hérédité qui se prescrirait par trente ans, conformément au droit commun (art. 2262), à moins qu'elle n'eût été suspendue pour cause de minorité ou d'interdiction (art. 2252). Elle est acquisitive, et non libératoire de l'obligation de restituer, donc elle ne peut commencer qu'avec la possession des biens et comme, d'autre part, la prescription ne court pas contre une action qui n'est pas encore ouverte et que celle-ci n'ouvre que par le décès de l'absent, ce n'est aussi qu'à partir de cette époque qu'elle sera prescriptible. Ainsi deux conditions: décès de l'absent, et envoi en possession au profit d'un autre que le véritable ayant droit; les trente ans courront donc du jour du décès si l'envoi en possession est antérieur à cette époque, ou, dans l'hypothèse contraire, du jour de l'envoi.

Peu importe du reste que l'envoi soit définitif ou simplement provisoire. Les envoyés provisoires ne sont en effet détenteurs précaires que dans leurs rapports avec l'absent; relativement à toutes autres personnes, et par conséquent relativement à ceux de ses parents qui étaient ses véritables héritiers au jour de son décès, ils possèdent *animo domini* pour eux-mêmes, avec l'intention de s'approprier et de conserver les biens qu'ils détiennent. D'ailleurs une fois ce décès prouvé, il n'y a plus d'absent ni d'envoyé en possession, il y a seulement deux personnes, l'une qui s'est emparée de l'hérédité et qui invoque la prescription de trente ans; l'autre qui prétend être l'héritier véritable et qui devra succomber si les biens qu'elle réclame sont acquis à son compétiteur par la prescription.

Maintenant que restitueront les envoyés évincés par les héritiers les plus proches au jour du décès prouvé? On distingue: suivant que l'éviction a eu lieu pendant l'envoi en possession provisoire ou pendant l'envoi en possession définitif. Dans le premier cas, les envoyés, s'ils étaient de bonne foi, seront traités comme les possesseurs de bonne foi d'une hérédité, et feront les fruits leurs (art. 138); s'ils étaient de mauvaise foi, ils restitueraient les fruits et subiraient toutes les conséquences de leur indue possession. Lors au contraire que la restitution a lieu pendant l'envoi définitif, elle se fait conformément à l'art. 132, c'est-à-dire que les ayants droit prennent les biens dans l'état où ils les trouvent; il ne serait pas raisonnable en effet d'accorder à ces héritiers, qui peuvent n'être que de simples collatéraux, plus de droits que n'en aurait l'absent lui-même ou ses descendants; bien entendu, nous supposons les envoyés de bonne foi, car s'ils connaissaient le décès et la vocation des autres parents plus proches, ils seraient possesseurs de mauvaise foi et devraient être traités comme tels; ce serait là du reste une question de fait et d'appréciation (Demol., II, n°s 196-197).

Cette action en pétition d'hérédité ne s'appliquerait pas seulement aux héritiers légitimes de l'absent, mais encore à ses héritiers testamentaires. Si donc, en apprenant la mort de l'absent, on découvrait un testament qui appelât tels ou tels à sa succession, il est clair que ces légataires, ou s'ils étaient morts leurs représentants, viendraient efficacement réclamer les biens, pourvu, 1° que les légataires eussent survécu au testateur, sans quoi le legs serait nul, et 2° qu'on fût encore dans les trente ans de la mort de l'absent.

Indépendamment de ces deux causes, la preuve du décès de l'absent et la preuve de son existence résultant de son retour ou de nouvelles reçues de lui, auxquelles est liée la cessation des effets de l'absence, il existe une troisième circonstance qui tend, comme les précédentes, à déplacer la possession définitive qu'avaient obtenue les envoyés : c'est l'apparition d'héritiers présomptifs, qui, sans prouver la mort de l'absent, établissent qu'à l'époque de sa disparition ou de ses dernières nouvelles, ils étaient plus ou aussi proches parents que ceux qui ont été envoyés en possession définitive ; dans ce cas, l'envoi définitif à proprement parler ne cesse point : il ne s'agit que d'un changement d'héritiers. Ceux-ci réclament donc les biens, non plus en qualité d'héritiers véritables et par une véritable action en pétition d'hérédité, puisque nous ne supposons pas le décès prouvé dans l'espèce, mais en qualité d'héritiers présomptifs et par une action en pétition utile, en pétition de la possession de l'hérédité. Cette action, de même que la pétition d'hérédité, se prescrit par trente ans. Les trente ans courent, lorsqu'elle appartient aux ascendants ou à des collatéraux de l'absent, du jour de l'envoi provisoire ; mais par un privilége spécial ils ne commencent à courir, quand elle appartient à ses descendants, que du jour de l'envoi en possession définitif : ce qui peut porter jusqu'à soixante-cinq ans, et même jusqu'à soixante et onze ans le temps pendant lequel leur action peut être utilement exercée. « Les enfants et descendants directs de l'absent pourront également dans les trente ans à compter de l'envoi définitif, demander la restitution de ses biens, comme il est dit en l'article précédent (art. 133). » Notons d'abord les expressions par lesquelles se termine cet article : il en résulte de la manière la plus nette que, comme l'absent lui-même, s'il reparaissait, ses enfants et descendants directs ne pourront reprendre les biens que dans l'état où ils se trouveront, et conséquemment à la charge de respecter les hypothèques et servitudes que les envoyés définitifs auraient imposées aux héritages ainsi que les aliénations qu'ils auraient consenties. Cette faveur n'est pas limitée aux seuls enfants légitimes de l'absent, mais elle s'applique aussi à ses enfants adoptifs et à ses enfants naturels : toutefois l'action de ces derniers ne pourra être exercée que dans la limite où ont été renfermés leurs droits successifs.

On se demande, et c'est une question fort controversée, si ce délai de trente ans pendant lequel, aux termes de l'art. 133, peuvent agir les descendants de l'absent, est un délai préfix et invariable, ou bien si c'est une prescription ordinaire pouvant être suspendue par la minorité ou l'interdiction d'un des héritiers ?

De nombreux auteurs ne voient là qu'un terme fatal et inflexible, qu'aucune considération de minorité ou d'interdiction ne saurait augmenter. L'art. 133, en effet, ne dit pas que l'action des enfants sera prescrite par trente ans, mais seulement que les biens pourront être réclamés dans les trente ans ; il constitue précisément une de ces règles spéciales qui, d'après l'art. 2264, sont destinées à faire exception aux principes ordinaires de la prescription ; enfin, s'il en était autrement, la propriété des biens de l'absent resterait, par l'effet de minorités successives, dans un état perpétuel d'incertitude. Malgré ces considérations, il nous paraîtrait difficile de refuser aux représentants de l'absent le privilége que le droit commun attache à la minorité, de suspendre la prescription. Cela, dit-on, rendra la propriété indéfiniment incertaine ? Mais n'est-ce pas là le résultat ordinaire de la théorie générale de la suspension des prescriptions pour cause de minorité ou d'interdiction ? Cette objection n'est pas même exacte : car la propriété ne sera pas le moins du monde incertaine, puisque l'envoyé définitif est, ne l'oublions pas, propriétaire incommutable dans ses rapports avec les tiers et que ceux-ci ne pourront jamais être inquiétés ni par l'absent ni par ses descendants. L'art. 133 sans doute ne qualifie point ce délai de prescription : mais qu'importe le mot si la chose existe ; il porte que l'action sera recevable pendant les trente ans qui suivront l'envoi définitif; qu'après ce délai elle ne le sera plus : ne sont-ce pas là les caractères de la prescription proprement dite ? Ce mot de prescription a même été plusieurs fois prononcé dans la discussion de cet article. Enfin ce serait une erreur que de croire que l'art. 2264 a pour effet de soustraire aux principes ordinaires de la prescription tous les articles antérieurs, dans lesquels la loi s'en est occupée. M. Valette enseigne avec raison que cet article a eu seulement pour objet d'établir que la promulgation du titre de la Prescription n'abrogeait pas les articles relatifs à la prescription qui se trouvaient antérieurement promulgués (*sur Proud.*, I, p. 335). Déjà Merlin faisait remarquer que cet art. 2264, se trouvant placé dans un chapitre portant pour rubrique : « Du temps requis pour prescrire, » c'était uniquement au temps requis pour prescrire qu'il se rapportait quand il disait : « Les règles de la prescription sur d'autres objets que ceux mentionnés dans le présent titre, sont expliquées dans les titres qui leur sont propres (art. 2264). » (*Rép.*, v° *Abs.*). Qu'en conclure sinon que la règle de l'art. 2252 s'applique là dans toute sa force, et pour le plus grand avantage des mineurs, dont la prescription est d'ordre public (Duv. à son cours; Demol., II, n° 185; Zach., Aub. et Rau, I, p. 625).

Nous avons jusqu'ici toujours parlé des héritiers présomptifs de l'absent, parce qu'en effet c'est à leur égard que s'élèveront le plus souvent toutes les questions relatives aux divers événements, par suite desquels les envoyés en possession peuvent être évincés. Mais il est bien certain que les mêmes principes peuvent aussi, suivant les cas ou la nature des différents droits, recevoir leur application aux autres envoyés.

Il nous reste à parler brièvement des effets de l'envoi définitif relativement à l'époux commun en biens. Que cet époux ait opté d'abord soit pour la continuation, soit pour la dissolution provisoire de la communauté, il n'importe : une fois la troisième période de l'absence arrivée, la dissolution devient définitive. Dès ce jour plus de caution, plus de limitation de pouvoirs : l'époux présent peut, comme les héritiers de l'époux absent, disposer de la manière la plus absolue de la part des biens qui est attribuée à chacun par le partage de la communauté : tout cela résulte des art. 125, 128, 129 et 132.

Cela ne laissera pas que d'amener de graves conséquences. Si l'absent, en effet, reparaît, nul doute que la communauté se rétablisse *ipso facto* : l'absence n'est pas rangée au nombre des causes de dissolution de communauté (art. 1441); avec le retour de l'absent cessent tous les effets de l'absence; et décider autrement serait violer ouvertement l'art. 1395 aux termes duquel « les conventions matrimoniales ne peuvent recevoir aucun changement après la célébration du mariage ». La communauté renaît donc ou plutôt elle est réputée n'avoir jamais été dissoute (art. 1451) ; alors, l'époux absent rentre en communauté avec son conjoint, et, en supposant que ses héritiers présomptifs aient perdu les biens échus dans le partage, comme aux termes de l'art. 132 on n'a plus rien à leur demander, la communauté ne se composera plus que de la part qu'aura conservée l'époux présent et dont l'époux absent, lors d'un nouveau partage, prendra encore sa part. Il en serait de même, s'il y avait lieu à un nouveau partage, par suite du décès de l'absent prouvé postérieurement à l'envoi définitif, entre les héritiers les plus proches à cette époque et le conjoint présent..... De pareils résultats paraissent à bon droit choquants et iniques; aussi est-il permis de supposer qu'ils ne se sont probablement pas présentés à la pensée du législateur; ils n'en dérivent pas moins de son texte, dit M. Demolombe, et il faut dès lors les admettre, en se félicitant seulement de l'extrême rareté de telles hypothèses (II, n° 306).

DEUXIÈME PARTIE

DES EFFETS DE L'ABSENCE RELATIVEMENT AUX DROITS ÉVENTUELS QUI PEUVENT COMPÉTER A L'ABSENT

Nous nous sommes occupé jusqu'à présent du patrimoine que possédait l'absent au moment de sa disparition; nous allons maintenant supposer que depuis ce moment des droits nouveaux se sont ouverts en sa faveur et nous demander qui les recueillera. Très-longtemps, nous l'avons vu, notre ancienne jurisprudence voulut que l'absent, tant qu'il n'aurait pas acquis ses cent ans d'âge, fût présumé vivant, et, comme conséquence de cette idée, elle admettait que les successions, legs, donations et droits éventuels qui venaient à lui échoir jusqu'à l'expiration de ses cent années, fussent recueillis en son nom par ses représentants. Au commencement du dix-huitième siècle, cela changea : on en vint à décider que l'absent n'étant réputé ni vivant ni mort, c'était à celui qui avait intérêt à le placer dans l'un ou l'autre cas à le prouver, et que, faute de le faire, les droits advenus depuis la disparition seraient dévolus à ceux qui les auraient recueillis à défaut de l'absent ou concurremment avec lui. C'est aussi le principe qui a été consacré par le Code Napoléon dans son art. 135, ainsi conçu : « Quiconque réclamera un droit échu à un individu dont l'existence ne sera pas reconnue, devra prouver que l'individu existait quand le droit a été ouvert ; jusqu'à cette preuve, il sera déclaré non recevable dans sa demande. » L'art. 136 n'est qu'une conséquence de ce principe : il ne fait qu'appliquer aux successions la règle générale posée par l'article précédent.

Nous aurons à rechercher d'abord quels sont les cas d'application des art. 135 à 138 qui forment au Code la section II du titre de l'Absence, et qui est intitulée : « *Des effets de l'absence, relativement aux droits éventuels qui compètent à l'absent ;* » nous en verrons les effets et nous examinerons si les personnes qui, à défaut de l'absent, recueillent les droits éventuels ouverts à son profit doivent lui fournir quelques garanties ; ce sera l'objet d'une première section; dans une deuxième et dans une troisième section, nous nous demanderons quels sont les droits de l'absent qui reparaît, soit contre ceux qui ont recueilli ces droits éventuels, soit contre les tiers avec lesquels ils ont traité.

SECTION PREMIÈRE. — Cas d'application des articles 135 a 138

Ces art. 135 à 138 ne s'appliquent pas seulement au cas d'absence proprement dite, c'est-à-dire à l'absence déclarée, mais aussi au cas d'absence présumée. Ce sont là des principes généraux que le législateur eût tout aussi bien placés au titre des Successions ou des Donations, et qu'il n'a mis en tête du titre de l'Absence que parce que l'occasion s'en est présentée ainsi. Malleville, dont l'autorité peut paraître d'autant plus importante qu'il fut un des rédacteurs du Code Napoléon, restreignait pourtant l'application de ces articles à la deuxième période de l'absence. Leur place dans un chapitre qui traite *des effets de l'absence* déclarée, dans une section intitulée elle-même *des effets de l'absence*, semblerait en effet donner raison à cette prétention. On peut dire aussi qu'il y aurait grande injustice à priver des biens qui lui échoient depuis sa disparition , un homme dont l'existence n'est pas actuellement prouvée, mais qui vient à peine de quitter son domicile et qu'on n'a aucune raison de supposer mort. Enfin, ajoute-t-on, si dans le fait l'absent présumé est incapable de succéder, pourquoi conserver dans la loi les dispositions relatives à la manière de recueillir les successions qui s'ouvrent à son profit, c'est-à-dire l'article 113, qui suppose que la succession sera recueillie par lui? Un arrêt de cassation du 1er prairial an XIII avait admis ce système.

Mais l'opinion contraire a prévalu, et avec justice, en doctrine et en jurisprudence. Nous allons en donner de bonnes raisons, mais auparavant nous devons écarter les arguments qu'on nous oppose. D'abord celui fondé sur la place qu'occupent nos articles ne saurait être bien péremptoire, car la distribution de notre titre n'est pas irréprochable à beaucoup près. Le second argument repose sur la crainte d'un danger chimérique, car ce n'est qu'autant qu'on aura de justes motifs de croire son existence incertaine, que la dévolution des droits éventuels s'ouvrant à son profit passera en d'autres mains; d'ailleurs, l'absent n'est jamais irrévocablement déchu de ces droits, il lui reste la pétition d'hérédité qui dure trente ans. Enfin, les art. 113 et 136 ne sont nullement inconciliables; car c'est aux successions déjà ouvertes avant la disparition ou les dernières nouvelles de l'absent que s'applique l'art. 113, ou bien, s'il s'agit d'une succession ouverte depuis cette époque, dans le cas où son existence ne serait pas méconnue par ceux qui auraient intérêt à la méconnaître. Ces objections écartées, nous nous trouvons en présence d'une application à faire des principes du droit, et nous nous voyons soutenu par un argument, tiré des travaux préparatoires, qui ne permet pas de douter un seul instant que la loi ne fasse ici aucune distinction entre l'absent présumé et l'absent déclaré. Tout en effet se réduit à une distinction infiniment simple : c'est à celui qui affirme l'existence d'un droit à prouver le fait qui sert de fondement à sa prétention : or, s'il s'ouvre un droit auquel soit appelé un individu déclaré absent ou simplement présumé tel, ce droit ne peut être réclamé en son nom sans qu'on rapporte la preuve de son existence au moment de l'ouverture du droit: faute de quoi, ceux qui se présentent pour heritiers, à défaut de l'absent, n'ayant rien à prouver puisqu'ils tirent leurs droits d'eux-mêmes, les exercent sans qu'on puisse s'y opposer : voilà le vrai sens et la conclusion nécessaire de notre art. 135. Ce qui est encore plus décisif, s'il est possible, c'est la discussion à laquelle ont donné lieu nos art. 135 et 136 au sein du Conseil d'État. Le mot *absent* se trouvait employé dans ces articles ; on observa que cette locution, se référant habituellement à l'absence déclarée, on pourrait en conclure qu'en matière de succession il n'y a d'absent que celui qui est déclaré tel ; tandis que sous ce rapport on nomme indifféremment absent celui qui ne se trouve pas sur les lieux : en conséquence, on proposa de substituer à ce mot ceux-ci : *l'individu dont l'existence ne sera pas reconnue*, et c'est cette périphrase qu'on retrouve en effet dans la rédaction définitive et qui dans sa généralité comprend tout à la fois et l'absent proprement dit et l'absent présumé tel (Val., *Expl. som. du liv. Ier du C. N.*, p. 71 ; Duv. à son cours, etc.).

La jurisprudence a définitivement consacré cette opinion par une série d'arrêts qui tous posent en principe que les héritiers présents ne sont pas obligés de tenir compte d'un cohéritier absent, dont l'existence n'est pas reconnue au moment de l'ouverture de la succession ; que la règle est la même, soit qu'il s'agisse d'un absent présumé, soit qu'il s'agisse d'un absent déclaré, et que c'est à celui qui réclame au nom de l'absent à prouver que ce dernier existait au moment de l'ouverture des droits réclamés. Les arrêts les plus récents sont : C. Metz, 3 janvier 1860; C. Paris, 24 mars 1863.

Disons-le toutefois : si la dévolution exclusive autorisée par nos articles est un droit établi en faveur des personnes appelées à défaut de l'absent déclaré ou simplement présumé, ou en concours avec lui, ce n'est pas à dire qu'elles puissent en user en toutes circonstances. Il faut, avant tout, que des doutes raisonnables s'élèvent sur l'existence de l'absent ; ce sera aux tribunaux à apprécier en fait si cette incertitude est suffisante pour exclure l'absent des droits qui s'ouvrent à son profit.

De tout ce qui précède, on voit que la loi établit une importante ligne de démarcation entre les biens et les droits que l'absent possédait au jour de sa disparition d'une part, et d'autre part les biens et les droits qui lui compètent depuis sa disparition. Les premiers restent la propriété de l'absent, et, compris dans l'envoi en possession provisoire, ils passent aux personnes qui avaient sur eux des droits subordonnés à la condition du décès de l'absent : ce sont les droits purs et simples, ou à terme, même les droits conditionnels nés d'un contrat, qui s'étant ouverts dans sa personne, formaient alors son patrimoine; mais, à côté de ceux-là, il en est d'autres qui ne peuvent être acquis à celui qui est appelé à les recueillir qu'autant qu'il existe au moment où ils s'ouvrent : ce sont les droits éventuels, droits conditionnels d'une nature particulière, puisqu'ils sont subordonnés à l'existence de celui au profit duquel ils s'ouvriront, et ne peuvent être transmis par lui à d'autres qu'autant qu'il en a été personnellement saisi. Ainsi, le droit de succéder est un droit éventuel, car, pour succéder, il faut nécessairement exister lors de l'ouverture de la succession (art. 725). De même, pour recueillir un legs, il faut exister au moment du décès du testateur, si le legs est pur et simple (art. 1039), et au moment de l'événement de la condition, s'il est conditionnel (art. 1040). Les articles 951, 1048, 1049, 1053, 1089, 1983, nous donnent des exemples de droits de cette espèce. Tous ces divers droits, l'envoi provisoire ne les comprend pas, parce que, si l'absent était réellement mort au moment de sa disparition, ces droits n'étant pas ouverts dans sa personne, il n'aurait pu les faire passer à ses héritiers. Que deviennent-ils donc? Par qui sont-ils recueillis? Ils doivent être et ils sont effectivement recueillis par ceux qui y auraient été appelés, si on avait la preuve du décès de l'absent au profit de qui ils se sont ouverts. Cette règle, que formule l'art. 135, n'est, nous l'avons constaté déjà, que l'application de la théorie des preuves (Loi 2, Dig. XXII, 3; art. 1315). Or, les créanciers et héritiers présomptifs de l'absent qui réclament en son nom un droit éventuel qui s'est ouvert pendant son absence, ne pouvant prouver l'existence de leur auteur au moment où s'est ouvert ce droit, on doit l'attribuer provisoirement à ceux qui l'acquerraient définitivement, si l'absent était réellement mort au jour de sa disparition; ceux-ci, en effet, n'ont rien à prouver, puisqu'ils tirent leurs droits d'eux-mêmes.

L'article 136 fait l'application de cette théorie au cas spécial d'une succession ouverte au profit de l'absent, depuis sa disparition ou ses dernières nouvelles : il serait facile de l'étendre à tous les cas semblables. « S'il s'ouvre une succession à laquelle soit appelé un individu dont l'existence n'est pas reconnue, elle sera dévolue exclusivement à ceux avec lesquels il aurait eu le droit de concourir, ou à ceux qui l'auraient recueillie à son défaut (art. 136). » Un père meurt, laissant deux enfants, Pierre et Paul ; l'existence de Pierre est incertaine ; la succession est dévolue tout entière à Paul. Mais si Pierre avait des enfants, ne pourraient-ils pas représenter leur père et concourir avec leur oncle Paul ? En d'autres termes, dans les successions qui admettent le principe de la représentation (art. 742), un absent peut-il être représenté ? Proudhon admettait la négative. L'article 744, disait-il, dispose formellement qu'on ne représente pas les personnes vivantes ; or, rien ne prouve que l'absent fût mort à l'époque de l'ouverture de la succession, donc il ne pourrait être représenté ; et il ajoutait que, d'un autre côté, les descendants ou les neveux de l'absent ne pourraient venir de leur chef à sa succession, faute de prouver qu'il existait au moment où elle s'était ouverte (II, p. 192). M. de Plasman interprète également en ce sens l'article 136, mais il reconnaît à la jurisprudence le droit de décider autrement (I, p. 333). C'est là une concession dangereuse qu'on s'étonne de rencontrer sous la plume de M. de Plasman : « *meminisse debet ne aliter judicet quam legibus proditum est* » (Inst., liv. IV, tit. 17, *princ.*). Mais est-il vrai que cette interprétation qu'on fait de la loi soit fondée ? Nous pensons avec la majorité des auteurs qu'il n'en est rien. Sans nous arrêter à l'iniquité flagrante que consacre le système de Proudhon, nous le voyons reposer sur une choquante contradiction. Effectivement, il considère l'absent comme mort au moment où la succession s'est ouverte à son profit à l'effet de l'écarter de cette succession, et, au contraire, il le répute vivant, à l'effet de l'empêcher d'être représenté : l'absent ne peut être pourtant, relativement au même objet et pour les mêmes personnes, considéré à la fois comme vivant et mort! La pensée de la loi est que, lorsqu'une personne désignée par la loi pour succéder est absente au moment de l'ouverture de la succession, il faut, la regardant comme morte à cette époque, appliquer les règles ordinaires de la succession, et conséquemment la représentation, s'il y a lieu. Autrement, il ne serait plus vrai de dire, comme le fait en termes exprès notre article, que la succession réputée ouverte au profit d'un absent, est dévolue à ceux qui l'auraient recueillie à son défaut : respectons donc l'esprit et la lettre de la loi.

Comme conséquence de la même idée, celui dont l'existence ne serait pas reconnue ne devrait pas être compté pour déterminer la quotité disponible dans une succession à laquelle il serait appelé. Cela a été jugé par la Cour de cassation, par arrêt du 23 mars 1841.

Au surplus, il est bien entendu que les cohéritiers de l'absent peuvent, dans tous les cas, tenir son existence pour certaine, ce qui amène, comme nous l'avons vu, l'application de l'art. 113; mais cette renonciation volontaire au bénéfice de l'art. 136 n'est que provisoire, et, si l'absence se prolonge, si l'on ne reçoit point de nouvelles de la personne disparue, ils peuvent réclamer les biens qu'ils n'avaient abandonnés que dans la supposition de son existence.

Il nous reste à voir les autres différences que la loi a établies entre les biens que l'absent possédait au jour de sa disparition et ceux qui lui échoient depuis son absence.

Pour les premiers, l'absence se divisait en trois périodes : présomption d'absence; déclaration d'absence avec envoi provisoire au profit des héritiers présomptifs; puis envoi définitif : le tout accompagné de demandes, d'enquêtes, de jugements, etc..... Pour les droits éventuels, rien de tout cela : les ayants droit recueillent les biens à défaut de l'absent, immédiatement, de plein droit, sans qu'il soit besoin de jugement.

Les envoyés en possession provisoire étaient soumis à certaines garanties de restitution, dans l'intérêt de l'absent et en prévision de son retour; leurs pouvoirs étaient limités, et la loi déterminait une portion des fruits que l'absent de retour pouvait, suivant les cas, réclamer. Existe-t-il quelque disposition semblable pour ceux qui recueillent, à défaut de l'absent, les droits éventuels qui peuvent lui échoir?

Il est clair que ceux-ci ne sont pas de simples envoyés en possession; ils prennent les biens en qualité de propriétaires et en vertu des principes généraux, comme étant les plus proches parents connus, et les seuls ayants droit quant à présent. Il suit de là qu'ils ne seront soumis à aucune formalité conservatoire, tendant à assurer à l'absent la restitution d'un droit qui n'est pas prouvé lui appartenir. Ainsi, on ne devrait leur appliquer ni l'article 126, qui prescrit l'inventaire des meubles de l'absent, ni les articles 120 et 123, qui exigent caution des divers envoyés, ni l'article 128, qui leur défend d'aliéner ou d'hypothéquer les immeubles de l'absent. Les héritiers auraient ici, du moins en apparence, capacité pour aliéner ou hypothéquer, sauf cependant résolution de l'aliénation ou de l'hypothèque, s'il était prouvé plus tard que l'absent existait encore lors de l'ouverture de la succession, et que les propriétaires apparents des biens n'en étaient pas les propriétaires réels. Nous retrouverons, dans les articles 137 et 138, des conséquences de cette différence entre le titre de ceux qui viennent, à défaut de l'absent, exercer un droit, soit en vertu de l'article 135, soit en vertu de l'article 136, et le titre de simple envoyé en possession.

On a pourtant prétendu, et il y a des arrêts en ce sens, que ceux qui recueillent les droits éventuels de l'absent, à son défaut, étaient tenus de faire inventaire. On s'est fondé, pour le soutenir, sur l'esprit général de la loi qui prescrit l'apposition des scellés et l'inventaire, toutes les fois que celui à qui une succession est dévolue n'étant pas le véritable ayant droit, elle soupçonne qu'il aura une restitution à faire (art. 769). Ici la loi réserve au véritable héritier la pétition d'hérédité, s'il revient; comment exercera-t-il utilement cette action, si aucun inventaire ne vient fixer les bases de sa réclamation? L'article 113 le suppose bien, ainsi que les articles 819 C. N., et 911, 928 et 942 C. pr. c. D'ailleurs l'équité et l'intérêt public commandent cette mesure conservatoire, qui, très-utile à l'absent, ne peut nuire à personne. Que cette mesure soit utile à l'absent, cela est évident; mais est-ce une raison pour l'admettre quand aucun texte de notre titre n'autorise une telle décision? Nous ne le pensons pas. Les articles 120, 123, 124 et 126 restreignent ces obligations de garantie aux biens possédés par l'absent lors de sa disparition et délaissés par lui; l'article 113 s'applique également aux successions ouvertes avant la disparition de l'absent, ou bien, s'il s'agit de biens échus depuis, au seul cas où son existence n'est pas méconnue; et l'article 137, qui lui réserve la pétition d'hérédité pour les droits éventuels qui lui compètent pendant son absence, n'impose à ceux qui les ont recueillis aucun inventaire. Si l'on appliquait à notre cas les dispositions relatives aux successeurs irréguliers, ce n'est pas seulement l'inventaire qu'il faudrait exiger, mais encore la caution, et on recule devant cette nécessité-là. Enfin, les articles 819 C. N., et 911, 928 et 942 C. pr. civ., ne se rapportent pas à l'absent, mais au simple non-présent. A défaut de textes formels, et vu le caractère de ceux qui viennent à l'hérédité, et qui pourraient raisonnablement se plaindre d'une intervention faite dans leurs affaires au nom d'une personne sans titre et sans qualité, et de la divulgation qui pourrait s'ensuivre des secrets de la succession : nous conclurons donc que, dans notre espèce, aucun inventaire n'est imposé aux parties, sauf à reconnaître, avec Toullier, qu'en ceci la loi a manqué de prévoyance, et avec Merlin, parlant d'un arrêt de la Cour de Riom, en date du 20 mai 1816, qui admettait la nécessité de l'inventaire, que cet arrêt est peut-être plus sage que la loi (*Rép.*, t. 16, p. 36-38).

SECTION II. — Droits de l'absent qui reparait contre ceux qui ont recueilli les biens a lui échus.

La dévolution exclusive que prononcent les articles 135 et 136 en faveur de ceux qui ont recueilli, à défaut de l'absent, les droits ouverts à son profit depuis sa disparition, n'a pas pour effet d'en dépouiller l'absent irrévocablement. Nous avons déjà indiqué que la loi lui réserve, ou à ses ayants cause, la pétition en hérédité : tel est, en effet, l'objet des art. 137 et 138 qui sont ainsi conçus : « Les dispositions des deux articles précédents auront lieu sans préjudice des actions en pétition d'hérédité et d'autres droits, lesquels compèteront à l'absent ou à ses représentants ou ayants cause et ne s'éteindront que par le laps de temps établi pour la prescription (art. 137). » « Tant que l'absent ne se représentera pas ou que les actions ne seront point exercées de son chef, ceux qui auront recueilli la succession, gagneront les fruits par eux perçus de bonne foi (article 138) ».

Si donc l'absent reparaît ou si son existence est prouvée par ses représentants ou ayants cause avant que la prescription soit accomplie, les actions en pétition d'hérédité et d'autres droits réservés par l'art. 137 pourront être exercées par l'absent, ses représentants ou ayants cause, contre ceux qui ont recueilli ses biens ou leurs héritiers. C'est seulement dans la section suivante que nous parlerons des droits de l'absent de retour contre les tiers acquéreurs.

Remarquons d'abord, sur notre art. 137, que les mots *action en pétition d'hérédité* se réfèrent à l'article précédent qui ne s'occupe que des successions échues à l'absent; tandis que ceux *en pétition d'autres droits* visent la disposition plus large de l'art. 135, qui pose le principe pour tous les droits quelconques subordonnés à la condition de l'existence de l'individu. Aussi notre article qui n'a pas seulement en vue la prescription de la pétition d'hérédité, mais la prescription de bien d'autres droits particuliers dont les délais varient, ne précise-t-il aucun délai, et se contente-t-il de dire que ces diverses actions s'éteindront par le laps de temps établi pour la prescription; elle sera, en effet, plus ou moins longue suivant la nature de l'objet de l'action. On voit là un résultat de la différence que nous avons précédemment signalée entre le titre de ceux qui se sont fait envoyer en possession des biens de l'absent et celui en vertu duquel des individus auraient, conformément aux art. 135 et 136, pris des biens, exercé des droits, qui se trouvent plus tard avoir été ceux de l'absent; les premiers, mandataires et représentants de l'absent, ne peuvent prescrire les biens en la possession desquels ils se sont mis; au contraire, les autres, appelés à l'hérédité en vertu d'un droit propre, d'une vocation personnelle, peuvent prescrire, puisqu'ils possèdent à titre de propriétaires.

L'art. 138, de son côté, semble bien ne s'appliquer qu'à l'hypothèse d'une succession échue à l'absent et recueillie par d'autres : c'est le cas qui se présentera le plus fréquemment et on ne peut s'étonner que la loi s'en soit plus visiblement préoccupée; mais il est évident qu'il s'appliquerait également à un légataire, par exemple, qui, substitué vulgairement à l'absent, aurait recueilli à son défaut le legs ouvert depuis sa disparition : celui-ci, s'il était de bonne foi, gagnerait évidemment aussi les fruits, conformément au principe général écrit dans les art. 549 et 1378. Si donc le Code ne parle que de succession, c'est évidemment qu'autrefois cette règle ne s'appliquait pas au possesseur de bonne foi d'une hérédité et qu'il a voulu le faire rentrer dans le droit commun, en abrogeant la maxime *fructus augent hereditatem*.

Puisque cette pétition d'hérédité a plus particulièrement frappé le législateur, nous l'étudierons aussi d'une façon spéciale : mais pour obvier au laconisme de la loi sur ce point et remédier à son insuffisance, nous rappellerons brièvement les principes du droit romain et de notre ancien droit français sur les obligations de l'héritier apparent.

La pétition d'hérédité est l'action par laquelle l'héritier réel vient réclamer une succession contre l'héritier putatif (c'est-à-dire celui qu'on croyait héritier et qui ne l'était pas). Elle ne s'exerce que contre celui qui possède *pro herede*, à la différence de l'action en revendication, qui s'intente contre le possesseur quelconque d'un ou de plusieurs biens faisant partie de la succession. Le délai de la prescription de la possession d'hérédité est de trente ans, qu'elle soit intentée contre l'héritier apparent, son représentant universel ou le cessionnaire de ses droits héréditaires; dans tous les cas, en effet, on veut dépouiller l'héritier réel d'un *universum jus* (art. 789, 790). Nous verrons au contraire que l'action en revendication contre celui qui possédera un bien de l'hérédité, à tout autre titre que celui de représentant de l'absent, se prescrit par un laps de temps qui varie selon les circonstances : depuis le délai de trente ans jusqu'à ce qu'on a appelé la prescription instantanée de l'art. 2279.

La pétition d'hérédité s'exercera toutes les fois qu'une succession aura été appréhendée par un autre que le véritable héritier, c'est-à-dire : 1° dans l'hypothèse des art. 136 et 137, quand une succession, s'ouvrant au profit d'un absent, la loi appelle à son défaut ceux à qui la présence de l'absent faisait obstacle dans la dévolution de ladite succession; 2° lorsqu'un héritier véritable étant inconnu ou restant dans l'inaction, un ou des parents plus éloignés, appréhendent la succession; les deux cas sont régis par les mêmes règles. Supposons donc l'absent de retour, ou le véritable héritier apparaissant et réclamant ses droits à l'héritier apparent, et cherchons à régler leurs rapports respectifs et principalement les obligations de l'héritier putatif.

En droit romain, le sénatus-consulte d'Adrien distinguait : suivant que le possesseur était de bonne ou de mauvaise foi. S'il était de bonne foi, il n'était tenu que jusqu'à concurrence de ce dont il se trouvait plus riche au moment de la demande : ainsi il restituait du fonds, du capital, les seuls biens qui lui restaient, sans être responsable des détériorations par lui commises (lois 25, § 11, 31, § 3, Dig. V, 3); et pour les fruits il ne tenait compte à l'héritier que de ceux encore existants ou du profit encore actuel qu'il avait retiré en les consommant, *quasi augmenta hereditatis, per quos (fructus) locupletior factus est* (loi 40, § 1, *eod. tit.*). S'il était, au contraire, de mauvaise foi, non-seulement il devait restituer le capital des biens dont il s'était emparé, non-seulement il répondait de ses dégradations et même de la perte fortuite de la chose, à moins qu'il pût prouver que la chose eût également péri dans les mains du *verus dominus* (lois 31, § 3; 40, *princ.*, *eod. tit.*); mais encore il devait rendre tous les fruits perçus, consommés ou non, et même ceux qu'il avait négligé de percevoir (lois 25, § 4, 40, § 1, *eod. tit.*).

Notre ancienne jurisprudence française appliquait au possesseur de mauvaise foi la même responsabilité. Quant au possesseur de bonne foi, tout en admettant le principe du droit romain, d'après lequel il ne devait être tenu que *quatenus ex ea re locupletior factus est*, elle en modifiait, à certains égards, l'application. Ainsi pour le fonds, elle considérait le possesseur comme d'autant plus riche dès qu'il avait reçu un capital, sans examiner s'il l'avait conservé ou s'il en avait tiré un profit encore existant dans son patrimoine au moment de la demande. Cela était peut-être moins équitable; mais c'était plus pratique (Pothier, *Droit de propriété*, n° 429). Pour les fruits, le possesseur de bonne foi en devait également compte à l'héritier qui l'évinçait, jusqu'à concurrence de son enrichissement, et il était présumé avoir profité et s'être enrichi de tous les fruits perçus avant la demande, à moins qu'il ne justifiât du contraire. Pothier aurait voulu qu'on en présumât la dépense et le non-enrichissement, sauf preuve contraire (*ibid.*, n° 430).

Nous arrivons à notre législation actuelle. Dans le silence de la loi, on en est réduit, pour déterminer les obligations de l'héritier apparent, à recourir aux traditions de notre ancienne jurisprudence, aux analogies de notre droit nouveau et à l'équité; aussi, devant des règles si peu précises, n'est-on pas étonné de voir les auteurs divisés sur la question. On est pourtant unanime à reconnaître qu'il faut toujours observer vis-à-vis du possesseur de mauvaise foi les anciens principes; il y a dans le fait de l'homme qui appréhende une hérédité qu'il sait appartenir à autrui, un fait dommageable au véritable héritier, et dont il lui doit réparation (art. 1382). Mais en cas de bonne foi de la part du possesseur de l'hérédité, les avis se partagent. Les uns veulent que les biens soient restitués dans l'état où ils devraient être, sauf les pertes arrivées par force majeure; les autres appliquent à ce cas le principe de l'art. 132 et pensent, au contraire, qu'il n'est tenu que de rendre les biens dans l'état où ils se trouvent au moment de la demande: c'est à cette seconde opinion que nous nous rallierons. Nos adversaires, à l'appui de leur système, font remarquer que la loi ne réserve à l'héritier apparent que les fruits (art. 138), et que nulle part elle ne les dispense de rendre le fonds lui-même. L'art. 132, ajoutent-ils, s'applique à une autre classe de biens, à ceux que l'absent possédait au jour de sa disparition, et si l'on comprend que, quand il s'est écoulé de trente-cinq à quarante et un ans depuis la disparition d'une personne, la loi sur les biens abandonnés accorde les pouvoirs les plus absolus aux envoyés définitifs, on ne concevrait pas, au contraire, qu'après avoir décidé que toute succession échue à l'absent depuis sa disparition serait recueillie par ceux à qui sa présence faisait obstacle, elle n'eût pas réservé à cet absent de retour le droit d'en exiger la restitution intégrale, alors surtout qu'il pouvait s'agir d'une succession à lui échue quelques mois à peine après sa disparition. Il est facile de rétorquer ce dernier argument et de dire à notre tour qu'on comprendrait encore moins que ceux qui ont recueilli, à défaut de l'absent, une succession à lui échue trente, quarante, cinquante ans après sa disparition, fussent plus rigoureusement traités que les envoyés définitifs, alors que ceux-ci n'ont été envoyés en possession des biens de l'absent qu'en leur qualité de représentants de l'absent, tandis que ceux-là ont une vocation propre à l'hérédité, et possèdent *pro suo* des biens à eux dévolus personnellement par la loi. Quant à l'art. 138, la portée qu'on lui a donnée est fort contestable; nous avons dit qu'il n'avait eu pour but que d'abroger la célèbre maxime *fructus augent hereditatem*, et tarir par là toutes les recherches sur la question de savoir si le possesseur avait encore le profit résultant des fruits par lui perçus; introduit en faveur de l'héritier de bonne foi, pourquoi le retourner contre lui? Enfin, serait-il juste, serait-il équitable de rendre responsable sur ces biens celui qui, de bonne foi, s'est cru propriétaire, et a agi sur ses biens-là en propriétaire? Il y a plus; raisonnons en pur droit: si le possesseur n'est obligé ni par un délit, ni par un quasi-délit, ni par un contrat; il est tenu par une sorte de quasi-contrat, en sa qualité de détenteur, de possesseur de l'hérédité; or, la pétition de l'hérédité est une action réelle, il n'est donc plus tenu, plus obligé, dès qu'il a cessé de posséder, à moins qu'il n'ait cessé de posséder par dol? La loi veut uniquement qu'il ne s'enrichisse pas aux dépens du véritable propriétaire; mais d'un autre côté, elle ne veut pas qu'il réponde sur son propre patrimoine des actes qu'il a faits sur des biens dont il avait de justes raisons de se croire propriétaire et en cette qualité. Cet esprit, le législateur l'a manifesté dans certaines circonstances où un possesseur de bonne foi est actionné en restitution par le véritable propriétaire (art. 132, 1380, 1935); appliquons-le donc à notre hypothèse.

On a objecté à cette théorie les art. 1042 et 1245, et l'on a dit : en général, le débiteur d'un corps certain et déterminé répond des détériorations qui ne proviennent que de son fait, comme de celles qui proviennent de sa faute; ainsi, l'héritier qui, dans l'ignorance du legs, a dégradé ou perdu la chose léguée, est déclaré responsable envers le légataire : pourquoi ne pas appliquer ce principe au possesseur débiteur de l'hérédité, *res certa?* Si on ne l'a pas appliqué à l'héritier apparent, cela tient sans doute à ce que le droit romain le décidait déjà ainsi (lois 31, §3, Dig. V, 3; 191, § 2, XLV, 1 ; 16, Inst., liv. II, tit. 20) ; à ce que cela avait passé dans notre ancien droit français (Pothier, *Oblig.*, n° 661, et *Don. test.*, ch. 5, sect. 3, § 5), et que cette différence se justifie suffisamment par elle-même. En effet, si la dette de corps certain est contractuelle, le débiteur primitif ne peut, de bonne foi, croire qu'elle n'existe pas; mais son héritier peut ignorer ce contrat, et aliéner, perdre, détériorer, la croyant sienne, la chose qui fait l'objet de l'obligation ? alors même, on comprend qu'il soit responsable de toute détérioration provenant de son simple fait; car, ou bien il n'a accepté que bénéficiairement la succession de son auteur, et dans ce cas il n'est qu'administrateur et comme tel il doit s'abstenir de tout acte de nature à diminuer ou dégrader les biens héréditaires qui lui sont confiés ; ou bien il a accepté la succession purement et simplement, et dans ce cas, il représente le défunt, il succède à ses obligations, or, le défunt est responsable du fait de son héritier, qu'il aurait dû, mais qu'il a négligé d'avertir de l'existence du contrat : cet héritier a, pour ainsi dire, pris à sa charge toutes les obligations connues ou inconnues de son auteur et s'est engagé à les acquitter. Il est si vrai que telle est bien la théorie de la loi en matière de contrat que le Code, dans l'art. 1935, a cru devoir faire au profit de l'héritier du dépositaire une exception, légitimée sans doute par le caractère du contrat et la faveur due au dépositaire, mais enfin une exception qui avait besoin d'être écrite. A la vérité, ce n'est plus par un contrat que l'héritier est obligé envers les légataires, mais c'est en vertu d'un quasi-contrat, volontairement, librement consenti par lui...; il a accepté la succession avec toutes ses charges; il ne peut se plaindre d'une situation qu'il s'est de lui-même créée (Demol., II, n° 221). Concluons donc que le possesseur de bonne foi d'une hérédité n'est obligé que parce qu'il possède, et qu'il est libéré, dès qu'il a restitué ce qui lui restait des biens héréditaires, *id quod durat*, au moment de la demande, sans être tenu ni de son fait ni de sa faute.

Ces principes posés, il nous sera dès lors facile d'en déduire les conséquences au point de vue des obligations et des droits de l'héritier apparent.

Il gagnera les fruits, tant que durera sa bonne foi (art. 138). Le Code en cela s'est rendu au vœu de Pothier ; il l'a même dépassé, puisque dans notre droit le possesseur de bonne foi garde les fruits perçus, même non consommés, et qu'en aucun cas le revendiquant ne peut être admis à prouver qu'il s'en est enrichi pour se les faire restituer.

Il ne répond des dégradations faites sur les biens héréditaires que jusqu'à concurrence du profit qu'il en a tiré; à moins, bien entendu, qu'elles n'impliquent la malveillance et la mauvaise foi. Il y a à cet égard une question de fait et de bonne foi que les tribunaux auront le devoir d'apprécier : l'étendue des obligations de l'héritier apparent variera ainsi suivant les circonstances

S'il a aliéné à titre gratuit, il n'est tenu à aucune indemnité, puisqu'il a cessé sans dol de posséder l'objet donné. S'il a aliéné à titre onéreux, il ne doit que le prix par lui reçu, encore qu'il soit inférieur à la valeur réelle de la chose. Enfin, quant aux fruits divers et aux capitaux reçus par lui, le possesseur de bonne foi n'en sera toujours tenu que *quatenus locupletior factus est;* seulement, suivant l'avis de Pothier, il sera présumé plus riche des sommes d'argent qu'il aura ainsi touchées, et ce sera à lui à faire « apparoir du contraire ».

Le possesseur de bonne foi pourrait au cours de sa possession devenir de mauvaise foi. Il ne sera pas nécessaire pour cela qu'une demande en restitution ait été faite contre lui. L'art. 138 qui paraît l'exiger a eu un tout autre but que de déterminer ce point-là, et l'art. 14 de l'ordonnance de 1539, qui voulait en ce cas une demande libellée, a été remplacé par l'art. 550 du C. N. qui est ainsi conçu : « Le possesseur est de bonne foi quand il possède comme propriétaire, en vertu d'un titre translatif de propriété dont il ignore les vices. Il cesse d'être de bonne foi du moment où ces vices lui sont connus. » Ainsi, sa disposition est générale : de quelque manière que le possesseur de bonne foi ait connu les vices, il n'importe; seulement, il faudrait prouver qu'il en avait connaissance, car la mauvaise foi ne se présume jamais (art. 2268). Ulpien l'avait déjà décidé ainsi (loi 20, § 11, Dig. V, 3.).

SECTION III. — Droit de l'absent qui reparait contre les tiers qui ont traité avec l'héritier apparent.

La loi n'a pas limité les pouvoirs de ceux qui recueillent, à défaut de l'absent, les droits éventuels qui lui échoient : pourtant elle ne leur déférait pas une propriété incommutable, puisqu'elle réservait à l'absent ses actions en pétition d'hérédité et d'autres droits (art. 137). Aussi est-ce une question célèbre entre toutes, objet des plus vives et des plus interminables discussions entre la doctrine et la jurisprudence, que celle de savoir quels sont les pouvoirs de l'héritier apparent sur les biens qu'il a recueillis, et dans quelles limites les droits qu'il a conférés aux tiers peuvent être opposés à l'absent de retour? Nous nous occuperons spécialement du cas où une succession n'a pas été dévolue au véritable ayant droit par suite de son absence; nous verrons ensuite si les mêmes règles s'appliquent au cas où le véritable héritier présent a négligé de faire valoir ses droits.

§ 1er. *Le véritable héritier est présumé ou déclaré absent.*

Deux partis extrêmes se présentaient tout d'abord à l'esprit : appliquer à ces pouvoirs la maxime *Nemo dat quod non habet;* le retour de l'absent montre suffisamment que l'héritier apparent n'avait aucun droit sur les biens héréditaires ; or, *resoluto jure dantis resolvitur jus accipientis;* ou bien, argumenter par *a fortiori* de l'art. 132 et valider tous les actes de l'héritier apparent. On a rejeté ces systèmes absolus qui ont le tort, selon M. Demolombe, de braver stoïquement toutes les conséquences, d'élever une perpétuelle collision entre les principes même les plus vrais et de les briser ainsi successivement les uns contre les autres par l'extension violente et démesurée qu'ils leur donnent; et on a généralement adopté, quoique avec plus ou moins d'étendue, suivant ses différentes applications, un système qui distingue entre les actes nécessaires et les actes volontaires :

Examinons les actes les plus importants qui ont pu être faits avec les tiers par l'héritier apparent :

1° Les payements reçus par lui des débiteurs héréditaires ;

2° Les baux qu'il a pu faire ;

3° Les aliénations ;

4° Les jugements ;

5° Les transactions.

1° *Payement.* — Cette première hypothèse est résolue par un texte, ce qui éloigne toute difficulté : « Le payement fait de bonne foi à celui qui est en possession de la créance, est valable, encore que le possesseur en soit par la suite évincé (art. 1240). » Or, l'héritier apparent est précisément le possesseur de la créance, celui que toutes les circonstances extérieures désignent aux tiers comme le créancier véritable. D'ailleurs, c'est là par excellence un acte nécessaire, puisque l'héritier apparent pouvait forcer le débiteur à se libérer, et que celui-ci en avait non-seulement le devoir mais encore le droit.

2° *Baux.* — La loi, en déférant la succession à l'héritier apparent, lui attribue par cela même le droit de l'administrer ; or, les baux sont essentiellement des actes d'administration : l'absent de retour devra donc les respecter ; et cela non pas dans les limites restreintes des art. 1429 et 1430, mais avec toute l'étendue de l'art. 1673. A défaut de texte spécial, il vaut mieux en effet étendre à l'héritier apparent la décision relative au vendeur à réméré, dont la situation a le plus d'analogie avec la sienne, que s'inspirer des art. 1429 et 1430, où les tiers ne pouvaient ignorer qu'ils ne se trouvaient qu'en présence d'un simple administrateur.

Mais ne faut-il pas généraliser ce principe, et rendre opposables au propriétaire tous les baux faits de bonne foi par le possesseur d'une chose particulière ? On l'a contesté, en se fondant sur la règle : *resoluto jure dantis ;* si l'usufruitier, le tuteur, le mari, administrateurs de bien d'autrui, a-t-on dit, peuvent passer bail et enchaîner la jouissance du véritable maître, c'est que des textes précis leur concèdent ce droit (art. 595, 1718, 1429, 1430) ; il y a plus, les art. 1726 et 1727 supposent la résolution et même la nullité des baux qu'aurait pu faire le possesseur du bien d'autrui. — Sans relever ce qu'une pareille doctrine a de préjudiciable à la bonne foi des tiers, à la sécurité des relations sociales et aux intérêts de l'agriculture, il nous est facile de démontrer que la loi n'a pas entendu appliquer aux baux la célèbre maxime, *resoluto jure dantis...* L'art. 1673 en est la preuve évidente, alors qu'il maintient contre le vendeur exerçant le réméré les baux faits sans fraude par l'acquéreur; ce principe ne s'applique qu'aux cas d'aliénation et d'hypothèque: c'est ce que montrent encore les art. 1664, 2125, 2182. Nous nous trouvons donc en présence d'une possession, c'est-à-dire d'un fait que ni les résolutions, ni les rescisions, ni les revendications ne peuvent détruire dans le passé; qui a toujours existé, avec ses conséquences nécessaires et raisonnables, d'où avec le droit d'administrer pour celui qui a possédé et représenté le véritable héritier à l'égard des tiers. L'absent devra donc respecter les baux qu'il aura faits, actes essentiels d'administration. Aussi bien décider autrement serait-il se mettre en contradiction évidente avec la législation nouvelle qu'ont inaugurée les art. 595 et 1743. Jadis les baux consentis par l'usufruitier n'obligeaient pas le nu-propriétaire; l'acquéreur à titre particulier n'était pas même tenu de respecter ceux consentis par le vendeur de la chose louée (Pothier, *Louage*, n° 312); aujourd'hui au contraire les art. 595 et 1743 consacrent des idées tout opposées. On nous objecte enfin les art. 1726 et 1727; mais ils ont été copiés sur Pothier (*Louage*, n°s 81 et 82); et avec les idées d'alors sur l'étendue des baux consentis par l'usufruitier et le vendeur d'un immeuble, on comprend que ceux faits par le simple possesseur apparent ne pouvaient, *a fortiori*, obliger le propriétaire; mais nous avons vu que le principe avait changé; et, si l'on ne peut dire que les art. 1726 et 1727 se réfèrent au cas où le possesseur aurait loué d'un individu sans titre apparent, ou bien au cas où le bail n'aurait pas date certaine à l'encontre du propriétaire revendiquant, il est au moins permis de croire, qu'en empruntant à Pothier les dispositions de ces articles, on ne s'est pas assez souvenu peut-être que ces dispositions étaient surtout des corollaires d'un principe qu'on allait abroger (Demo., II, n° 237; Duv. à son cours; nombreux arrêts de Cassation).

3° *Aliénations.* — Aliénations à titre onéreux.

a. Aliénation d'un immeuble.

L'héritier apparent a aliéné un immeuble de la succession : l'absent, ses héritiers ou ayants cause, pourront-ils, en se présentant avant la prescription accomplie, agir contre l'acquéreur pour revendiquer cet immeuble? C'est là de toute la matière la plus grosse et la plus difficile question. Controversée déjà en droit romain, elle a continué à l'être dans notre ancien droit français ; aujourd'hui encore, elle divise plus que jamais la doctrine et la jurisprudence, et on ne compte plus les interminables dissertations dont elle a été l'objet.

Nous n'allons pas développer tous les systèmes qui ont été émis à ce sujet : nous résumerons seulement les principaux, et en combattant brièvement les arguments sur lesquels ils s'appuient, nous tâcherons de justifier le choix que nous aurons fait parmi tant d'opinions diverses. Pour cela nous n'irons pas nous perdre, comme le dit Marcadé, dans le dédale des lois romaines qui ont été invoquées soit pour l'affirmative, soit pour la négative, lois dont l'obscurité est quelquefois telle, qu'elles n'ont pu être comprises par les meilleurs interprètes. Ces lois d'ailleurs n'ont rien à faire dans la question ; car ce n'est point tel sénatus-consulte d'Adrien, ni d'autres textes inintelligibles du Digeste, que nos tribunaux français sont chargés d'appliquer, alors qu'ils ont les principes clairs et précis de notre Code Napoléon (I, n° 472).

Il y a en droit deux principes incontestables, admis par toutes les législations, principes d'équité et de bon sens. Le premier, Ulpien le formulait ainsi : *nemo plus juris ad alium transferre potest quam ipse haberet* (loi 54, Dig. L, 17) : il a été reproduit par notre Code dans les art. 1599, 2125 et 2182 ; le deuxième, qui a inspiré les art. 537, 544 et 545, Pomponius le définit : *id quod nostrum est ad alium sine facto nostro transferri non potest* (loi 17, *ibid.*). Il nous semble que la solution de notre question se trouve précisément renfermée dans ces deux principes. L'héritier apparent n'était pas propriétaire ; il n'a donc pu transporter à d'autres des droits qu'il n'avait pas ; le véritable héritier, lui, n'a jamais cessé de l'être ; or, on n'a pu le dépouiller malgré lui, donc, resté maître de ses biens, il pourra les revendiquer entre les mains des tiers détenteurs. Les tiers détenteurs souffriront sans doute de cette stricte observation des principes juridiques, mais ils n'y seront pas sacrifiés : car, s'ils ont été de bonne foi, ils auront gagné les fruits ; s'ils ont fait des dépenses ayant occasionné à l'immeuble une plus-value, il leur en sera tenu compte (art. 549, 550) ; enfin, ils seront protégés contre une revendication tardive du véritable héritier par la prescription de dix à vingt ans (art. 2265) : ce délai est même déjà assez court pour qu'on ne dépouille pas cet héritier avant qu'il soit expiré. D'ailleurs, l'intérêt social le voulait ainsi, car il repose sur le respect du droit sacré de propriété. (Proudhon, I, p. 267 ; Troplong, *des Hypoth.*, II, n° 468, *de la Vente*, II, n° 960 ; Marcadé, I, n° 471 ;

Duverger à son cours, C. de Rennes, 12 août 1844; V. arrêt tout récent de la même C. de Rennes, *Gaz. des Trib.*, 9-10 septembre 1861.)

Il s'en faut de beaucoup que la question ait été ainsi limitée à ces principes de la logique et du droit. On l'a détournée de son véritable terrain; on l'a subordonnée à des considérations tirées de la pratique et du mouvement des affaires; on a été jusqu'à soutenir que la question n'ayant pas été prévue par le législateur « pour elle la mission du juge s'élève presque à la hauteur de celle du législateur lui-même » (Dev. et Car., 1836, 2,293). Aussi nos adversaires, ne trouvant pas à se rallier autour d'un principe certain, s'égarent et se perdent-ils dans des distinctions arbitraires.

Les uns admettent la validité de l'aliénation d'un immeuble faite par l'héritier apparent; mais ils y mettent pour condition que le vendeur et l'acquéreur seront tous deux de bonne foi. Cette opinion séduit tout d'abord par son équité apparente; mais elle est en opposition flagrante avec les principes du droit. Nous voyons, en effet, dans l'art. 1167 que si un débiteur de mauvaise foi aliène ses biens à titre onéreux en fraude de ses créanciers, ceux-ci ne peuvent attaquer l'aliénation que dans le cas où l'acquéreur, lui aussi, serait de mauvaise foi; si au contraire, l'acquéreur est de bonne foi, quoique le vendeur soit de mauvaise foi, l'aliénation est maintenue.

D'autres n'exigent la bonne foi que de la part de l'héritier apparent : ils font remarquer qu'étant admis que l'héritier putatif de bonne foi n'est encore tenu dans notre droit que *quatenus locupletior factus est*, ce serait le constituer en perte sur ses biens personnels que de l'exposer à l'action en garantie de l'acheteur évincé ; aussi protégent-ils l'acquéreur contre la revendication du vrai propriétaire par une exception tirée *ex persona venditoris*. Mais on répond que comme l'héritier apparent est tenu jusqu'à concurrence de son enrichissement et est réputé avoir profité du prix qu'il a reçu, il importe peu qu'il soit soumis à l'action en garantie de l'acquéreur évincé, car il lui restituera, comme il eût fait à l'héritier réel, le prix de vente, sans que cela l'appauvrisse en rien ; il y a bien les dommages-intérêts que peut réclamer le tiers acquéreur (art. 1630) ; mais le possesseur n'a rien à se reprocher, tandis que l'absent a eu le tort de n'avoir pas exercé à temps ses droits d'héritier : on pourrait donc de ce chef les faire supporter à ce dernier. Au surplus, qu'est-il besoin de sacrifier les grands principes du droit pour protéger l'héritier contre une situation qu'il s'est créée à lui-même ?

D'autres auteurs — et c'est l'opinion la plus accréditée — se contentent pour maintenir les aliénations de l'héritier apparent, de la bonne foi des acquéreurs. Ils se fondent sur la foi des tiers, sur la sécurité indispensable dans les acquisitions à titre onéreux, sur l'équité, l'ordre public et l'intérêt social. Si l'art. 1240, disent-ils, valide le payement fait à l'héritier apparent par un débiteur héréditaire, même à l'égard de l'héritier véritable qui fait reconnaître ses droits, n'est-ce pas parce que le débiteur qui l'a fait a été de bonne foi : dès lors pourquoi ne pas maintenir les aliénations consenties au profit de tiers de bonne foi ? Ils ajoutent : les tiers qui traitent avec un héritier putatif n'ont eu aucun moyen de s'assurer s'il est ou non le véritable propriétaire ; leur erreur a été invincible: serait-il juste de leur enlever un droit qu'ils ont cru légitimement acquérir? Il est facile de répondre que la loi a déterminé dans plusieurs articles (138, 549, 2262, 2265, 2279) les avantages qu'elle attache à la bonne foi, et que nulle part elle ne lui a attribué l'effet de consolider, en les validant, les droits que les tiers ont cru acquérir sur un immeuble en traitant avec celui qui passait pour en être le véritable propriétaire. Quant à l'art. 1240, il est loin d'être concluant; un débiteur héréditaire est en fait dans la nécessité de payer : cela explique la protection dont l'entoure la loi; mais rien ne force les tiers de contracter avec l'héritier apparent; s'ils ont quelques doutes, qu'ils s'abstiennent; s'ils passent outre, qu'ils subissent la peine de leur imprudence.

M. Jozon (*Rev. prat.*, 1352, t. XIV, p.378, sq.) prétend que l'absent a commis une faute en ne se faisant pas connaître aux tiers, et qu'il doit en supporter les conséquences. Il part ainsi des art. 1382 et 1383 pour déclarer les aliénations opposables à l'absent de retour; et il justifie l'application qu'il fait de ces articles à notre hypothèse par des arguments d'analogie tirés des art. 2005 et 1380. Mais ces articles ne peuvent rien prouver dans l'espèce: il y a dans le cas de l'art. 2005 un fait, un acte du mandant qui engage sa responsabilité; il devait annoncer aux tiers la révocation du mandat, il est en faute de ne pas l'avoir fait et ceux qui ont contracté sur la foi de ce mandat ne doivent pas souffrir de sa négligence; quant au propriétaire qui a indûment livré sa chose, c'est lui-même qui a mis en possession le vendeur, il est la seule cause de tout ce qui s'est passé, il en souffrira. Est-ce là la position de l'absent dont l'héritier putatif a aliéné un immeuble? On peut simplement reprocher à cet absent de ne s'être pas fait connaître; or cette négligence de l'héritier véritable ne constitue pas une faute dans le sens juridique du mot, une faute créatrice d'obligation, un quasi-délit. Pour qu'il y ait quasi-délit, il faut non-seulement qu'une faute ait été commise, mais encore qu'elle lèse le droit d'autrui, droit qu'on était tenu de respecter. Quel est donc le droit des tiers que l'héritier véritable était tenu de respecter? Le droit d'être avertis par lui de sa qualité d'héritier? Ce droit n'existe nulle part dans la loi.

Alors on a objecté l'art. 132, et on a dit : Dans cet article, le législateur, vu la longue absence du propriétaire, permet aux possesseurs des biens d'en disposer valablement, et n'autorise l'absent de retour qu'à reprendre ce qui restera entre les mains des envoyés : pourquoi n'en serait-il pas de même dans les cas prévus par les art. 135 et 136? S'il n'en est pas de même, c'est d'abord que l'art. 132 est une exception à la règle qu'un propriétaire ne peut aliéner ; et que toute exception est de droit étroit et ne s'étend pas par analogie ; c'est ensuite qn'il n'existe aucune parité entre les deux situations. Dans l'art. 132, il s'est écoulé, depuis la disparition de l'absent, plus de temps qu'il n'en fandrait au premier venu pour prescrire la propriété des biens de cet absent : on comprend alors que, pour ne pas laisser la propriété indéfiniment incertaine, la loi ait attribué aux envoyés des pouvoirs aussi étendus ; mais il n'a pu s'écouler que deux ans, un an, six mois depuis l'absence du véritable héritier, quand à son défaut d'autres ont recueilli l'hérédité ; et sans aucun texte, quand les présomptions de mort sont encore si faibles, on voudrait accorder aux possesseurs les droits les plus absolus! Cela n'est pas possible.

Enfin, la Cour de cassation a été jusqu'à prétendre que l'héritier apparent n'avait pas vendu la chose d'autrui. Pour cela, elle met en avant le principe de la saisine, en vertu duquel tous les parents, jusqu'au douzième degré, sont appelés par la loi à la succession de leurs parents et saisis de plein droit par sa mort de tous les biens composant son patrimoine (art. 724). On en conclut que l'héritier le plus diligent, qui s'est mis en possession de la succession, n'est point un étranger par rapport à elle, qu'il en est en quelque sorte comme le propriétaire provisoire, et qu'en vendant les immeubles qui en dépendent, il n'a pas vendu la chose d'autrui, mais une chose qui lui appartenait jusqu'à un certain point au moment de la vente. Donc, l'art. 1599 étant écarté, il n'y a plus de raison d'annuler l'aliénation (C. cass., 16 janvier 1843). Mais cette doctrine sur la dévolution des successions *ab intestat* n'est pas exacte. Si l'absent, qui était l'héritier le plus proche, reparaît, il sera évidemment réputé avoir été héritier dès l'ouverture de la succession (art. 137, 724, 777); lui seul aura été saisi; d'où la conséquence que le parent qui l'aura recueillie à son défaut sera réputé n'y avoir jamais eu, de son propre chef et pour son compte, aucun droit de propriété, et qu'il n'aura pu transmettre sur elle plus de droits qu'il n'en avait lui-même.

Le grand motif de ce système est certainement la raison économique. Aussi tout en reconnaissant combien celui de la nullité est serré et pressant, M. Demolombe (II, n° 259) se déclare-t-il très-touché de cette profonde, de cette unanime conviction, qui entraîne vers lui tous les hommes mêlés à la pratique et au mouvement des affaires. Parmi les avocats les plus exercés du barreau, dit-il, parmi les notaires que j'ai pu consulter, je n'en ai presque pas rencontré qui ne considérassent comme une véritable nécessité le maintien des ventes ainsi faites ; et voilà surtout ce qui me porte à croire que cette dernière opinion triomphera.....

Mais peu satisfait de la base sur laquelle on a fait reposer cette opinion, il lui en cherche une plus solide, une plus rationnelle, qu'il croit avoir trouvée dans l'idée de mandat. Voici le résumé de son argumentation : Sans doute en principe le mandat même conçu en termes généraux n'embrasse que les actes d'administration (art. 1988) ; mais c'est là une simple règle d'interprétation, qui ne s'oppose pas absolument à ce qu'on reconnaisse dans un mandat quelconque le pouvoir d'aliéner, si, dans l'espèce, il est constaté que telle a été effectivement l'intention soit de la loi, soit de la partie qui a conféré le mandat. C'est ainsi qu'autrefois le procureur *omnium bonorum cum liberâ* avait le pouvoir d'aliéner, lorsque le mandant partait pour un pays éloigné. Or, telle est précisément la situation, lorsqu'une succession s'ouvre au profit de l'absent qui n'est pas seulement éloigné et dont l'existence est incertaine. Donc il est raisonnable d'interpréter le pouvoir que la loi confère, à tout événement et dans l'hypothèse même de son retour, à ceux qui recueillent sa succession en son lieu et place, en ce sens qu'elle les constitue, en égard à cette succession, les procureurs de l'absent *cum liberâ administratione*, c'est-à-dire avec une entière liberté, dit Pothier (*Man-*

dat, n° 146), de faire tout ce qu'ils jugeront à propos (II, n° 250).

Cette argumentation ne nous convainc pas plus que les précédentes. Il semble d'ailleurs que M. Demolombe n'y ait pas une foi entière, puisque ce n'est pas l'idée de mandat qui l'a conduit à maintenir ainsi les aliénations d'immeubles faites par l'héritier apparent; c'est, au contraire, la solution imposée à l'avance par la nécessité des affaires, qui le conduit à l'idée de mandat. Mais cette idée de mandat est-elle donc bien exacte? qui donc l'aurait donné à l'héritier apparent? Ce n'est certainement pas l'absent, ni la justice, qui n'est pas intervenue; est-il vrai que ce soit la loi? Mais toutes les fois que la loi confie à une personne le droit d'en représenter une autre, elle le dit formellement; elle le dit pour l'envoyé définitif (art. 132), pour le tuteur (art. 450), etc..., jamais le mandat légal n'est tacite, surtout le mandat *cum liberâ*. Est-ce l'art. 136 qui confère ce pouvoir à l'héritier apparent? Il commence par appliquer un principe de droit commun : celui qui réclame du chef de l'absent une succession ouverte à son profit doit prouver son existence; puis, il reconnaît provisoirement pour héritiers ceux qui sont appelés à défaut de l'absent : où voit-on l'idée d'un pouvoir quelconque? En quoi ceux que la loi déclare propriétaires sous condition résolutoire sont-ils autorisés à disposer irrévocablement des biens qu'elle leur confie? La loi dit partout le contraire : art. 865, 929, 954, 1183, 1673, 2125. Et ce qui prouve bien que ceux qui succèdent, à défaut de l'absent, ne le représentent point, c'est que l'art. 137 leur donne le droit d'acquérir par la prescription les biens qu'ils détiennent; or, personne ne soutiendra qu'un mandataire puisse par la prescription acquérir les biens qu'il administre.

Tous les arguments de nos adversaires ainsi écartés, nous nous trouvons plus que jamais en présence de nos deux grands principes : *Id quod nostrum est ad alium sine facto nostro transferri non potest; nemo dat quod non habet.* L'héritier apparent n'a pu donner ce qu'il n'avait pas; l'absent n'a pu sans sa volonté être dépouillé de son droit de propriété; et s'il est resté propriétaire, il pourra donc revendiquer l'immeuble que l'héritier putatif a ainsi aliéné au mépris de ses pouvoirs. Le législateur aurait pu déroger à ce principe en faveur de l'héritier apparent; il l'a fait dans d'autres circonstances, où il a validé l'aliénation émanée d'un autre que le véritable propriétaire (art. 132, 790, 2005, 1935); mais, outre qu'il pouvait se rencontrer dans ces diverses hypothèses des raisons d'agir qui ne se rencontrent pas ici, on peut dire que l'exception confirme la règle, et que, du moment qu'aucune exception n'est écrite en faveur de l'héritier putatif, nous devons rester dans la règle et appliquer la règle, toute sévère qu'elle nous paraisse, *dura lex, scripta tamen.* Nous reconnaissons volontiers que cette solution se concilie peu avec les nécessités de la pratique, et qu'elle atteint non-seulement l'intérêt particulier de l'acheteur, mais encore le crédit public. Qui veut la fin veut les moyens, dira-t-on, et si la loi défère la succession aux cohéritiers de l'absent, il faut bien qu'elle leur donne le droit de liquider. de partager, liciter, vendre des immeubles pour payer des créanciers, se procurer des fonds pour faire des réparations urgentes. Mais encore une fois, c'est changer la question de droit en question de législation, et nous devons plus chercher ce qu'est la loi que ce qu'elle devrait être. Au surplus, il existe pour l'héritier apparent un moyen bien simple de faire des aliénations définitives et opposables à l'absent lui-même : qu'il aliène tant au nom de l'absent qu'en son propre nom, et pourvu que l'aliénation soit nécessaire ou même simplement utile, chacune des parties qu'elle intéresse la devra respecter (art. 1372, 1375). Plus simplement, qu'il se fasse autoriser en justice à aliéner : la question d'utilité se trouverait ainsi jugée à l'avance, et l'absent de retour ne serait plus admis à attaquer une convention désormais irrévocable.

Du moment que nous ne reconnaissons pas à l'héritier apparent la faculté d'aliéner, nous devons, et par les mêmes raisons, lui refuser la capacité d'hypothéquer, en vertu du principe formulé dans l'article 2124 : « Les hypothèques conventionnelles ne peuvent être consenties que par ceux qui ont la capacité d'aliéner les immeubles qu'ils y soumettent. »

b. Vente d'un meuble corporel.

Si ce sont des meubles corporels que l'héritier apparent a vendus, il est incontestable que l'héritier apparent sera protégé contre la revendication du véritable héritier par la maxime de l'art. 2279.

c. Vente d'un meuble incorporel.

L'héritier apparent a cédé une créance ; les formes spéciales prescrites par les art. 1690 et 1691 ont été observées : l'absent de retour pourra-t-il la revendiquer contre le cessionnaire ? On s'est appuyé, pour admettre la négative, sur la généralité du mot *meubles* dans les art. 535 et 2279, et sur l'anomalie qu'il y aurait à rendre le cessionnaire de bonne foi propriétaire seulement après trente ans (art. 2262), alors que l'acquéreur d'un meuble le devient immédiatement et celui d'un immeuble par la prescription abrégée de dix ou vingt ans. D'autres auteurs se sont appuyés sur la fameuse théorie du mandat que nous avons combattue tout à l'heure. Pourtant nous n'admettons pas la validité des cessions de créance. Il nous paraît évident que l'art. 2279 ne s'applique qu'aux meubles corporels : cela résulte des termes mêmes de la loi, *choses perdues ou volées* (art. 2579), *achetées dans un marché ou dans une vente publique ou d'un marchand vendant des choses pareilles* (article 2280) ; d'autant plus que les motifs essentiels sur lesquels se fonde l'art. 2279, la rapidité, la sécurité nécessaire dans la transmission des meubles, l'impossibilité de vérifier le droit du possesseur actuel, ne s'appliquent pas en général aux meubles incorporels, si ce n'est seulement aux effets au porteur (Troplong, *de la Prescription*, II, n° 1065). La Cour de cassation a si bien reconnu la force de ce raisonnement qu'elle n'a pas craint de se contredire en quelque sorte, car tandis qu'elle valide les aliénations d'immeubles faites par l'héritier apparent, elle a, dans maints arrêts, annulé les cessions de créance par lui consenties (C. cass., 4 mai 1836 ; 11 mai 1839 ; 14 août 1840). Il y aura sans doute quelque chose d'étrange dans ce fait, que le cessionnaire d'une créance ne sera sûr de son contrat qu'au bout de trente ans, quand les acquéreurs de meubles corporels ou d'immeubles jouissent de la prescription instantanée ou de celle abrégée de dix ou vingt ans : il nous semble bien en résulter que l'acheteur de droits corporels a été oublié dans la juste faveur qu'on accordait à la bonne foi; mais décider autrement serait faire la loi et non plus l'interpréter.

d. Aliénation du droit héréditaire.

L'aliénation du *jus hereditarium* est généralement déclarée nulle, soit, comme l'enseigne M. Demolombe, parce que le procureur même *cum libera* dépasse ses pouvoirs et n'administre plus, lorsqu'il abdique au contraire son rôle, lorsqu'il résigne son mandat, en livrant à un autre l'universalité même qui faisait l'objet de sa gestion; soit parce qu'on considère l'héritier apparent comme ayant vendu la chose d'autrui. La Cour de cassation, reculant encore devant sa propre doctrine, l'a décidé ainsi dans son arrêt du 23 août 1833; de sorte qu'elle protége, étrange anomalie, celui qui achète un à un tous les immeubles de l'absent, mais abandonne entièrement celui qui achète en une seule fois l'héredité qui les comprend tous.

L'acquéreur du *jus hereditarium* pourra sans doute prescrire; mais il ne le pourra que par trente ans, car il a acquis une universalité, une chose incorporelle, et les art. 2265 et 2279 ne s'appliquent qu'aux meubles ou aux immeubles corporels certains et déterminés.

Aliénations à titre gratuit.

Elles sont nulles: car il n'est pas permis de disposer du bien d'autrui; et si général qu'on le suppose, le mandat d'administrer — pour ceux qui admettent l'idée de mandat — ne comprend jamais le pouvoir de faire des libéralités.

Au lieu de supposer, comme nous l'avons fait jusqu'à présent, une succession *ab intestat* dévolue tout entière à des parents du défunt, à défaut d'un autre parent absent, d'un degré égal ou plus proche, qui l'aurait recueilli soit concurremment avec eux, soit à leur exclusion; on pourrait supposer que c'est un légataire universel ou à titre universel qui est absent lors du décès du testateur: le legs alors a été recueilli à son défaut ou par l'héritier légitime, ou par un co-légataire universel, ou par un légataire substitué vulgairement, qui aliène l'immeuble légué: on se demande si l'aliénation est valable? Il ne nous semble pas qu'on doive décider autrement que dans l'hypothèse précédente, et ici encore, par les mêmes raisons, nous permettrions à l'absent de retour de critiquer l'aliénation et de revendiquer l'immeuble. Il en serait de même, au cas où l'absent serait un légataire particulier, et où l'immeuble légué aurait été vendu par ceux qui l'avaient recueilli en son lieu et place, c'est-à-dire soit l'héritier légitime, soit un légataire universel, soit un légataire particulier substitué vulgairement. Dans ce cas, M. Demolombe abandonne sa théorie du mandat, parce que le droit d'administrer, restreint à des objets déterminés, ne constitue pas ce mandat, cette procuration *omnium bonorum cum libera* qui donne au mandataire des pouvoirs si étendus sur la gestion d'une universalité (II, n° 254); et sans craindre de paraître se contredire, il confesse que les tiers acquéreurs seront exposés à l'action en revendication du légataire, tant qu'ils ne seront pas couverts par la prescription. L'universalité, dit-il, est un être de raison distinct des biens qui la composent, les aliénations à titre particulier ne l'entament point, ne l'aliènent point elle-même, et ne l'empêchent pas de demeurer intacte et entière!

au contraire tout objet certain a son individualité spéciale ; l'aliéner ce n'est pas l'administrer, c'est le perdre.

4° *Jugements.* — Les jugements rendus pour ou contre l'héritier apparent ont-ils l'autorité de la chose jugée pour ou contre l'héritier véritable? L'art. 1351 qui exige, pour qu'on puisse opposer l'exception de la chose jugée, qu'il y ait dans les deux demandes identité d'objet, de cause et de parties, semble bien résoudre négativement la question. Comment les jugements rendus contre l'héritier apparent seraient-ils opposables à l'absent de retour, puisqu'il n'a pas été partie dans l'instance? Cela serait exact, en effet, et l'absent pourrait former tierce opposition (art. 474, C. pr. c.) contre le jugement rendu dans ces conditions si l'héritier apparent avait colludé avec son adversaire à l'effet de préjudicier aux droits de l'absent; c'est alors qu'il serait vrai de dire que celui-ci n'a pas été représenté dans le procès. Mais si tout s'est passé légalement, si l'héritier apparent a été de bonne foi, il est plus logique de déclarer opposables à l'héritier véritable tous les jugements qui auront été rendus pour ou contre lui. Plaider en effet n'est pas aliéner ; c'est souvent un acte de bonne administration, et nous avons reconnu à l'héritier apparent le droit de faire tous les actes nécessaires d'administration : est-ce que l'intervention de justice n'est pas une garantie contre les fraudes qui pourraient se commettre? D'ailleurs, la prescription court activement et passivement, lors même que les biens qui font l'objet du droit sont possédés par un autre que par le véritable propriétaire (art. 2251, 2252); il est donc nécessaire qu'elle puisse être interrompue : or, contre qui les tiers agiraientils, sinon contre l'héritier apparent que la loi pose comme le représentant de la propriété et comme le contradicteur nécessaire et légitime de toutes les actions qui s'y rattachent (art. 136, 1240); qui pourrait d'autre part agir au nom de l'absent, si ce n'est l'héritier putatif? Aussi bien, ne peut-on dire d'une manière absolue que ce soit là *res inter alios judicata* : c'est la même personne morale, dit Toullier, qui passe d'un individu à l'autre; et le vrai propriétaire doit s'imputer d'avoir laissé reposer ses droits sur la tête d'un tiers et de l'avoir laissé couvert du masque de la propriété (VII, n° 27).

1° *Transactions*. — La difficulté est plus délicate en ce qui concerne les transactions. En ne les maintenant pas contre l'héritier réel, on court le risque de se contredire, quand on a maintenu contre lui tous les jugements rendus pour ou contre l'héritier apparent, puisqu'aux termes de l'art. 2052 les transactions ont entre les parties l'autorité de la chose jugée. Cependant nous ne pensons pas qu'elles puissent lui être opposées; car ce sont là des actes volontaires plutôt que des actes nécessaires, des actes de disposition au moins autant que des actes d'administration, et la fraude y est bien plus à craindre que dans un procès. La loi paraît d'ailleurs exiger de la part de ceux qui transigent qu'ils aient la libre disposition de ce qui fait l'objet de la transaction (art. 467, 2045) et nous savons que l'héritier apparent n'a pas la libre disposition des biens héréditaires.

§ 2. *L'héritier véritable est présent, mais n'a pas appréhendé l'hérédité.*

Les mêmes questions, les mêmes difficultés se présentent, quand on se trouve en présence d'un héritier, non plus absent, mais présent et inactif.

C'est, par exemple, un étranger, un intrus, qui s'est emparé de la succession au lieu et place de l'ayant droit négligent; il a administré les biens, il a aliéné des immeubles: respectera-t-on tous ses actes? On respectera ses actes de simple administration, à l'égard desquels les tiers ne sont pas en faute de n'avoir pas approfondi son titre et sa qualité; mais certainement ses actes d'aliénation seront annulés, *nemo dat quod non habet.*

Si, au lieu d'un étranger, c'est un parent plus éloigné qui s'est mis en possession de l'hérédité: l'aliénation qu'il aura faite d'un immeuble de la succession sera-t-elle opposable au véritable héritier qui se présentera avant l'accomplissement de la prescription? La Cour de cassation admet l'affirmative, et voici les considérants qu'elle fait valoir à l'appui de sa doctrine :

« Attendu qu'une succession, aussitôt son ouverture, est dévolue par les art. 755 et 767 aux parents du défunt jusqu'au douzième degré inclusivement, à leur défaut, aux enfants naturels, et à défaut de ceux-ci au conjoint survivant; qu'elle ne tombe en déshérence et qu'elle n'est pourvue d'un curateur que lorsqu'aucun des appelés ne répond à la vocation de la loi;

» Attendu que, malgré la dévolution faite par les art. 755 et 767, il n'y a point d'héritier nécessaire ;

aussi l'art. 755 déclare que nul n'est tenu d'accepter une succession qui lui est échue; qu'il résulte virtuellement de cet article que le degré de parenté ne suffit pas pour faire reposer sur la tête du parent le plus proche la pleine et actuelle propriété des biens héréditaires; que c'est l'acceptation qui l'investit réellement de tous les droits et le soumet à toutes les charges de l'hérédité, et qui le constitue le véritable représentant du défunt;

» Attendu que l'art. 724, relatif à la saisine du droit des héritiers légitimes, et l'art. 777, qui fait remonter leur acceptation au jour de l'ouverture de la succession, posent des règles générales, sans égard au degré plus ou moins rapproché des successibles et que ces règles s'appliquent, quant aux tiers, au parent qui se présente le premier, et empêche, par son acceptation, que la succession ne soit déclarée vacante » (16 janvier 1843).

Mais cette théorie nous paraît contraire aux véritables principes sur la dévolution légale des successions ab intestat. La loi n'appelle pas, ne saisit pas tout ensemble, vaguement et en même temps, tous les héritiers; elle a établi un ordre (art. 731), et c'est seulement celui que son rang dans la famille appelle à la succession qu'elle saisit et investit de l'hérédité, non pas sous la condition suspensive de son acceptation, mais sous la condition résolutoire de sa renonciation. « Le mort saisit le vif, son hoir plus proche et habile à lui succéder », disaient nos vieilles coutumes (Paris, art. 318; Orléans, art. 301). Bien loin de changer sa qualité, d'ajouter à ses droits, l'acceptation entraîne une déchéance pour l'héritier: elle lui enlève la faculté de renoncer. Si donc l'héritier le plus proche est seul saisi, ceux qui, devant son inaction, se sont mis en possession de la succession et en ont aliéné un immeuble, se trouvent avoir vendu une chose qui ne leur appartenait pas, qu'ils n'avaient pas mandat de vendre, et l'aliénation est nulle aux termes bien formels de l'art. 1599, quels que soient la bonne foi et l'erreur invincible des acquéreurs. Et même en admettant que l'héritier apparent eût un droit quelconque sur la succession, ce ne pourrait être en tout cas qu'un droit résoluble, et résolu en effet par la réclamation du véritable héritier ; dès lors il n'aurait pu transférer aux acquéreurs de l'immeuble un droit plus étendu que le sien (article 2182), et ce droit devrait céder devant la revendication du véritable héritier. Ajoutons que cet argument de la Cour de cassation ne s'applique pas aux successeurs qui n'ont pas la saisine, notamment aux successeurs irréguliers, sans qu'on puisse faire valoir aucun motif rationnel de décider autrement que quand il s'agit d'héritiers légitimes.

M. Demolombe ne pouvait admettre les considérants de l'arrêt précité ; il ne pouvait non plus appliquer à notre hypothèse cette idée de mandat légal que la loi avait donné en cas d'absence de l'héritier réel au possesseur de l'hérédité, dans la prévoyance de la résolution de son titre. « Que faire donc ? s'écrie-t-il, déclarer les aliénations nulles ? Tel serait la solution la plus juridique, la plus pure théoriquement. Mais, enfin, puisque l'opinion contraire *paraît devoir triompher*, il importe du moins de l'établir sur une base rationnelle. » Et il reprend la théorie du mandat légal, qu'il découvre dans le fait même de la possession publique et notoire de l'héritier, fait qui entraîne certainement à l'égard des tiers un pouvoir d'administration, pouvoir qu'on étendrait ici à raison du caractère d'universalité de l'objet possédé et des circonstances de la possession; qu'il découvre encore dans cette considération, qu'éventuellement propriétaire, il a le droit d'administrer *cum libera* des biens, qui, si l'absent ne les recueille pas, seront réputés lui avoir rétroactivement appartenu (II, n° 257). Mais, comme le dit Marcadé, ce n'est pas l'idée de mandat qui conduit notre honorable adversaire à la solution qu'il adopte; c'est au contraire la solution, imposée à l'avance par la nécessité des affaires, qui le conduit à l'idée de mandat (I, n° 476). Cela suffirait déjà à condamner un système, qui a le tort de faire de l'héritier apparent un détenteur précaire, et qui est la violation manifeste de la règle : *Nemo ad alium plus juris transferre potest quam ipse habet.*

Enfin, il pourrait arriver qu'un héritier légitime ait possédé l'hérédité, soit dans l'ignorance d'un testament qui instituait un légataire universel, soit par suite de l'inaction de ce légataire; ou *vice versa* que ce fût un légataire universel qui ait été mis en possession de l'hérédité en vertu d'un testament dont la révocation ou la nullité a été ensuite prononcée : dans toutes ces hypothèses, nous annulerions encore les aliénations consenties, quelle que fût la bonne foi des acquéreurs.

APPENDICE

DISPOSITIONS SPÉCIALES RELATIVES AUX MILITAIRES ABSENTS

Les dispositions du Code civil, dont nous avons en partie présenté le commentaire, forment la loi commune sur l'absence : mais l'absence des militaires a donné lieu à des règles particulières, qui ont formé pour eux une législation spéciale, dont nous allons faire une rapide analyse.

Le législateur romain s'était presque exclusivement préoccupé de la disparition des militaires; il les entourait d'une protection qu'explique suffisamment le goût des Romains pour la gloire et les conquêtes, et il leur accordait d'importants privilèges (Cod. II, 51); *quia*, disait Perezius, *nemini officium, quod reipublicæ præstat, debet esse damnosum*. Quelle situation, en effet, est plus digne de protection et mérite mieux la faveur que la situation de ceux qui se dévouent pour défendre l'honneur de la patrie ou aller porter au loin la gloire du drapeau national?

Notre ancienne jurisprudence n'avait pas suivi cette voie généreuse. *Militiæ romanæ privilegia*, disait Mornac, *militibus nostris, nimirum a vetere illa militari disciplina alienissimis, non competere*. C'est le droit commun qu'elle appliquait aux militaires, et, si elle le modifiait en quelque point, c'était plutôt à leur désavantage, puisqu'en raison des périls auxquels ils étaient exposés, elle présumait plus facilement leur décès (Pothier, Introd. au titre XVII de la C. d'Orléans., sect. 5. art. 1. n° 36). Vers la fin du dix-huitième siècle cela changea. Au milieu des attaques auxquelles la France fut alors en butte, on sentit le besoin de protéger plus efficacement les intérêts de ceux qui s'étaient levés pour la défense de la patrie; on s'inspira du principe rappelé par Perezius, que nul ne doit être victime de son dévouement pour la chose publique : et de la théorie on le fit passer dans les faits. Plusieurs lois furent successivement rendues, dont nous allons brièvement étudier les dispositions.

De ces lois les unes sont antérieures, les autres postérieures au Code; ce sont :

1° Celle du 11 ventôse an II (1er mars 1794).

2° Celle du 16 fructidor an II (2 septembre 1794).

3° Celle du 6 brumaire an V (27 octobre 1796).

4° Celle du 13 janvier 1817.

5° Et enfin celle toute récente du 9 août 1871.

1° *Loi du 11 ventôse an II.* — Aux termes de la loi de ventôse, lorsqu'une succession vient à s'ouvrir, le juge de paix, immédiatement après l'apposition des scellés, doit avertir les héritiers militaires : le délai d'un mois expiré, si l'héritier ne donne pas de ses nouvelles, le conseil de famille est convoqué à l'effet de nommer un curateur à l'absent, que la loi charge d'administrer les biens.

Telle est la substance de cette loi : elle déroge, en faveur des *défenseurs de la patrie*, aux articles 135 et 136 du Code Napoléon. Dans quelle étendue? C'est ce qu'on a diversement apprécié. De droit commun, quand un individu sur l'existence duquel il y a incertitude est appelé à une succession, il est présumé mort jusqu'à preuve contraire, et la succession est dévolue à ceux qui devraient la recueillir à son défaut. Des auteurs pensent que la loi de ventôse a établi, pour les militaires absents, une présomption de vie d'après laquelle on pouvait, sans prouver que le militaire existait lors de l'ouverture de la succession, réclamer en son nom la part à lui échue dans cette succession. — Mais il n'est pas possible que le législateur ait voulu porter une atteinte si grave aux principes des articles 135 et 136; il faudrait, pour cela, que sa disposition fût explicite à cet égard, et elle est loin de l'être; il n'est pas possible qu'il ait voulu intervertir absolument l'ordre légal des successions et faire que, si le militaire n'existait plus, il fût néanmoins toujours capable de succéder.

Suivant Merlin, cette loi ne s'appliquerait qu'aux militaires dont l'existence ne serait pas méconnue, et non à ceux qui se trouvaient absents dans le vrai sens du mot. — Mais cette opinion doit encore être rejetée comme apportant à la loi une restriction que repousse la généralité de ses termes; la faveur qu'elle accorde serait d'ailleurs illusoire, s'il dépendait des héritiers présents d'en paralyser les effets et d'exclure les militaires des successions auxquelles ils se trouvent appelés en contestant leur existence.

Il nous semble plutôt que le but de la loi a été de conserver intacte la succession dans l'intérêt du militaire, pour le cas où son retour prouverait qu'il a pu la recueillir; c'est à cette fin qu'elle a prescrit des mesures conservatoires de ses intérêts, qu'elle lui a fait nommer un curateur qui administrera ses biens en bon père de famille, et qui plus tard, s'il revient, lui rendra ses comptes, et s'il ne reparaît pas, les rendra à ceux qui se trouvaient héritiers en son lieu et place, et que la loi de ventôse avait écartés jusque-là.

Observons qu'il faut étendre cette disposition de faveur aux successions testamentaires et généralement à tous les droits éventuels qui peuvent compéter au militaire absent; car cela rentre bien dans l'esprit de la loi; mais, par contre, que cette loi ne reçoit d'application que pendant la période de présomption d'absence. Ce dernier point avait été contesté, mais la loi du 13 janvier 1817 est venue lever tous les doutes à cet égard : en rendant plus prompte et plus facile la déclaration d'absence de certains militaires, elle a implicitement reconnu qu'une fois l'absence déclarée, ils rentraient, de tous points et sans exception, sous l'empire du droit commun (C. cass., 9 mars 1819; C. Caen, 2 mars 1843).

Cette loi est-elle encore en vigueur? Les avis sont très-partagés : les uns prétendent qu'elle a été abrogée par la publication du Code. Mais la loi du 11 ventôse an XII, qui ordonne la réunion en un seul corps des diverses lois composant aujourd'hui le Code Napoléon, n'abroge (art. 7) que celles des lois antérieures relatives aux matières dont ce Code s'occupe, et le Code Napoléon n'a pas dit un mot des militaires absents; il y a plus : un décret du 16 mars 1807 en a ordonné la publication dans les départements transalpins, alors réunis à la France! D'autres disent que c'était une loi de circonstance, dont les effets ont dû cesser avec les guerres qui l'avaient fait porter, et conséquemment qu'elle a été abrogée par la paix de 1815. Mais rien dans son texte n'autorise à la considérer comme limitée quant à sa durée, et comme subordonnée pour son application à la continuation de l'état de guerre. D'autres enfin soutiennent qu'elle a été abrogée par la loi du 13 janvier 1817. Nous verrons, en étudiant cette loi, qu'elle a eu un tout autre objet, qui est de déterminer comment la déclaration d'absence des militaires pourra être poursuivie et obtenue; et qu'il n'est dans aucun des deux textes aucune incompatibilité qui s'oppose à leur application simultanée. Concluons donc que la loi du 11 ventôse an II doit continuer à s'appliquer à tous les militaires, et, en vertu de la loi suivante, à toute personne attachée au service des armées.

2° *Loi du* 16 *fructidor an II.* — Il y avait, en effet, certains citoyens dont la position analogue à celle des militaires réclamait la faveur de la loi; il y fut pourvu par un décret additionnel du 16 fructidor an II, qui étendit les dispositions de la loi de ventôse « aux officiers de santé et à tous autres citoyens attachés au service des armées de la République » (art. 2).

3° *Loi du* 6 *brumaire an V.* — Mais ce n'était pas tout que d'assurer autant que possible aux militaires la réalisation des droits qui s'étaient ouverts en leur faveur à partir de leur disparition, il fallait encore veiller à la conservation des biens qu'ils avaient abandonnés. Ce fut l'objet de la loi du 6 brumaire an V.

Dans ses articles 1 et 7 elle prescrit certaines mesures de protection qui, paraît-il, ne reçurent jamais une complète exécution. Les dispositions les plus importantes étaient celles des art. 2 et 4. D'après l'art. 2, aucune prescription, déchéance ou péremption ne pouvait s'accomplir, au détriment des défenseurs de la patrie et autres citoyens attachés au service des armées de terre et de mer, qu'après l'expiration de certains délais, qui ne devaient courir qu'à dater de la publication de la paix générale, ou de la signature du congé absolu qu'ils auraient antérieurement obtenu. D'après l'art. 4, les jugements prononcés contre les défenseurs de la patrie ne pouvaient être poursuivis, par voie de saisie immobilière, avant l'expiration des mêmes délais.

Cette loi a cessé d'être en vigueur après l'expiration des susdits délais, calculés à partir du 14 février 1810, date de la publication du traité de paix du 20 novembre 1815.

4° *Loi du* 13 *janvier* 1817. — Une longue suite de guerres, entraînant nos armées loin de la France, avait jeté de pénibles incertitudes sur le sort d'un grand nombre de nos soldats; leur existence et leur mort étaient problématiques. Il en résultait de graves préjudices pour les soldats eux-mêmes, pour leur famille, pour le trésor et généralement pour tous ceux ayant un intérêt quelconque à démêler avec les absents. Une ordonnance royale du 3 juillet 1816 avait pourvu aux moyens de rendre « plus faciles et moins dispendieuses les recherches auxquelles les parties intéressées sont obligées de se livrer pour vérifier devant les tribunaux leur demande afin de faire déclarer l'absence ou constater le décès desdits militaires et employés ». Plus tard les Chambres étant réunies, on proposa de convertir en loi les dispositions de cette ordonnance. Ainsi fut rendue la loi du 13 juillet 1817, qui permet de faire prononcer avec des formalités moins difficiles que celles du Code et sous un plus bref délai la déclaration d'absence des militaires disparus dans les guerres de 1791 à 1815.

1° D'après le Code, la déclaration d'absence d'un individu ne peut être demandée qu'après quatre ans ou même dix ans de sa disparition ou de ses dernières nouvelles, selon qu'il a ou non laissé une procuration (art. 115 et 121), et prononcée qu'un an plus tard (articles 116 et 119), c'est-à-dire après cinq ou onze ans. Au contraire, d'après la loi du 13 janvier 1817 (art. 1er), les héritiers ou l'épouse d'un militaire de terre ou de mer, en activité de service pendant les guerres qui ont eu lieu depuis le 21 avril 1792 jusqu'au 26 novembre 1815, et qui avait cessé, avant cette dernière époque, de paraître à son corps et au lieu de son domicile et de sa résidence, ont pu se pourvoir de suite en déclaration d'absence. S'ils négligent d'user du bénéfice de la présente loi, ajoute l'art. 11, les créanciers ou autres personnes intéressées pourront, un mois après l'interpellation qu'ils seront tenus de leur faire signifier, se pourvoir eux-mêmes en déclaration d'absence ou de décès. La déclaration a donc pu être demandée, même pour les militaires qui n'avaient disparu qu'en octobre ou novembre 1815, dès cette époque de janvier 1817, c'est-à-dire après quatorze mois seulement depuis leur disparition : et elle a pu être prononcée un an après (art. 6) ; mais il était essentiel qu'on eût prouvé, par enquête ou renseignements émanés du ministère de la guerre ou de la marine, qu'on était sans nouvelles du militaire depuis deux ans, s'il servait en Europe, et depuis quatre ans, s'il servait hors d'Europe (art. 4). Dans aucun cas, l'existence d'une procuration ne la retardait : seulement, s'il en avait été donné une, elle obligeait les envoyés en possession à restituer à l'absent de retour la totalité des fruits perçus pendant les dix premières années de l'absence (art. 9).

2° Les enquêtes exigées par le Code Napoléon (article 116) ne sont, d'après le même article de la loi de 1817, que facultatives pour le tribunal à l'égard des militaires dont cette loi s'occupe.

3° La publicité par insertion à *l'Officiel*, qu'exige le Code pour les jugements qui ordonnent l'enquête et prononcent l'absence, n'est point exigée par la loi de 1817 ; mais, contrairement au droit commun, elle est exigée (art. 2) pour la demande en déclaration.

Enfin, la preuve testimoniale du décès des militaires peut être ordonnée (art. 5), s'il est prouvé d'ailleurs par toute voie légale qu'il n'a pas été tenu de registres, ou que les registres ont été perdus ou détruits en tout ou en partie, ou enfin que leur tenue a éprouvé des interruptions; c'est du reste l'application pure et simple du Code Napoléon (art. 46).

Cette loi n'était relative, comme nous l'avons remarqué, qu'aux militaires qui avaient disparu depuis le 21 avril 1792 jusqu'au 20 novembre 1815, et elle n'aurait plus aujourd'hui que de bien rares applications, si une loi récente, nécessitée par la dernière et désastreuse guerre de 1870-71, n'en avait remis en vigueur toutes les dispositions.

5° *Loi du 9 août* 1871. — Cette loi est ainsi conçue :

« Article unique. Les dispositions de la loi du 13 janvier 1817 sont remises en vigueur pour constater judiciairement le sort des *Français* ayant appartenu aux armées de terre et de mer, à la garde nationale mobile ou mobilisée, à un corps reconnu par le ministre de la guerre, qui ont disparu depuis le 19 juillet 1870 jusqu'au traité de paix du 31 mai 1871.»

La première rédaction désignait par le mot *citoyens* les personnes auxquelles devait s'appliquer la loi ; le mot *Français* a été substitué : parce qu'on a craint que la qualification de citoyens ne comprît pas les mineurs qui ne sont pas en possession des droits politiques.

Cette loi s'arrêtait là dans le projet; elle laissait en dehors un certain nombre de Français qui, sans appartenir à l'armée régulière ou auxiliaire et à la marine, s'étaient, comme elles, dévoués pour le salut commun et dont le patriotisme méritait une égale faveur. Pénétré de cette idée, M. Amédée Lefèvre Pontalis fit remarquer au Corps législatif, qu'à côté de l'armée, il se trouvait beaucoup de fonctionnaires, des magistrats de l'ordre judiciaire et administratif, des conseillers municipaux, des notables et même de pauvres cultivateurs, qui avaient été enlevés de leurs foyers, les uns pour avoir dignement et courageusement fait leur devoir, les autres à titre d'otages ou par représailles, et que l'existence de plusieurs d'entre eux pouvant être incertaine, il était juste de les faire bénéficier des mêmes dispositions bienveillantes. La commission se rendit à ce vœu généreux : elle adopta ce principe de l'amendement, qu'elle jugea même convenable de généraliser, et qui passa dans la loi sous la forme d'un deuxième alinéa de son article unique : « Les mêmes dispositions pourront être appliquées par les tribunaux à tous autres Français qui auraient disparu dans le même temps par suite de faits de guerre ».

En résumé, voici quel est aujourd'hui l'état de notre droit relativement à l'absence des militaires ou des autres personnes attachées au service des armées :

Présomption d'absence : s'agit-il des biens déjà acquis au militaire avant son départ? c'est le Code

Napoléon qui est applicable (art. 112, 113, 114) ; s'agit-il de successions ou autres droits éventuels qui s'ouvrent à son profit depuis son départ? il faut appliquer la loi du 11 ventôse an II, contrairement aux art. 135 et 136 C. N.

Déclaration d'absence : la déclaration d'absence d'un militaire produit tous les effets attachés à cette mesure par le Code Napoléon ; une fois qu'elle est prononcée, il n'y a plus de différence, sous aucun rapport, entre les absents militaires ou les absents civils. Ce sont encore les formalités tracées par le Code que l'on suit dans les deux cas pour arriver au jugement déclaratif d'absence : exceptionnellement, on appliquera les formes particulières introduites par la loi du 13 janvier 1817, toutes les fois qu'il s'agira de militaires ou de marins en activité de service, disparus depuis le 21 avril 1792 jusqu'au 20 novembre 1815 (loi du 13 janvier 1817) et de Français, ayant appartenu aux armées de terre et de mer, à la garde nationale mobile ou mobilisée, à un corps reconnu par le ministre de la guerre, et généralement à tous autres Français qui auraient disparu par suite de faits de guerre depuis le 19 juillet 1870 jusqu'au 31 mai 1871 (loi du 9 août 1871).

TABLE DES MATIERES

DROIT FRANÇAIS

Effets de l'absence sur les biens.

Paris-Vaugirard. — Typ. N. Blanpain, 7, rue Jeanne.

ERRATA

Page 56	ligne 33	*au lieu de :*	adition	*lisez :*	institution.
— 64	—	15	—	*uccessoribus*	—	*successoribus.*
— 71	—	15	—	faits à l'esclave du captif.	—	faits au captif.
— 107	—	15	—	lui	—	leur
— 151	—	24	*après :*	en effet que,	*ajoutez :*	en raisonnant.
— 174	—	15	*au lieu de :*	leur	*lisez :*	lui
— 185	—	15	—	titre VII	—	titre VIII.
— 188	—	9	—	passives	—	actives.
— 189	—	12	—	leur propre	—	sa propre.
— 226	—	10	—	bien	—	biens.
— 236	—	14	—	1852	—	1825
— 242	—	6 7	—	incontestable	—	incommutable.
— 276	—	24	—	venir de leur chef à sa succession	—	recueillir de leur chef la succession du *de cujus* confondue dans celle de leur auteur.
— 288	—	19	—	191	—	91.
— 290	—	16.17	—	fruits divers	—	prix de vente.
— 297	—	22	—	dans	—	résulter de
— 299	—	16	—	1352	—	1852.
— 310	—	5	—	1°	—	5°.
— 312	—	1	—	755	—	775.
— 320	—	10	—	1810	—	1816.
		32	—	1791	—	1792.

www.ingramcontent.com/pod-product-compliance
Lightning Source LLC
Chambersburg PA
CBHW060139200326
41518CB00008B/1086

* 9 7 8 2 0 1 3 7 1 4 3 2 7 *